Carteiras de Investimento
GESTÃO E AVALIAÇÃO DO DESEMPENHO

Carteiras de Investimento

GESTÃO E AVALIAÇÃO DO DESEMPENHO

2013

Maria Elisabete Neves
Professora Adjunta do Instituto Superior de Contabilidade
e Administração de Coimbra

Ana Paula Quelhas
Professora Adjunta do Instituto Superior de Contabilidade
e Administração de Coimbra

CARTEIRAS DE INVESTIMENTO
GESTÃO E AVALIAÇÃO DO DESEMPENHO
AUTOR
Maria Elisabete Neves
Ana Paula Quelhas
EDITOR
EDIÇÕES ALMEDINA, S.A.
Rua Fernandes Tomás, nºs 76, 78, 80
3000-167 Coimbra
Tel.: 239 851 904 · Fax: 239 851 901
www.almedina.net · editora@almedina.net
DESIGN DE CAPA
FBA.
PRÉ-IMPRESSÃO
EDIÇÕES ALMEDINA, S.A.
IMPRESSÃO E ACABAMENTO
PENTAEDRO, LDA.

Maio, 2013
DEPÓSITO LEGAL
358791/13

Apesar do cuidado e rigor colocados na elaboração da presente obra, devem os diplomas legais dela constantes ser sempre objecto de confirmação com as publicações oficiais.
Toda a reprodução desta obra, por fotocópia ou outro qualquer processo, sem prévia autorização escrita do Editor, é ilícita e passível de procedimento judicial contra o infractor.

 | GRUPO**ALMEDINA**

BIBLIOTECA NACIONAL DE PORTUGAL – CATALOGAÇÃO NA PUBLICAÇÃO
NEVES, Maria Elisabete, e outra
Carteiras de investimento / Maria Elisabete Neves, Ana Paula Quelhas
ISBN 978-972-40-5004-1
I – QUELHAS, Ana Paula
CDU 336

"There are three ways of losing money – horses, women and taking the advice of experts: horses – that is the quickest; women – that is the most pleasant; but taking the advice of experts – that is the most certain".

in Clifford Hymans e John Mulligan, *The measurement of portfolio performance: an introduction*, 1980

INTRODUÇÃO

A ideia de redigir o texto que agora se publica surgiu na sequência da lecionação, por parte de ambas as autoras, das unidades curriculares de Fundamentos de Gestão de Carteiras e de Gestão de Carteiras e Avaliação do Desempenho, ao curso de Mestrado em Análise Financeira, ministrado no Instituto Superior de Contabilidade e Administração de Coimbra (ISCAC).

Não obstante o seu propósito fundamental de funcionar como livro de texto para as unidades curriculares apontadas, estamos em crer que poderá merecer o interesse de um público mais vasto, essencialmente devido à oportunidade dos conteúdos propostos. Com efeito, os mercados financeiros e o setor de gestão de ativos procuram, cada vez mais, profissionais com conhecimentos e/ou experiência prática que lhes permitam avaliar adequadamente rendibilidades e riscos associados aos diversos investimentos. Ao mesmo tempo, através da aplicação das mais avançadas técnicas analíticas, estes profissionais buscam por uma melhoria contínua nos processos de gestão de carteiras.

Além do mais, os mercados financeiros e a gestão de ativos têm-se globalizado de forma evidente e progressiva, essencialmente desde as duas últimas décadas do século XX. Já no século XXI, os fundos de investimento confirmaram o seu estatuto de instrumento privilegiado na captação de poupanças, podendo mesmo reconhecer-se a existência de uma "indústria", onde operam profissionais cada vez mais qualificados e especializados nesse domínio. O crescimento deste setor aumentou não apenas o número de fundos e de gestores, mas empolou também a diversidade de estratégias e de processos de investimento.

De há várias décadas a esta parte que a temática da gestão de carteiras – nomeadamente daquelas que se compõem por ações – é alvo de investigação académica e de debate público, sobretudo no que concerne a saber quais as estratégias de investimento que proporcionam, numa base persistente, níveis de rendibilidade mais elevados. A complexidade do mercado financeiro exige, assim, um adequado e crescente nível de competências por parte do gestor financeiro ou do *trader*, tendo em vista a prossecução de estratégias suscetíveis de maximizar a rendibilidade e de minimizar o risco do investidor. Deste modo, um dos aspetos mais sensíveis no âmbito da gestão de carteiras é, justamente, o da medida da qualidade da gestão.

Desde cedo que os investidores e, bem assim, os próprios operadores financeiros intentaram a definição de medidas de avaliação da *performance* dos seus investimentos. Este propósito assume, porém, contornos ambivalentes no âmbito da gestão de carteiras. Se, por um lado, a definição de indicadores de rendibilidade se revela essencial, certo é também que se trata de um processo complexo, uma vez que tais medidas devem ser robustas e evidenciar, de modo adequado, todas as componentes determinantes dessa rendibilidade. A agregação de informação que a construção de indicadores forçosamente implica pode conduzir à desconsideração indesejada de algumas dessas variáveis.

A complexidade inerente ao estabelecimento de parâmetros de rendibilidade poderá, contudo, ser ultrapassada com a definição e adoção de normas *standard* a observar na avaliação dos diversos investimentos, bem como na divulgação criteriosa dos resultados correspondentes. Foi com esse desígnio que foram criadas normas internacionais de apresentação de resultados – as denominadas normas GIPS (*Global Investment Performance Standards*) –, as quais merecerão necessariamente a nossa atenção no presente texto. Sendo a confiança e a transparência fatores fulcrais na tomada de decisões de investimento, a adoção das normas GIPS constitui, pois, um meio privilegiado na melhoria da qualidade e do rigor associados à informação financeira.

Na senda do exposto, o texto encontra-se estruturado do modo que segue.

O Capítulo 1 assume um caráter introdutório e nele se apresentam alguns conceitos essenciais inerentes ao funcionamento dos mercados, mormente no que concerne às características dos principais ativos que usualmente compõem as carteiras de investimento. Estabelece-se, ainda, a largo traço, a arquitetura do mercado financeiro nacional, com a Euronext Lisbon a assumir um papel de relevo no âmbito dos mercados regulamentados. Para além disso, sendo o risco um ponto recorrente na teoria e nos mercados financeiros, expõem-se, neste Capítulo, as várias aceções que o conceito pode tomar.

Seguidamente, no Capítulo 2, apontam-se as variáveis fundamentais a serem retidas pelo investidor na gestão de uma carteira de ativos, nomeadamente as questões relacionadas com o risco, com a rendibilidade e com os efeitos decorrentes da diversificação. Porém, o aspeto mais marcante deste Capítulo é, certamente, o da apresentação e discussão do contributo de Markowitz e, bem assim, do modo como este autor logrou estabelecer os conceitos de carteira e de fronteira eficientes. Merecedor de interesse é, também, o contributo de Tobin, sobretudo as implicações da consideração de um ativo sem risco na definição da fronteira eficiente global.

Já o Capítulo 3, ao embalo das denominadas finanças tradicionais, percorre os diversos modelos de equilíbrio, desde o *Capital Asset Pricing Model* na sua formalização original até às extensões de que tem sido alvo. Para além disso, é discutida a formalização proposta pela Teoria da Arbitragem, assim como os contributos resultantes da aplicação dos modelos multifator. Estes modelos têm como denominador comum o facto de intentarem explicitar quais os fatores de risco que ponderam na determinação da rendibilidade esperada dos ativos financeiros.

Por seu turno, no Capítulo 4, observam-se as várias filosofias de gestão de carteiras, bem como as possíveis estratégias de alocação de ativos, à luz dos objetivos subjacentes ao próprio investimento.

Enquanto isso, no Capítulo 5, examinam-se as principais medidas de avaliação do desempenho conhecidas e que vão desde o simples recurso à rendibilidade até à construção de indicadores mais sofisticados. Entre estes últimos, relevam os indicadores construídos numa base *money-weighted* ou numa base *time-weighted*, sendo também escrutinados as vantagens e os inconvenientes que decorrem da aplicação prática de ambas as possibilidades.

Por fim, no Capítulo 6, apresentam-se, então, as normas GIPS, atendendo à sua pertinência e às suas peculiaridades, passando por uma breve referência ao "estado da arte" em termos nacionais.

Ao longo do texto – exceção feita dos Capítulo 1 e 6, pelo seu pendor essencialmente teórico –, apresentam-se vários casos práticos, cujo propósito é o da melhoria da compreensão dos conteúdos expostos.

Uma última nota para o emprego reiterado, e por vezes desmesurado, de expressões anglo-saxónicas. Tal justifica-se pelo facto de estas expressões serem correntemente utilizadas na prática dos mercados, podendo a eventual tradução para o Português desvirtuar o seu significado.

Devemos, contudo, uma palavra de reconhecimento à Senhora Doutora Maria Teresa Lameiras, responsável pelo Gabinete de Publicações do ISCAC, por todo o empenho que colocou na publicação do presente trabalho.

Queremos, também, expressar o nosso agradecimento ao António Dias, pela leitura cuidada do texto e pelos comentários, sempre pertinentes, que essa leitura lhe foi sugerindo.

Cumpre, ainda, referir que foi com enorme gosto que trouxemos a público este trabalho – o primeiro a ser editado no âmbito do acordo existente entre o ISCAC e as Edições Almedina –, com o qual confiamos ter contribuído para a divulgação e o aprofundamento das problemáticas inerentes à gestão de carteiras e à avaliação do desempenho. Esse juízo cabe, agora, ao leitor.

Capítulo 1
Carteiras, Investimento e Mercado Financeiro

Ao iniciarmos o nosso estudo no âmbito da gestão de *portfolios*, importa, desde logo, precisar alguns conceitos. No presente contexto, entendemos **carteira de investimento** como um conjunto de ativos – financeiros ou não – pertencentes a um certo investidor, podendo este tratar-se de uma *pessoa física* ou de uma *pessoa jurídica*. Uma carteira de investimento constitui, assim, um determinado **património**.

Acresce que o conceito de carteira de investimento pode ser tomado numa *perspetiva ampla*, quando esse património é composto por todo o tipo de ativos, ou numa *perspetiva restrita*, quando a composição do património se confina aos ativos financeiros. Contudo, ante a importância que as carteiras de ativos financeiros assumem na prática, certo é que esta distinção tende a ser ignorada, aplicando-se a designação genérica de carteiras de investimento a todo o tipo de patrimónios, sem atender à respetiva composição.

Também a própria literatura financeira e, bem assim, a teoria da carteira centram o seu interesse nos *portfolios* constituídos por ativos financeiros, de modo particular, ainda, naqueles em que as ações detêm um peso significativo.

Compete-nos, porém, atender a outros conceitos, designadamente à noção de instrumento financeiro, bem como conhecer as especificidades de outros ativos, tanto financeiros como reais. Procuraremos, ainda, identificar algumas das características do mercado financeiro português, mormente as que decorrem do modo de funcionamento da bolsa de valores.

As carteiras de investimento – compostas por um conjunto de ativos financeiros – são, todavia, constituídas essencialmente com o propósito de diminuir a exposição ao risco, atendendo ao perfil do investidor, bem como de maximizar a rendibilidade esperada, dualidade esta impossível de atingir recorrendo apenas a um ativo. Também neste Capítulo, discutiremos os conceitos de *risco* – bem como das suas diversas aceções – e de *prémio de risco*, os quais tomaremos, de modo reiterado, ao longo do presente trabalho.

1. Instrumentos e ativos financeiros

Entende-se por **instrumento financeiro** todo e qualquer contrato que dê origem a um **ativo financeiro**.

Observamos, assim, que o conceito de instrumento financeiro comporta uma aceção mais lata que o conceito de ativo financeiro. Muito embora sejam, frequentemente, utilizados como equivalentes – principalmente na gíria e na linguagem dos mercados –, o primeiro encerra uma visão normativa, ao passo que o segundo se reveste de um teor pragmático. Deste modo, a expressão instrumentos financeiros é necessariamente mais lata e inclui valores mobiliários e instrumentos financeiros derivados, mormente os contratos de futuros e as opções.

O próprio dinamismo do mercado promove a criação de possibilidades de investimento cada vez mais diversificadas e complexas, entre as quais, por vezes, se torna difícil o estabelecimento de uma clara linha de fronteira, dando azo a confusões como a que apontámos.

Por conseguinte, nos mercados financeiros, existirá toda uma panóplia de ativos, que se traduzem em possibilidades de investimento sobre as quais incidem as escolhas do investidor. A decisão de investimento obedece, de modo genérico, à Teoria da Escolha e as preferências do investidor devem ser suscetíveis de tradução por intermédio de uma *função de utilidade*. Nestas escolhas ponderam, ainda, critérios de racionalidade, no sentido em que o investidor procurará **maximizar a rendibilidade** do seu investimento e **minimizar o respetivo risco**, sendo este entendido como o grau de volatilidade do seu rendimento[1].

2. Características dos principais ativos financeiros

Em presença dos objetivos que norteiam este trabalho, o estudo aprofundado e exaustivo dos ativos existentes entre nós revela-se, por si só, tarefa impossível; assim sendo, apontamos apenas as características essenciais de um conjunto de ativos, selecionados de acordo com a relevância que assumem no contexto dos mercados, tanto no nacional como em termos internacionais, ou dado o interesse que têm merecido na literatura.

Para além disso, não nos deteremos em definições que se considera já serem do domínio dos destinatários do presente texto, muitas delas decorrentes do conhecimento financeiro básico.

---

[1] Voltaremos a este assunto, aquando do estudo das carteiras eficientes e do estabelecimento da fronteira eficiente de Markowitz. Aliás, a aceção do investidor avesso ao risco, no sentido em que pretende ser compensado pelos riscos em que incorre, perpassará todos os conteúdos presentes no texto.

2.1. Instrumentos do mercado monetário

Os instrumentos do mercado monetário efetivam-se por intermédio de ativos financeiros de curto prazo, logo com maturidades inferiores a um ano, podendo os mesmos ser valorizados com base no *rendimento* proporcionado (*yield basis*) ou ser *emitidos a desconto* (*discount basis*). Aqui se incluem: *i*) os depósitos interbancários; *ii*) os certificados de depósito; *iii*) os *repurchase agreements*; *iv*) os Bilhetes do Tesouro; e *v*) o papel comercial (*commercial paper*).

Os instrumentos do mercado monetário distinguem-se dos instrumentos do mercado de capitais, uma vez que a maturidade destes últimos é superior a um ano[2].

i) Depósitos interbancários

Os depósitos interbancários correspondem a uma modalidade de financiamento apenas permitida a certas entidades do sistema financeiro.

Estes depósitos só podem ser resgatados na maturidade, sendo, por isso, um ativo ilíquido. Porém, essas maturidades pautam-se por uma relativa flexibilidade – em função da vontade das partes contratantes – e variam entre 1 dia (*overnight*) e 364 dias. Deste modo, a eventual desvantagem poderá ser colmatada pelo leque de opções em presença.

Refira-se, a este propósito, que, no virar da década de 80 do século XX, os bancos portugueses eram bastante solicitados, por parte de instituições congéneres estrangeiras, para a realização de depósitos *overnight*, uma vez que existia um diferencial expressivo entre as taxas de juro praticadas em Portugal e nos restantes países da Europa.

ii) Certificados de depósito

Os certificados de depósito (adiante designados por CD) são títulos emitidos pelas entidades bancárias, relativamente à sua própria carteira de depósitos. Estes CD são títulos monetários transmissíveis por endosso; para além disso, existe um mercado secundário para a transação deste tipo de ativos.

Os CD têm uma rendibilidade, em regra, menor em cerca de 0,25% que a dos depósitos que lhes estão na base, dada a liquidez que lhes está associada.

Em termos históricos, a sua criação remonta a meados da década de 60 do século XX, nos Estados Unidos, tendo conhecido uma rápida expansão na Europa, nomeadamente no Reino Unido, durante a década de 70 do mesmo século.

Entre nós, os CD foram introduzidos pelo Decreto-Lei nº 74/87, de 13 de fevereiro, sendo, atualmente, regulamentados pelo Decreto-Lei nº 372/91, de 8 de outubro, com a redação que lhe foi conferida pelo Decreto-Lei nº 387/93, de 20 de novembro.

---

[2] Cfr., a este propósito, Avelãs Nunes (2009, p. 248) e (2009, pp. 252-253).

São títulos nominativos, com um valor nominal mínimo de 25.000 euros e constituem, *grosso modo*, um meio alternativo de financiamento dos bancos.

iii) **Repurchase agreements**

Um *repurchase agreement*, comummente designado pela abreviatura *repo*, é um contrato através do qual se procede à venda de um ativo com acordo de recompra (*buyback*), para uma data futura e a um preço pré-fixado.

O preço de recompra é necessariamente maior que o preço inicial de venda; ao diferencial entre ambos, traduzido em termos de rendibilidade, designa-se por **taxa de repo** (*repo rate*).

Estas operações assemelham-se, simultaneamente, a um empréstimo – dado que se observa uma cedência temporária de liquidez, em que o comprador do ativo funciona como mutuante e o vendedor como mutuário – e a um contrato *forward* – pois, estando o preço de recompra pré-estabelecido, poderão ser entendidas enquanto instrumentos de cobertura de risco.

iv) **Bilhetes do Tesouro**

Os Bilhetes do Tesouro (doravante designados por BT) são os principais títulos de dívida pública de curto prazo, emitidos pelo organismo do Estado que tem a seu cargo a gestão da dívida pública (no caso de Portugal, o IGCP, sigla pela qual é conhecida a Agência de Gestão da Dívida Pública e da Tesouraria).

São colocados no sistema bancário, em regime de leilão (Mercado Interbancário de Títulos, vulgo MIT), através do Banco Central.

Em 1980, por intermédio do Decreto-Lei nº 361/80, de 9 de setembro, foram introduzidos BT com maturidades de 30, 60 e 90 dias. Hoje, essas maturidades são de 91, 182 ou 364 dias.

São **emitidos a desconto**, de acordo com a modalidade do desconto por dentro, sendo os juros pagos por dedução ao respetivo valor nominal; o montante líquido de juros corresponderá ao investimento a realizar, sendo os títulos resgatados na maturidade pelo respetivo valor nominal. Na emissão, o Estado define uma taxa máxima de remuneração dos BT, abaixo da qual se deve situar a remuneração do investidor. O diferencial corresponde ao rendimento das instituições bancárias, a quem competirá gerir adequadamente os produtos estruturados sobre os BT em carteira, tendo em vista a otimização das respetivas rendibilidades.

O valor a receber na maturidade encontra-se previamente definido, razão pela qual os BT são considerados ativos de rendibilidade fixa[3].

---

[3] Os BT desempenharão um papel importante no contexto do nosso estudo, nomeadamente no âmbito do *Capital Asset Pricing Model* e de todos os modelos ulteriores, justamente por configurarem o caso de um **ativo sem risco**.

Temos, assim, que

$$\text{VA}\left[1 + i \times \frac{t}{360}\right] = \text{VN} \qquad (1.1)$$

sendo VA = valor de aquisição e VN = valor a receber na maturidade.

Os BT são produtos com grande êxito em Portugal, essencialmente devido à segurança que têm subjacente e ainda ao facto de responderem, de modo bastante satisfatório, ao binómio rendibilidade/liquidez, dadas as taxas proporcionadas para os (curtos) prazos de aplicação.

v) Papel comercial

O papel comercial (adiante identificado por PC) foi introduzido em Portugal em 1992, por intermédio do Decreto-Lei nº 181/92, de 22 de agosto, na senda da experiência do *commercial paper* norte-americano.

O PC corresponde a **títulos representativos da dívida de curto prazo** de empresas financeiramente sólidas. A primeira emissão em Portugal ocorreu em novembro de 1992 e foi realizada pela CP.

O diploma inicial conferia às emissões de papel comercial um regime particularmente rígido, mormente no valor mínimo de emissão de cada título, então fixado nos 10.000 contos.

O Decreto-Lei nº 69/2004, de 25 de março, veio definir um novo regime para o papel comercial. Esse mercado continua, porém, um mercado restrito, dados os apertados critérios de caráter financeiro e contabilístico que as entidades emitentes têm de cumprir.

Estes títulos são emitidos a desconto, à semelhança do que sucede para os BT. Essas emissões podem, porém, ser *simples* ou *contínuas*, configurando, neste último caso, um financiamento *revolving*.

O PC pode ser claramente considerado como um produto de desintermediação financeira, uma vez que entre os seus propósitos figuram a facilidade de obtenção de crédito – por via da abolição da figura do intermediário financeiro no sentido clássico do termo – e a redução do custo do financiamento – por via da equiparação entre taxas de juro ativas e taxas de juro passivas[4].

2.2. Obrigações

Sendo as obrigações um ativo financeiro presumivelmente conhecido de uma esmagadora maioria de indivíduos, limitamo-nos a apontar as características inerentes a algumas categorias:

---

[4] A este propósito, cfr. J. M. Quelhas (1996, pp. 120-121).

- **Obrigações convertíveis** – aquelas que poderão ser transformadas em ações da empresa emitente, num horizonte temporal pré-estabelecido.
- **Obrigações de cupão zero** – obrigações que não pagam juros periódicos, sendo vendidas a um preço abaixo do par, de modo a proporcionarem aos investidores uma compensação sob a forma de valorização do capital, em detrimento do recebimento regular de cupões.

2.3. Ações
Tal como sucedeu para as obrigações, limitamo-nos a referir certas particularidades inerentes a este tipo ativo.

i) Quanto à ***sua cotação***, as ações podem ser classificadas em:
- **Ações high flyers** – ações excessivamente valorizadas, de natureza especulativa, que atingem cotações muito elevadas em curtos espaços de tempo. São disso exemplo algumas ações oriundas do setor da tecnologia.
- **Ações agressivas** – aquelas que apresentam flutuações maiores que o conjunto do mercado; por conseguinte, apresentam um parâmetro beta maior que um[5].
- **Ações defensivas** – aquelas que apresentam flutuações inferiores às do mercado, tendo, por isso mesmo, um parâmetro beta menor que um[6].
- **Ações cíclicas** – aquelas cujo valor da cotação oscila com os ciclos económicos.

ii) ***Outros tipos*** de ações:
- **Ações antigas** – as que existiam anteriormente a determinado aumento de capital social;
- **Ações gratuitas** – as que decorrem, por exemplo, de um aumento de capital por incorporação de reservas;
- **Ações próprias** – as que são mantidas na carteira de ativos da empresa;
- **Ações preferenciais** – as que conferem o direito a um dividendo adicional (não têm associado, normalmente, o direito a voto);
- **Ações remíveis** – as que são amortizáveis, uma vez observadas certas condições previstas aquando da sua emissão.

2.4. Instrumentos de investimento coletivo
Inserem-se neste âmbito os denominados ***fundos de investimento***, que constituem, eles próprios, uma carteira de investimento.

---

[5] Cfr. ponto 1.5 do Capítulo 3.
[6] *Ibidem*.

Os fundos de investimento, tanto mobiliários como imobiliários, conheceram especial desenvolvimento durante a década de 80 e no início da década de 90 do século XX, ao embalo do clima de inovação financeira que então se vivia em Portugal.

Desde logo, os fundos de investimento permitem captar um leque muito diversificado de clientela, uma vez que proporcionam um elevado número de composições possíveis e, por conseguinte, várias **combinações de rendibilidade/ /risco**. Se nos reportarmos a uma clientela mais conservadora, os fundos de investimento (caso tenham níveis de risco reduzido) podem constituir excelentes alternativas aos tradicionais depósitos a prazo.

Acresce que os fundos de investimento proporcionam uma *gestão efetiva e profissionalizada*; devido às economias de escala que se geram, esse profissionalismo não acarreta custos consideráveis (por exemplo, comissões de gestão), o que se traduz numa vantagem adicional associada a esta categoria de ativos.

A classificação dos fundos de investimento depende, essencialmente, do tipo de ativos que os compõem. Apontam-se, de seguida, as possibilidades mais correntes.

• **Fundos de tesouraria** – aqueles em que uma parcela considerável do respetivo capital é investida em ativos financeiros de curto prazo, mormente em ativos transacionados no mercado monetário interbancário. Os fundos de tesouraria apresentam um risco reduzido, sendo pouco expressiva a variabilidade da cotação das Unidades de Participação correspondentes. Nestes fundos, a maior parte do seu património encontra-se aplicada a menos de um ano, dado que o seu objetivo fundamental é o de propiciar aos investidores, no contexto da gestão da liquidez de curto prazo, uma alternativa mais rentável que os tradicionais depósitos à ordem.

• **Fundos de obrigações** – são os fundos que privilegiam as obrigações – tanto obrigações da dívida pública como obrigações emitidas por empresas – enquanto meio de alocação do seu capital. A taxa de cupão das obrigações pode encontrar-se *indexada* a uma taxa de juro de curto prazo (*obrigações de taxa variável*) ou, então, equivaler a uma *taxa fixa*, proporcionando, nesta última hipótese, uma rendibilidade dependente da evolução da própria taxa de juro. Se a taxa de juro descer, a rendibilidade das obrigações de taxa fixa aumenta em termos relativos; ao invés, se a taxa de juro subir, a rendibilidade das obrigações de taxa fixa irá diminuir.

As obrigações de taxa fixa são, em regra, aplicações de risco elevado e, consequentemente, com maior potencial de valorização a médio e a longo prazos. Por exemplo, nos fundos de obrigações *high-yield*[7], o investimento é direcionado para obrigações emitidas por pequenas empresas, por novas empresas ou ainda por empresas de grande dimensão, mas que se encontrem numa situação financeira

---

[7] Obrigações que conjugam um juro de cupão elevado, marcadamente acima da média, com um risco de dívida também muito elevado.

frágil. Estas emissões têm associadas taxas de cupão muito elevadas, mas comportam também um considerável risco de não reembolso da dívida. Já no que se refere aos fundos constituídos por obrigações governamentais, o risco de crédito não é relevante, muito embora, essencialmente devido à segurança que envolvem, o retorno proporcionado tenda a ser menor que o obtido em fundos compostos por outro tipo de obrigações.

• **Fundos de ações** – são fundos destinados ao investimento em ações de empresas cotadas nos mercados bolsistas, pelo que, dado o seu perfil de risco, conferem maior potencial de rendibilidade a médio e a longo prazos. A estratégia de investimento prosseguida pelo fundo condicionará a escolha das ações para as quais se canaliza o respetivo capital, nomeadamente no que concerne à dimensão das empresas, ao setor de atividade de que provêm, bem como à zona geográfica em que se localizam.

Estes fundos constituem *maxime* uma alternativa ao investimento direto em ações, ao mesmo tempo que proporcionam uma gestão profissional e especializada, uma política de investimento pautada por critérios de diversificação do risco, bem como potencial de valorização a prazo.

Os fundos de ações aplicam o seu património numa ótica de médio/longo prazo (mais de 3 anos), pois é este o horizonte temporal que, para esta classe de ativos, otimiza o binómio rendibilidade/risco.

• **Fundos mistos** – fundos que repartem o seu capital, de forma mais ou menos fixa, entre várias classes de ativos, mormente instrumentos do mercado monetário, ações e obrigações. O critério de repartição resulta, essencialmente, dos objetivos associados ao fundo. Sendo certo que se trata de um investimento diversificado, por envolver diversas classes de ativos, é, contudo, importante atender à distribuição entre essas classes, de modo a poderemos aferir adequadamente os riscos atinentes a este tipo de *portfolio*.

• **Fundos de fundos** – fundos cujo capital é investido, na sua maioria, em unidades de participação de outros fundos, designados por *feeder funds*. A política de investimentos e o risco associado a um fundo de fundos são, necessariamente, determinados pelas características dos fundos em que investe. Desta sorte, se um fundo de fundos colocar o seu capital apenas em unidades de participação de fundos de ações, o seu risco será, então, semelhante ao de um fundo de ações.

• **Fundos de índice** – fundos de ações ou de obrigações, cujo objetivo é o de reproduzir, total ou parcialmente, a composição de um determinado índice de mercado[8]. Estes fundos têm subjacente o entendimento de que o investidor, no

---

[8] Os índices de referência são números ou percentagens que exibem a evolução de um determinado mercado ou de um determinado segmento de mercado.

médio e no longo prazos, apenas poderá auferir a rendibilidade média do mercado, donde a forma mais eficiente de alcançar tal objetivo será reproduzir passivamente a composição do mercado acionista ou do mercado obrigacionista em questão.

• **Fundos garantidos** – fundos que têm associadas garantias de capital e/ou de um determinado nível de rendimento. Essas garantias são, normalmente, prestadas por terceiros, podendo também resultar do recurso a instrumentos financeiros de cobertura de risco, mormente a produtos derivados.

• **Fundos flexíveis** – fundos que não assumem qualquer compromisso quanto à composição do seu património, o que permite o investimento em todos os ativos do mercado financeiro. Esta categoria de fundos confere enormes vantagens em termos de diversificação e possibilita aos participantes um serviço de gestão global dos mercados financeiros, sem grandes exigências no que concerne ao montante investido.

• **Fundos de fundos sectoriais/geográficos** – correspondem a uma tipologia relativamente nova, tanto em Portugal como nos restantes países da Europa. Ao invés do que sucede nos fundos de fundos tradicionais, estes fundos investem o seu capital em unidades de participação de fundos especializados em determinados setores de atividade ou em áreas geográficas. O gestor de um fundo desta natureza deve selecionar, entre as entidades gestoras existentes, aquelas que demonstrem experiência adequada e *know-how* específico no âmbito de um certo setor ou de uma certa zona geográfica. Deste modo, estes fundos sustentam-se num conceito multigestor. Relativamente comuns nos Estados Unidos, estes fundos constituem para os seus participantes um atrativo veículo de investimento no que se reporta ao binómio rendibilidade/risco.

Do exposto resulta, assim, que também nos fundos de investimento o binómio rendibilidade/risco é fundamental na decisão de saber onde investir[9]. Esse binómio é assaz diferente consoante se trate de um fundo de tesouraria, de um fundo de obrigações ou de um fundo de ações. Enquanto nos dois primeiros tipos o respetivo gestor centrará os seus esforços na manutenção do capital e na preservação de uma volatilidade mínima, os últimos elegem como objetivo primordial a maximização da rendibilidade. Em termos médios, o desvio padrão de um fundo de tesouraria, ou de um fundo com taxa indexada, ronda os 0,4%; já no caso dos fundos de ações, mais agressivos, esse indicador pode oscilar entre os 25% e os 30%.

---

[9] Marques e Calheiros (2000) apontam um aumento gradual do peso relativo dos fundos de investimento nas carteiras dos investidores portugueses. Ainda segundo estes autores, o acesso de investidores mais jovens, mais informados e com maior apetência pelo risco justifica o peso crescente que os fundos de ações detêm no contexto dos fundos de investimento nacionais.

Os fundos de investimento constituem, eles próprios, uma carteira de investimento, razão pela qual a eles tornaremos em capítulos posteriores, nomeadamente no que se reporta à definição de estratégias de investimento, à escolha de ativos e à avaliação das respetivas *performances*.

2.5. Seguros

Os seguros, principalmente os seguros de vida a longo prazo (perpétuos ou temporários), constituem, cada vez mais, uma alternativa ao investimento individual. A crise de financiamento que perpassa os sistemas públicos de Segurança Social e os crescentes incentivos à subscrição de produtos de capitalização, muito principalmente por via fiscal, trouxeram um novo alento a este tipo de produtos.

Para além disso, o denominado risco de longevidade afeta sobremaneira muitos dos fundos de pensões privados, os quais se vêem, assim, confrontados com sérios problemas de solvência. Tal facto pode encorajar o regresso às modalidades mais convencionais em termos de poupança a longo prazo, logo aos seguros e às rendas vitalícias.

Porém, é de sublinhar que as estratégias dos bancos não se confinam exclusivamente aos produtos financeiros do «ramo vida». Por via das denominadas estratégias de *cross-selling*, os bancos procuram colocar junto da clientela autênticas carteiras de produtos, entre os quais os seguros dos mais diversos tipos desempenham um papel fundamental.

Tal significa que o interesse crescente que os seguros vêm merecendo resulta não apenas das características dos produtos, mas decorre, outrossim, de condicionalismos macroeconómicos, bem como de campanhas comerciais desencadeadas pela Banca.

2.6. Ativos reais

Apontamos, no contexto do nosso estudo, alguns ativos reais por se considerar que estes merecem a atenção de muitos investidores. Inclusivamente, na literatura financeira surge, por vezes, o entendimento de que um investidor só aplicará as suas poupanças no mercado financeiro se já tiver esgotado todas as suas hipóteses no mercado real, isto é, se já tiver realizado todas as suas escolhas em termos de investimento real.

A esta aceção não será indiferente o facto de o investimento em ativos reais ter subjacente a constituição de um determinado património com existência física, vivamente contrastante com o caráter intangível e volátil do investimento financeiro. Apontam-se, de seguida, algumas possibilidades.

i) **Investimento imobiliário**
Não existem, ainda, na literatura, muitos estudos dedicados ao investimento imobiliário; é, porém, uma área que vem merecendo o interesse crescente de teóricos e de académicos.

Em termos genéricos, podemos apontar que a rendibilidade deste tipo de investimentos se correlaciona fortemente com a rendibilidade dos ativos financeiros e acompanha a evolução dos ciclos económicos.

Certo é que este tipo de investimento pode proporcionar um rendimento estável, para além da própria valorização do capital.

ii) **Terrenos**
O investimento em terrenos assumirá contornos diferentes caso se trate de investimento em terrenos para *construção* ou de investimento em terrenos para *fins agrícolas*.

No primeiro caso, este tipo de investimento poder-se-á revelar particularmente rentável se esses terrenos se encontrarem contemplados nos Planos Diretores Municipais das respetivas autarquias.

Já o investimento em terrenos para fins agrícolas se reveste de outros contornos. A atividade agrícola tem, por norma, níveis baixos de rendimento, principalmente se confrontados com a rendibilidade proporcionada por outros ativos.

No entanto, em períodos de inflação, a baixa rendibilidade tende a ser compensada pela valorização do património. Para além disso, um investimento desta natureza é sempre um investimento de longo prazo, que se caracteriza pela **baixa liquidez**.

iii) **Coleções**
Muitos são os investidores que aplicam as suas poupanças na aquisição de *objetos* (ativos com existência física), nomeadamente de obras de arte, joias, metais preciosos e antiguidades.

Porém, à semelhança do que sucede, por vezes, no mercado financeiro, trata-se de um mercado incerto e arriscado, porventura especulativo, uma vez que o valor dos ativos pode sofrer oscilações profundas, decorrentes apenas das preferências de outros investidores e não do valor intrínseco das peças.

Trata-se, ainda, de um mercado ilíquido, onde se pode revelar difícil reverter os investimentos realizados.

Por conseguinte, o investimento neste tipo de ativos exige um *know-how* profundo, nem sempre fácil de obter, e um acompanhamento contínuo das oportunidades de mercado.

2.7. "Titularização" e produtos estruturados

Introduzimos a questão da "titularização" (*securitization*) e dos produtos estruturados no contexto do presente trabalho, essencialmente por duas ordens de razões: desde logo, a "titularização" pretende constituir um modo de redução do risco; além do mais, os produtos estruturados desempenharam um papel nodal no contexto da crise financeira que deflagrou nos Estados Unidos no verão de 2007, a qual ficaria conhecida como a crise do *subprime* e cujos efeitos estão ainda longe de ter findado.

A "titularização" corresponde, em termos genéricos, à emissão de títulos negociáveis, conhecidos como *asset-backed securities* (ABS) e que representam direitos sobre os fluxos gerados por um conjunto de ativos (*pool*).

A existência de ABS é, todavia, muito anterior à emergência da crise financeira. Em Portugal, por exemplo, a criação das denominadas Sociedades de Titularização de Créditos remonta a 1999.

Os problemas inerentes a estes instrumentos parecem dever-se, entre outros, ao tipo de ativos a que os direitos se reportam, nem sempre os mais ortodoxos[10]. Por outro lado, estes instrumentos introduzem opacidade ao modo de funcionamento do sistema financeiro. Os bancos podem criar entidades especializadas na "titularização" de ativos – genericamente designadas por SVP (*special purpose vehicle*), SPE (*special purpose entity*) ou SIV (*structured investment vehicle*) – para as quais transferem os riscos associados aos ativos que estão na base dos direitos. A regulação e a supervisão destas entidades, nomeadamente no que tange ao cumprimento de requisitos mínimos (por exemplo, quanto aos indicadores de solvência), são mais frágeis do que as observadas na banca tradicional. Esta situação contribuiu para o desenvolvimento daquilo a que na literatura se designa por *shadow banking*.

Um outro fator de opacidade decorre do próprio léxico a que é uso recorrer neste domínio. O predomínio das siglas, por vezes foneticamente semelhantes mas como significados bem diferenciados, contribuem para o "maravilhoso mundo da titularização" permaneça reservado apenas a um estreito número de peritos. Apresentam-se, em seguida, alguns exemplos dessas designações.

- MBS (*Mortgage-backed securities*) – títulos cujos rendimentos variam em função das receitas geradas por um conjunto de créditos à habitação.

---

[10] A crise financeira de 2007 parece ter tido origem no incumprimento do serviço da dívida dos empréstimos à habitação concedidos ao segmento *subprime*, ou seja, a um segmento da população que não cumpre os requisitos estabelecidos pelas empresas norte-americanas e cujos créditos haviam sido alvo de titularização. De notar que esses incumprimentos se arrastavam desde 2005. Para maior aprofundamento em torno da crise de 2007, bem como das características associadas a alguns dos produtos de "titularização", cfr. Alexandre *et al.* (2009), essencialmente os Capítulos 4 e 5.

- ARM (*Adjustable-rate mortgage*) – tipo de empréstimo no qual a taxa de juro é revista periodicamente em função de uma taxa de referência, à qual se soma uma margem[11].
- CDO (*Collateralized-debt obligation*) – tipo de ABS no qual o risco é dividido por tranches, com, consequentemente, níveis de remuneração diferentes (tranches sénior, tranches *mezzanine* e tranches júnior). O objetivo fundamental é o de obter uma boa notação de *rating* para as tranches com menor risco.
- CDO *squared*, CDO *cubed* ou CDO^n – resultam da combinação de tranches semelhantes de diferentes CDO. A complexidade e a opacidade presentes neste tipo de instrumentos acentuam-se, de modo significativo, nestas possibilidades.

3. O mercado financeiro português

As designações de «mercado financeiro», de «mercado monetário» e de «mercado de capitais» surgem, por vezes, empregues de modo indistinto, muito embora o seu conteúdo concirna a realidades diversas. Desde logo, a aceção de **mercado financeiro** engloba as aceções de **mercado monetário**, de **mercado de capitais** e de **mercado cambial**.

Por seu turno, o **mercado monetário** corresponde, por excelência, ao mercado de curto prazo, pelo que nele se transacionam títulos com maturidades inferiores a um ano. Destina-se, fundamentalmente, ao financiamento da tesouraria dos agentes económicos, bem como à aplicação dos respetivos excedentes.

Já no **mercado de capitais** são negociados títulos com maturidades superiores a um ano, pelo que este segmento tem como propósito as operações de financiamento e de investimento de médio e de longo prazos.

Por último, o **mercado cambial** resulta do confronto entre a oferta e a procura de divisas, sendo que o preço daí resultante se denomina *taxa de câmbio*.

No contexto do mercado financeiro português, poderemos, ainda, identificar outros segmentos, em consequência da aplicação dos seguintes critérios: *prazo de liquidação das operações* e *regularidade de funcionamento*.

3.1. Segmentos de mercado

Tomando o *prazo de liquidação das operações*, entende-se por **mercado a contado** (ou *mercado à vista*) aquele em que as operações são liquidadas num breve lapso de

---

[11] Na crise do *subprime* ponderaram os denominados ARM híbridos, os seja, ARM em que, nos primeiros anos, a taxa de juro é fixa e particularmente baixa (*teaser rate*). Tornaram-se célebres os ARM 2/28 – empréstimos a 30 anos, com 2 anos iniciais de taxa fixa e 28 anos de taxa indexada – bem como os ARM 3/27 – nos quais o período inicial é de 3 anos e o subsequente é de 27 anos.

tempo, no máximo de três dias úteis após a realização da transação[12]. Ao invés, no **mercado a prazo**, a liquidação das operações tem lugar num período mais dilatado, de acordo com o estabelecido no próprio contrato de transação.

Para além disso, se atendermos à *regularidade de funcionamento* dos mercados, avançaremos que os **mercados regulamentados** são os que operam de modo regular e continuado, estando, para além disso, sujeitos a elevados requisitos em matéria de admissão, de modo de atuação e de relato financeiro. Já os **mercados não regulamentados** são aqueles que, embora operando de acordo com as regras legalmente estabelecidas, não cumprem um ou mais dos requisitos definidos para os mercados regulamentados.

Ao momento, em Portugal, no âmbito dos mercados regulamentados, identificamos o Eurolist by Euronext Lisbon, o Mercado de Futuros e Opções e o Mercado Especial de Dívida Pública (MEDIP). Já no que se reporta aos mercados não regulamentados, teremos o EasyNext Lisbon – mercado destinado à negociação de produtos estruturados, lançado a 1 de outubro de 2004 –, o Mercado sem Cotações e o PEX, no qual se transacionam ações, obrigações, fundos de investimento e produtos estruturados. Porém, este último destina-se, fundamentalmente, a entidades que, pelas suas características, mormente pela sua dimensão, não têm condições para aceder a plataformas internacionais de negociação.

O Eurolist by Euronext Lisbon e o Mercado de Futuros e Opções correspondem aos mercados de bolsa, a contado e a prazo, respetivamente. Contudo, por força dos objetivos que norteiam o presente texto, daremos particular relevo às características do Eurolist e, bem assim, ao funcionamento da Euronext Lisbon.

Acresce referir que os valores mobiliários transacionados variam, necessariamente, em função de cada segmento de mercado. No Eurolist by Euronext Lisbon são transacionados ações, obrigações de dívida privada e pública, direitos de subscrição, incorporação e cisão, *warrants* autónomos, *warrants* destacados, títulos de participação, unidades de participação, certificados, valores mobiliários obrigatoriamente convertíveis, valores mobiliários convertíveis por opção do emitente e valores mobiliários condicionados por eventos de crédito.

3.2. A Euronext Lisbon

O surgimento da bolsa de valores nacional, a Euronext Lisbon, remonta a 1 de janeiro de 1769, sendo então designada por Bolsa de Lisboa ou, ainda, por Assem-

---

[12] Esse período de tempo destina-se à *liquidação física* e à *liquidação financeira* da operação, bem como à verificação da conformidade da ordem de bolsa e do adequado provisionamento da conta bancária do investidor. É, no entanto, possível vender valores mobiliários no mesmo dia da compra, desde que as duas operações tenham lugar no mesmo mercado regulamentado. Este tipo de operações designa-se por **day-trade**.

bleia dos Homens de Negócio. Mais de um século depois, em 29 de janeiro de 1891, Portugal assiste à criação da Bolsa de Valores do Porto.

Na senda da revolução de abril de 1974, no dia 29 desse mês, são suspensas todas as transações de valores mobiliários, por iniciativa da Junta de Salvação Nacional, o que determinou o encerramento das bolsas nacionais.

A reabertura integral da Bolsa de Valores de Lisboa ocorre em 28 de fevereiro de 1977, muito embora a negociação de obrigações já tivesse sido retomada em 12 de janeiro do ano anterior. Enquanto isso, a Bolsa de Valores do Porto só viria a reiniciar a sua atividade em 2 de janeiro de 1981.

Um marco com importantes repercussões para o mercado financeiro nacional foi, sem dúvida, a primeira operação de privatização, realizada na Bolsa de Valores do Porto, em 26 de abril de 1989, sobre o capital da Unicer.

Em 10 de abril de 1991, na sequência da publicação do Código do Mercado de Valores Mobiliários, o qual ficaria conhecido por «Lei Sapateiro», a gestão das bolsas nacionais, tal como os seus patrimónios, são transferidos para as respetivas associações de bolsa.

Em junho de 1994, inicia-se o processo de transformação da Bolsa de Valores do Porto num mercado de operações a prazo. Por conseguinte, desde 1 de janeiro desse ano que as operações a contado passam a ter lugar apenas em Lisboa. Em 20 de junho de 1996, é inaugurada a Bolsa de Derivados do Porto, com início da negociação de contratos de futuros. Em 14 de abril do ano seguinte, tem início a prestação de serviços no âmbito das operações de reporte, enquanto a 19 de março de 1999 é lançado o primeiro contrato de opções.

Em finais de 1999, realizam-se, em simultâneo, as Assembleias Gerais das duas associações de bolsa, as quais determinam a junção de ambos os mercados e a constituição de uma nova entidade, sob a forma de sociedade anónima, encarregue da gestão dos dois tipos de mercado, a contado e a prazo. Desta feita, em 10 de fevereiro de 2000, é constituída, por escritura pública, a Bolsa de Valores de Lisboa e do Porto (BVLP).

Em 13 de junho de 2001, principia mais uma fase que acarretará mudanças expressivas para o modo de funcionamento do mercado de valores mobiliários nacional, com a assinatura do *Memoradum of Understandings*, tendo em vista a integração da BVLP na plataforma Euronext. Esta modificação permitirá, tanto às empresas cotadas como aos investidores, o acesso a segmentos de mercado mais vastos, dotados de maior liquidez e de maior profundidade. Após aceitação das condições inerentes à fusão, a bolsa nacional assume, desde 6 de fevereiro de 2002, a denominação social de Euronext Lisbon.

À semelhança do que sucede com a generalidade das bolsas de valores, também a Euronext Lisbon tem desempenhado um importante papel na conciliação entre os interesses das entidades emitentes de valores mobiliários, que através dessa emissão obtêm os fundos necessários à prossecução das suas atividades, e dos investidores, conferindo-lhes a possibilidade de escolha entre uma panóplia diversificada de valores mobiliários, caracterizados por diferentes níveis de risco, de liquidez e de rendibilidade.

3.3. O funcionamento da Euronext Lisbon

Por similitude com o que sucede em qualquer mercado de valores mobiliários, as cotações fixadas no âmbito da Euronext Lisbon resultam do confronto entre a oferta e a procura, ou seja, do confronto entre as ordens de compra e as ordens de venda.

i) Ordens de bolsa

As ***ordens de bolsa*** devem ser transmitidas a um intermediário financeiro e por este introduzidas[13] no sistema eletrónico de negociação.

Outrora, o mercado de valores mobiliários funcionava com a presença física dos intermediários financeiros no local da negociação (por vezes, designado, na gíria financeira, por *parquet*); hoje, contudo, os intermediários financeiros atuam a partir dos seus escritórios, inserindo na plataforma de negociação as ordens recebidas pelos seus clientes, as quais passam a corresponder a uma ***oferta*** (de compra ou de venda).

As ordens de bolsa podem ser transmitidas por escrito, por via oral ou ainda por intermédio da Internet. Porém, as ordens transmitidas por via oral devem ser gravadas pelo intermediário financeiro, ou então reduzidas à forma escrita, de modo a existir um suporte documental das mesmas. Estas devem sempre indicar (*a*) a identidade do investidor, (*b*) o tipo de ordem (de compra ou de venda), (*c*) o valor mobiliário a que se reportam, (*d*) a quantidade que se pretende transacionar e (*e*) o preço a que se pretende transacionar.

ii) Tipos de ordens

Existem vários tipos de ordens de bolsa, mormente se tomarmos em consideração o respetivo preço. Neste sentido, podemos identificar os seguintes tipos de ordens:

- Ordens «ao mercado» – permitem a compra e venda de valores mobiliários ao melhor preço do mercado; desta feita, uma ordem de compra ou venda dará origem a uma transação sempre que no sistema de negociação surgir uma oferta de sentido contrário.

---

[13] Essa introdução poderá ocorrer no decurso da sessão ou no período de pré-abertura.

- Ordens «limitadas» – permitem a transação de valores mobiliários atendendo a um certo limite de preço. Logo tratando-se de uma ordem de compra, o investidor apenas estará disposto a adquirir o valor mobiliário por um preço igual ou inferior ao mencionado; concomitantemente, tratando-se de uma ordem de venda, o investidor apenas estará disposto a realizar a operação por um preço igual ou superior ao mencionado.
- Ordens «stop» – tornam-se efetivas apenas quando a cotação atinge um determinado valor; uma vez atingido esse patamar, as ordens «stop» convertem-se em ordens «ao mercado» ou em ordens «limitadas».

Se, em determinado momento, o número de ordens de compra, atinentes a um certo valor mobiliário, exceder o número de ordens de venda, o seu preço tenderá a subir; enquanto isso, se o número de ordens de venda exceder o número de ordens de compra, o preço do valor mobiliário tenderá a descer.

Desde logo, a afluência de um número significativo de ordens de bolsa – tanto de compra como de venda – confere liquidez aos mercados, facilitando a realização de transações.

iii) Sessões de Bolsa

Existem dois tipos de sessões de Bolsa: as *sessões normais* e as *sessões especiais*.

As primeiras destinam-se à transação corrente de valores mobiliários admitidos à cotação e realizam-se todos os dias úteis, entre as 8 horas e as 16 horas e 40 minutos. Porém, as ordens de compra e venda podem ser introduzidas no sistema a partir das 7 horas, pelo que o período que decorre entre as 7 e as 8 horas se designa por *período de consolidação de ofertas* ou *período de pré-abertura*. Por sua vez, entre as 16 horas e 30 minutos e as 16 horas e 35 minutos, ocorre novo período de consolidação de ofertas, durante o qual não se efetuam transações, desta feita denominado por *período de pré-fecho* ou por *leilão de fecho*. As transações que venham a observar-se no *período adicional* entre as 16 horas e 35 minutos e as 16 horas e 40 minutos firmam-se ao preço de fecho, estabelecido às 16 horas e 35 minutos. Estas mesmas regras vigoram em todas as praças associadas da Euronext.

Já o segundo tipo de sessões – as sessões especiais de Bolsa – encontra-se vocacionado para a transação de valores mobiliários não admitidos à cotação, em qualquer mercado de Bolsa, ou quando o volume transacionado ou o modo como a transação deve ocorrer assim o determine. A sua realização é, assim, esporádica, de acordo com a especificidade e a exigência das operações. Inserem-se neste domínio as ofertas públicas de aquisição (OPA), as ofertas públicas de venda (OPV), as ofertas públicas de troca (OPT), bem como as ofertas públicas de subscrição (OPS).

iv) Modalidades de negociação

No mercado à vista, existem duas modalidades de negociação: ***negociação em contínuo*** e ***negociação por chamada***.

Na ***negociação em contínuo***, as ordens são, a todo o momento, introduzidas no sistema de negociação. Estas ordens interferem entre si e desse confronto resultam as diversas cotações ou preços que se formam ao longo da sessão. Nesta modalidade de negociação, vigoram o *princípio da prioridade-preço* – uma vez que em presença de duas ordens prevalece a de melhor preço – e o *princípio da prioridade-tempo* – pois perante duas ordens de igual preço prevalece a mais antiga.

Já na ***negociação por chamada***, as ordens são agrupadas e confrontadas apenas em determinados momentos da sessão. Esta modalidade decorre, essencialmente, do princípio de *maximização da quantidade transacionada*.

v) Custos de transação

Os intermediários financeiros cobram, por norma, comissões pelos serviços prestados aos investidores, as quais incluem a remuneração dos serviços bancários, dos serviços de corretagem e dos serviços de bolsa. Essas comissões são fixadas pelos próprios intermediários, exceto as que se referem aos serviços de bolsa, cujo valor é definido pela entidade gestora do mercado.

As comissões a cobrar em cada tipo de operação devem constar de tabela a afixar, de forma bem visível, nos locais de atendimento público do intermediário financeiro.

3.4. Índices de referência

O principal índice de referência do mercado de capitais português é o PSI-20 (*Portuguese Stock Index* ou *Índice Português de Ações*), o qual indica a evolução de uma amostra de 20 ações, admitidas à negociação no Mercado de Cotações Oficiais.

A seleção dos 20 ativos que constituem o índice, bem como a respetiva ponderação, resultam da aplicação conjunta de um critério de **liquidez**, avaliada pelo volume de transações realizadas em Bolsa, e de um critério de **capitalização bolsista**, corrigida por um fator de *free-float*[14]. Este fator é determinado tendo por base a informação disponível para o mês anterior. O valor obtido é arredondado

---

[14] O *free-float* representa o número de ações livres, ou seja, aquelas que não pertencem a investidores estáveis (institucionais ou não), indicando, assim, o grau de dispersão do capital entre os pequenos acionistas.

para o múltiplo seguinte de 5%, sendo revelado dois dias antes da revisão do índice.

A composição do PSI–20 é alvo de uma *revisão anual*, a realizar em março, à qual acrescem *revisões trimestrais*, observadas em junho, setembro e dezembro. Na revisão anual, são hierarquizadas as 18 entidades emitentes que apresentem melhores indicadores, as quais têm entrada direta no índice. As duas restantes são escolhidas entre as colocadas entre o 19º e o 22º lugares, tendo preferência as que previamente já formavam parte do índice. Por sua vez, nas revisões trimestrais, são retiradas do índice as entidades emitentes que se situem abaixo do 25º lugar, sendo incluídas novas entidades na eventualidade de estas ocuparem um lugar acima da 15.ª posição inclusive. Acresce que, na revisão anual, cada ação não poderá ter, na composição do índice, um peso relativo superior a 15% (*capping*).

Este índice remonta a 31 de dezembro de 1992 e foi lançado numa base de 3.000 pontos, de acordo com os preços de fecho da sessão desse mesmo dia. O PSI–20 é calculado no decurso das sessões ordinárias da Euronext Lisbon, de acordo com a expressão correspondente a I_t e divulgado a cada 15 segundos. Temos, assim, que

$$I_t = \frac{\sum_{i=1}^{N} Q_{it} \times F_{it} \times f_{it} \times C_{it}}{d_t} \qquad (1.2)$$

onde

t se reporta ao dia de cálculo do índice;

N identifica o número de ações componentes do índice;

Q_{it} nota o número de ações *i* transacionadas no dia *t*;

F_{it} representa o *free-float* da ação *i*;

f_{it} indica o fator de *capping* da ação *i*;

C_{it} assinala a cotação da ação *i* no dia *t*;

d_t designa o divisor relativo ao dia *t*.

Tomemos os elementos que constam da tabela seguinte, relativos ao dia 31 de maio de 2011 e obtidos no *site* da Euronext Lisbon[15].

---

[15] Cfr. http://www.euronext.com/fic/000/058/147/5814676.pdf (página consultada em 16 de junho de 2011).

Tabela 1 – Metodologia de cálculo do PSI-20

DESIGNAÇÃO	NÚMERO DE AÇÕES	FREE-FLOAT	CAPPING
ALTRI, SGPS	205.131.672	0,65	1,00
Banco Comercial Português	5.217.383.972	0,75	1,00
Banco Espírito Santo	1.166.666.666	0,40	1,00
Banco BPI	990.000.000	0,35	1,00
BANIF – SGPS	570.000.000	0,30	1,00
Brisa	600.000.000	0,35	1,00
Cimpor, SGPS	672.000.000	0,15	1,00
EDP	2.936.222.980	0,70	0,60612715118458
EDP Renováveis	872.308.162	0,25	1,00
GALP Energia – Nom.	771.171.121	0,30	0,972665890650599
Jerónimo Martins, SGPS	629.293.220	0,35	1,00
Mota Engil	204.635.695	0,30	1,00
Portugal Telecom	896.512.000	0,75	0,62128319913548
Portucel	767.500.000	0,25	1,00
REN	261.660.000	0,45	1,00
Semapa	118.332.445	0,40	1,00
Sonae	2.000.000.000	0,40	1,00
Sonae Ind. SGPS	140.000.000	0,50	1,00
Sonaecom, SGPS	366.246.868	0,25	1,00
ZON Multimédia	309.096.828	0,60	1,00

O índice é, então, calculado (*i*) multiplicando o preço de fecho para cada um dos títulos pelo número de ações, pelo *free-float* e pelo *capping*, (*ii*) somando o total de parcelas obtidas na operação anterior e (*iii*) dividindo este somatório por 2.864.171,00679435. Neste dia, o PSI-20 fixou-se nos 7.556,86 pontos.

Na figura seguinte, ilustra-se a evolução deste indicador, desde o seu surgimento até meados do ano de 2011, tendo por base os elementos facultados pela Euronext Lisbon.

Figura 1 – Evolução do PSI 20

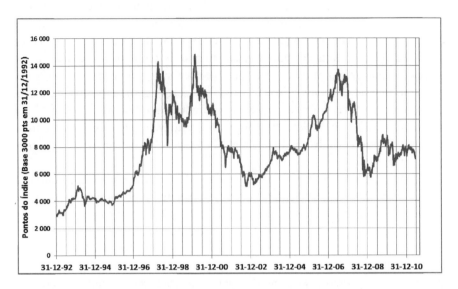

Para além do PSI 20, existem, em Portugal, outros dez índices de referência: o PSI Geral, que traduz a evolução de todos os títulos transacionados no mercado, e nove PSI sectoriais.

4. Risco e prémio de risco

O *risco* é, por excelência, um conceito incontornável no domínio financeiro, podendo, para além disso, ser entendido sob diversas perspetivas. A par dos conceitos de risco total, risco sistemático e risco não sistemático, que assumirão um papel central no âmbito dos Capítulos seguintes, detemo-nos, por ora, nos conceitos de risco de liquidez, risco de crédito, risco operacional e risco legal.

O **risco de liquidez** decorre, *grosso modo*, da dificuldade de resgate associada a um determinado ativo, por força do baixo volume de negociação, ou seja, da fraca procura dirigida a esse ativo. O risco de liquidez comporta uma dupla aceção: **risco de liquidez de financiamento** (*funding*) e **risco de liquidez de mercado**. Na primeira aceção, entendemos o risco como consequência da incapacidade de equacionar eventuais desequilíbrios nos fluxos de caixa e de satisfazer as necessidades de tesouraria. Também designado por *risco de liquidez estrutural*, no presente contexto, corresponde, essencialmente, ao risco de financiamento das carteiras de ativos no âmbito do curso normal dos negócios. Enquanto isso, na segunda aceção reportamo-nos ao risco decorrente da incapacidade de um certo investidor ou operador financeiro fechar posições abertas em tempo útil, na quantidade adequada e a um preço justo. Incluímos aqui o caso de se observarem aumentos no *spread* entre os preços de compra e de venda, resultando este da falta de liquidez no mercado em questão ou de o investidor/operador financeiro possuir uma carteira demasiado grande em relação à dimensão do mercado. Em termos práticos, este tipo de risco surge quando se observa um baixo volume de negócios relativamente a um certo ativo, registando-se elevadas diferenças entre o preço a que o comprador está disposto a comprar e o preço pelo qual o vendedor estará disposto a vender. A venda de um ativo num mercado ilíquido envolve, assim, na maioria das vezes, o sacrifício do preço inerente à transação.

O *risco de crédito* advém da eventualidade de uma das partes não honrar os seus compromissos, daí resultando uma quebra no recebimento de recursos. O risco de crédito representa, pois, a possibilidade de não pagamento até ao termo da operação, o que implica a falta de recebimento para a contraparte. Uma empresa financeira, ao emprestar meios monetários a um cliente, incorre no risco de não recebimento do valor nominal da dívida, bem como dos respetivos juros. Porém, o risco de crédito emerge não apenas em operações de âmbito creditício – tais como o caso dos empréstimos – mas em todo o tipo de instrumentos financeiros registados no ativo das empresas.

O *risco operacional* resulta de ineficiências ao nível das práticas de gestão, nomeadamente da incapacidade ou da insuficiência de conhecimentos técnicos do gestor, da imperfeição da base de dados ou do modelo de risco adotado ou, ainda, da ocorrência de erros na realização das operações (mormente de erro humano). O risco operacional envolve, assim, três vertentes distintas:

a) **Risco organizacional**, consequente da ineficiência do modelo de gestão adotado, definido, entre outros aspetos, pela ausência de objetivos de longo prazo claramente identificados, pela deficiência dos fluxos de informação internos e externos, pela inadequada atribuição de responsabilidades, pela possibilidade de ocorrência de fraudes e pelo eventual acesso a informações internas por parte dos concorrentes mais diretos.

b) **Risco de operações**, resultante de problemas ao nível do processamento e do armazenamento de informações passíveis de fraude, para além de confirmações incorretas ou sem verificação criteriosa.

c) **Risco de pessoal**, decorrente da fraca qualificação ou falta de motivação dos colaboradores.

Trata-se, portanto, de um tipo de risco proveniente de falhas inerentes ao sistema de gestão, de erro humano ou, simplesmente, da ausência de um controlo efetivo.

A título de exemplo, apontamos o bem conhecido caso da falência do Banco Barings, ocorrida em 1995, e que teve na sua génese a ausência de mecanismos de controlo sobre as operações realizadas e uma centralização exagerada de poderes numa só pessoa – no caso o operador britânico Nicholas Leeson, que realizou uma série de operações especulativas na bolsa de derivados de Singapura, sem qualquer controlo por parte da casa mãe.

Por fim, o *risco legal* comporta a possibilidade de ocorrência de perdas por irregularidades ao nível dos contratos. Incluem-se neste domínio os casos de documentação insuficiente, de ilegalidade do objeto da negociação ou de falta de representatividade de um dos membros negociadores.

Nem sempre é fácil diferenciar qual o tipo de risco patente em determinada situação. Desde logo, este pode variar consoante a ótica sob a qual o problema é observado. Tomamos aqui o exemplo proposto por Duarte Jr. (1996). Suponhamos que o Banco X registou perdas substanciais no mercado acionista devido a dois motivos:

a) Parte dessas perdas foram determinadas por uma escolha de investimento errada – a qual recaiu sobre um conjunto de ações – muito embora todos os riscos da operação fossem conhecidos. Neste caso, estaremos em presença de *risco de mercado*.

b) A outra parte das perdas deveu-se ao facto de um operador ter tomado posições no mercado de futuros, sem conhecimento prévio do comité de investimentos. Estamos em presença de risco operacional, devido à falta de controlos internos efetivos. Na sequência destas perdas, o Banco X não consegue honrar os compromissos que tem para com o Banco Y. Logo o Banco Y passa a enfrentar um eventual risco de crédito, devido ao possível incumprimento do banco X. Desta feita, aquilo que para o Banco X se afigura como sendo risco de mercado e risco operacional, revela-se como risco de crédito para o Banco Y.

Acresce referir que a conceptualização do risco – bem como a sua mensuração – resultam sobremaneira do tipo de informação existente para o efeito e dos conhecimentos técnicos dos gestores em matéria de modelos de avaliação e de quantificação. Dada a multiplicidade de vertentes que envolve, este conceito será, então, retomado no Capítulo seguinte.

Detemo-nos, de seguida, no esclarecimento do que se entende por prémio de risco. O ***prémio de risco*** é o retorno financeiro que corresponde à diferença entre a rendibilidade de um certo título ou ativo e a rentabilidade dos ativos sem risco (geralmente são considerados como ativos sem risco os títulos da dívida emitidos pelo Estado). O prémio de risco representa, assim, a rendibilidade adicional que um investidor espera obter por aceitar um determinado tipo e grau de risco.

Por conseguinte, em regra, quanto maior o risco associado a um ativo em particular, maior será o prémio de risco exigido pelos investidores para adquirirem esse ativo.

Capítulo 2
Teoria das Carteiras

Harry Markowitz é reconhecido na literatura financeira como o fundador da Teoria das Carteiras (*Modern Portfolio Theory*, genericamente designada pela sigla MPT). *Grosso modo*, a MPT edificou-se sobre os seguintes pressupostos:

- os investidores avaliam as suas carteiras de investimento tendo unicamente por base a rendibilidade esperada e o desvio padrão da rendibilidade esperada;
- os ***investidores são racionais***, pelo que, uma vez confrontados com duas carteiras com o mesmo risco, escolhem a que tiver associado maior nível de rendibilidade esperada;
- concomitantemente, uma vez confrontados com duas carteiras com o mesmo nível de rendibilidade esperada, escolhem a que tiver associado menor risco;
- os custos de transação e os impostos são irrelevantes;
- os investidores têm expectativas idênticas no que concerne à distribuição de probabilidade das rendibilidades esperadas, o que assegura a existência de um único conjunto de carteiras eficientes.

A ***aceção de investidor racional*** constitui, então, um dos aspetos basilares da Teoria das Carteiras. Como se referiu no Capítulo 1, o ***investidor racional*** pretende incorrer no mínimo de risco possível para cada nível de rendimento auferido; por sua vez, perante dois títulos com idêntico risco, o investidor optará pelo que lhe proporciona maior nível de rendimento. Pelo exposto, podemos apontar que, em termos genéricos, o investidor racional minimiza o risco para cada nível de rendibilidade esperada ou, de outro modo, intenta maximizar a rendibilidade para cada nível de risco.

Desde logo, o binómio rendibilidade/risco assume um caráter nodal na problemática da gestão de carteiras. No entanto, a maximização da rendibilidade e a minimização do risco implicam o recurso a uma estratégia de diversificação, enquanto via de decréscimo do risco do investimento. Com efeito, coube a Markowitz (1952) a consideração do risco no âmbito da gestão de carteiras, uma vez que, até então, as decisões de investimento eram tomadas exclusivamente com base na rendibilidade dos ativos.

O risco é, desta sorte, algo intrínseco ao próprio processo de investimento. O maior desafio que se coloca aos investidores e aos gestores de carteiras é, então, o de definirem quais os ativos que devem compor os respetivos *portfolios*, de modo a maximizarem a rendibilidade e a minimizarem o risco. Ao estabelecer a composição de uma carteira, o investidor deve atender às várias dimensões do risco – particularmente à do risco de mercado – e à forma como estas podem afetar o retorno do seu investimento. O investidor racional, que pondera os riscos associados ao seu *portfolio*, procurará constituir uma carteira com uma rendibilidade tão elevada quanto possível e, bem assim, com um risco tão reduzido quanto possível.

Neste sentido, ao longo do presente texto, deter-nos-emos em três aspetos fundamentais: a **rendibilidade**, o **risco** e a **diversificação**.

Para além disso, importa sublinhar que todo o processo de composição das carteiras de investimento depende das *escolhas dos investidores*. Recorrendo a técnicas de otimização, definiremos, ainda, o modo como essas escolhas se devem orientar no sentido da formação de uma carteira ótima – que maximize a rendibilidade e minimize o risco – a qual a literatura financeira convencionou denominar por **carteira eficiente**.

1. Rendibilidade e risco de um título

Desde logo, podemos estabelecer que a **rendibilidade** de uma ação, antes de imposto[16], pode ser obtida por intermédio da seguinte fórmula:

$$R_t = \frac{D_t + P_t - P_{t-1}}{P_{t-1}} \tag{2.1}$$

---

[16] O saldo positivo entre as mais-valias e as menos-valias provenientes da alienação onerosa de ações é tributada, nos termos do nº 4 do artigo 72º do Código do Imposto sobre Rendimentos Singulares, à taxa de 25% (redacção dada pela Lei nº 64-B/2011 de 30 de Dezembro), sem prejuízo do seu englobamento por opção dos respetivos titulares (se residentes em território português), conforme previsto no nº 7 do mesmo artigo.

sendo

R_t = rendibilidade da ação *i* durante o período t;
D_t = dividendo recebido no período t;
P_t = cotação da ação findo o período t;
P_{t-1} = cotação da ação findo o período t–1.

Esta medida de rendibilidade traduz o **retorno efetivo** que o investimento permite obter, uma vez que decorre do histórico das cotações e dos dividendos distribuídos. Ocorre, aqui, mencionar o entendimento de Viana (2009), de acordo com o qual o retorno do investimento para o acionista pode decorrer da valorização da ação no mercado em relação ao preço de aquisição e/ou da distribuição de dividendos. Todavia, o investidor deve estar atento a eventuais perdas relativamente ao valor de compra, pois não existem métodos que permitam garantir o valor do capital investido.

Porém, um conceito recorrente no domínio da gestão de carteiras é o conceito de *rendibilidade esperada*, que traduz as expectativas dos investidores relativamente à rendibilidade de um título para um momento futuro, podendo a rendibilidade efetiva vir a situar-se acima ou abaixo desse parâmetro.

A rendibilidade esperada, que notaremos por $E(R_i)$, pode ser obtida através da expressão

$$E(R_i) = P_1 \times E(R_{i1}) + P_2 \times E(R_{i2}) + \ldots + P_n \times E(R_{in}) \qquad (2.2)$$

onde $E(R_{i1})$, ..., $E(R_{in})$ representam as várias rendibilidades possíveis para um certo ativo *i* e P_1, ..., P_n as respetivas probabilidades de ocorrência[17].

Em termos genéricos, o *risco* pode ser entendido como a possibilidade de ocorrência de um acontecimento não desejável. Por sua vez, o risco de um investimento em ativos financeiros decorre da **contingência do valor assumido por esse ativo** numa data futura, ou seja, resulta da variação da respetiva rendibilidade em torno de um certo valor esperado. Para Gitman (2004), o risco traduz-se numa possibilidade de perda ou ainda na variabilidade dos retornos esperados relativos a um determinado ativo.

Por conseguinte, o risco de uma ação pode ser conhecido através do recurso a uma medida de dispersão – **desvio padrão** (σ) ou **variância** (σ^2) – referente a uma série estatística de cotações passadas.

---

[17] A rendibilidade esperada pode também ser obtida através de dados históricos, recorrendo a medidas de tendência central.

Vem, então, que

$$\sigma = \sqrt{\frac{\sum_{k=1}^{n}(x_k - \bar{x})^2}{n-1}} \qquad (2.3)$$

sendo x_k a cotação da ação para cada um dos n períodos observados e $\bar{x}$ a média dessas cotações.

2. Rendibilidade e risco de uma carteira de ativos

Estabelecemos, primeiramente, que a ***rendibilidade esperada de uma carteira de ativos*** é dada pelo somatório das rendibilidades esperadas dos ativos que a compõem, ponderadas pelo respetivo peso relativo.

Assim, podemos formalizar que

$$E(R_P) = \sum_{i=1}^{N} E(R_i) \times X_i \qquad (2.4)$$

com $E(R_P)$ a corresponder à rendibilidade esperada de uma carteira P, $E(R_i)$ a traduzir a rendibilidade esperada de cada um dos N ativos que a compõem e X_i a indicar o peso relativo que cada um desses ativos tem na carteira.

Exemplo 1: Certo investidor detém uma carteira composta por 3 ativos, na qual o ativo A representa 40% do capital investido e os ativos B e C correspondem, cada um deles, a 30% desse capital.

Atendendo à informação que se apresenta no quadro seguinte, calcule a rendibilidade esperada da carteira.

	Ativo A	Ativo B	Ativo C	Probabilidade
Cenário 1	10%	15%	12%	60%
Cenário 2	−2%	−5%	−4%	40%

Tomamos a expressão definida em (2.2), de modo a calcular as rendibilidades esperadas para cada um dos títulos, as quais resultam da probabilidade de ocorrência de determinados cenários considerados pelos analistas financeiros. Logo, teremos

$E(R_A) = P_1 \times R_{A1} + P_2 \times R_{A2} = 0{,}6 \times 10\% + 0{,}4 \times (-2\%) = 6\% - 0{,}8\% = \mathbf{5{,}2\%}$

$E(R_B) = P_1 \times R_{B1} + P_2 \times R_{B2} = 0{,}6 \times 15\% + 0{,}4 \times (-5\%) = 9\% - 2\% = \mathbf{7\%}$

$E(R_C) = P_1 \times R_{C1} + P_2 \times R_{C2} = 0{,}6 \times 12\% + 0{,}4 \times (-4\%) = 7{,}2\% - 1{,}6\% = \mathbf{5{,}6\%}$

Uma vez conhecidas as rendibilidades esperadas para cada um dos títulos, determinamos agora a rendibilidade esperada para a carteira atendendo à expressão que estabelecemos em (2.4), ou seja, atendendo aos pesos relativos dos títulos no investimento. Assim, vem que

$E(R_P) = 0{,}4 \times E(R_A) + 0{,}3 \times E(R_B) + 0{,}3 \times E(R_C)$

$E(R_P) = 0{,}4 \times 5{,}2\% + 0{,}3 \times 7\% + 0{,}3 \times 5{,}6\%$

$E(R_P) = 2{,}08\% + 2{,}1\% + 1{,}68\%$

$E(R_P) = 5{,}86\%$

A rendibilidade esperada da carteira será de 5,86%.

Já o *risco de uma carteira de ativos* pode ser avaliado pelo desvio padrão da respetiva taxa de rendibilidade, ou seja, por σ_P.

O retorno de uma carteira corresponde, simplesmente, à média ponderada dos ativos que a compõem. Já o risco de uma carteira não equivale apenas à média ponderada da medida de risco dos ativos individualmente considerados. Tal ocorre devido à **correlação** entre os vários títulos que compõem o investimento. Com efeito, os retornos[18] dos ativos presentes num certo *portfolio* podem assumir, num certo momento, comportamentos diversos, mormente de sinal contrário, e assim reduzir a volatilidade do investimento, mensurável através da variância ou do desvio padrão. Assim se explica que uma carteira composta por vários ativos possa ter um risco menor que a soma do risco desses ativos individualmente considerados. Deste modo, para além do risco individual de cada um dos ativos e das covariâncias entre si, dois a dois, importará conhecer o peso relativo de cada um desses ativos na composição do investimento.

Na senda do exposto, Pinheiro (2002, p. 87) identifica os parâmetros que ponderam na determinação do risco de uma carteira de investimento, a saber:

i) o peso relativo de cada um dos ativos na carteira;
ii) a variância de cada um desses ativos;
iii) a covariância e o coeficiente de correlação entre cada par de ativos.

Quanto maior for a correlação entre os ativos de uma carteira, maior será a semelhança entre os respetivos comportamentos; por conseguinte, o desvio padrão converge para a média ponderada dos desvios padrão individuais. Na situação oposta, quanto menor for a correlação entre os títulos, maior será a dife-

---

[18] No presente texto, os conceitos de retorno e de rendibilidade serão entendidos como sinónimos, pelo que serão utilizados indistintamente.

rença entre o comportamento individual dos ativos e menor tenderá a ser o desvio padrão da carteira; por exemplo, havendo uma correlação negativa entre dois ativos, se um dos ativos apresentar um retorno acima da média de mercado, o outro ativo terá, necessariamente, um retorno abaixo da média de mercado, donde resulta que a variação do retorno da carteira seja menor do que a média ponderada dos desvios padrão.

Este efeito é conhecido como **efeito diversificação** – cuja discussão retomaremos no ponto 4 do presente Capítulo – sendo, por ora, de avançar que a sua intensidade é tanto maior quanto menor for a correlação entre os ativos da carteira.

Assim, em termos genéricos, teremos que o desvio padrão da rendibilidade esperada de uma carteira P composta por N ativos pode ser obtido através de

$$\sigma_P = \sqrt{\sum_{i=1}^{N}\sum_{j=1}^{N} X_i X_j \sigma_{ij}} = \sqrt{\sum_{i=1}^{N}\sum_{j=1}^{N} X_i X_j \sigma_i \sigma_j \rho_{ij}} \qquad (2.5)$$

com σ_{ij} a representar a **covariância entre as taxas de rendibilidade dos títulos** i e j e ρ_{ij} a corresponder ao **coeficiente de correlação linear** entre esses títulos.

De acordo com a expressão formalizada, os efeitos da diversificação ao nível do risco dependerão do valor assumido pelo coeficiente de correlação entre as taxas de rendibilidade dos títulos, tópico este que, tal como referimos, teremos ocasião de aprofundar adiante.

Para o caso particular de uma carteira composta por **dois títulos** (A e B), vem que

$$E(R_P) = X_A \times E(R_A) + X_B \times E(R_B) \qquad (2.6)$$

Por sua vez, no que concerne ao risco, formalizaremos

$$\sigma_P = \sqrt{X_A^2 \sigma_A^2 + X_B^2 \sigma_B^2 + 2 X_A X_B \sigma_{AB}}$$

$$\sigma_P = \sqrt{X_A^2 \sigma_A^2 + X_B^2 \sigma_B^2 + 2 X_A X_B \sigma_A \sigma_B \rho_{AB}} \qquad (2.7)$$

3. As escolhas do investidor e a aversão ao risco

Uma das questões que se colocam no âmago das finanças consiste no modo como os investidores norteiam as suas escolhas, à luz do binómio rendibilidade/risco associado às possibilidades de investimento presentes no mercado.

As preferências do investidor são suscetíveis de ser traduzidas através de uma *função de utilidade U*, a qual poderá assumir a seguinte forma:

$$U = E(r) - \frac{A}{2} \times \sigma^2 \qquad (2.8)$$

Na função anterior, o **parâmetro A** mede o grau de aversão do investidor ao risco, sendo tanto maior quanto mais significativa for essa aversão[19].

As preferências do investidor podem, outrossim, ser representadas graficamente através de um **mapa de curvas de indiferença**. Em temos genéricos, uma *curva de indiferença* representa o lugar geométrico de todas as combinações possíveis de mercadorias que possibilitam ao consumidor o mesmo nível de utilidade. Deste modo, na figura seguinte, cada uma das curvas de indiferença representa o lugar geométrico das possíveis combinações de rendibilidade e de risco que têm associado o mesmo nível de utilidade.

Figura 2 – As preferências dos investidores

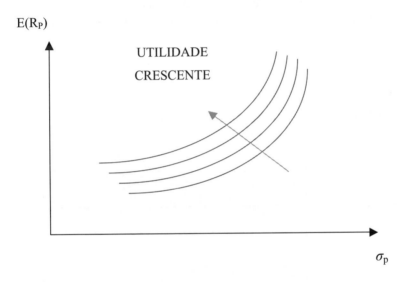

Por conseguinte, os investimentos situados sobre a mesma curva de indiferença possuem igual utilidade esperada. Logo o investidor prefere os investimentos situados mais acima e mais à esquerda do mapa, pois têm maior utilidade esperada.

Note-se que, no caso em apreço, as curvas de indiferença têm inclinação positiva e apresentam uma configuração convexa, em consequência do axioma da *não sacie-*

---

[19] Voltaremos adiante ao conceito de grau de aversão.

dade[20] e da *aversão ao risco* do consumidor/investidor (ao contrário das curvas de indiferença normalmente utilizadas em Economia que são de inclinação negativa).

Porém, nem todos os investidores têm as mesmas preferências, as quais decorrem tanto de aspetos objetivos (*v. g.*, o orçamento do investidor) como de aspetos subjetivos (*v. g.*, diferentes expectativas relativamente ao futuro). Para além disso, releva o modo como o investidor pondera o risco associado a determinado investimento.

Assim, podemos identificar três perfis de risco, os quais se patenteiam no gráfico seguinte:

- o **investidor avesso ao risco** só aceita um eventual aumento do risco se este for acompanhado de correspondente aumento de retorno;
- o **investidor indiferente ao risco** aceita um eventual aumento de risco sem quaisquer perspetivas de aumento do retorno;
- o **investidor propenso ao risco** aceita um eventual aumento do risco, ainda que este se possa traduzir numa redução do retorno.

Estas três possibilidades surgem ilustradas na figura seguinte[21].

Figura 3 – Perfis de risco do investidor

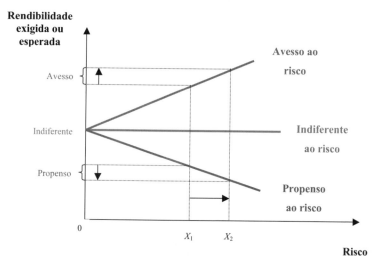

Na função de utilidade de um investidor avesso ao risco virá, então, que $A > 0$; enquanto isso, $A < 0$ se estivermos em presença de um investidor propenso ao risco, sendo, ainda, $A = 0$ para o caso de um investidor indiferente ao risco.

---

[20] De acordo com o axioma da saciedade, se um indivíduo prefere x a y, tal significa que x compreende algo mais que y; em linguagem corrente, dir-se-á que o indivíduo "prefere mais a menos".
[21] Adaptada de Gitman (2004, p. 188).

Por seu turno, entre os investidores avessos ao risco[22], podemos definir três níveis diferentes de aversão[23]:

Figura 4 – Tipologias de aversão ao risco

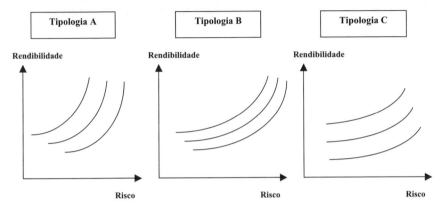

1) **Elevada aversão ao risco**: aqui se incluem os investidores fortemente preocupados com a segurança, que exigem acréscimos consideráveis de rendibilidade em função dos possíveis aumentos de risco (*v. g.*, investidores idosos, principalmente os que têm nas pensões de reforma a principal fonte de rendimento). Estes investidores surgem identificados na figura com a tipologia A, onde nos permitimos sublinhar a forte inclinação das curvas de indiferença.
2) **Média aversão ao risco**: os investidores com média aversão ao risco pretendem obter acréscimos de rendibilidade compatíveis com os aumentos de risco eventualmente observados. É este o comportamento que identifica a maioria dos investidores, sinalizado na figura com a tipologia B. Note-se a menor inclinação das curvas de indiferença, relativamente à tipologia A.
3) **Reduzida aversão ao risco**: estes investidores tendem a menosprezar as possíveis contrapartidas decorrentes de um aumento do risco. Este tipo de investidores (*v. g.*, jovens bem remunerados e sem dependentes) encontra-se representado através da tipologia C, cujas curvas de indiferença são, necessariamente, as de menor inclinação.

---

[22] Recordamos que o conceito preponderante no âmbito da literatura financeira é o conceito de investidor avesso ao risco, o qual assumimos, necessariamente, no âmbito do presente trabalho.
[23] Uma medida de aversão ao risco comummente aceite é o grau de aversão absoluta ao risco (*Absolute Risk Aversion* – ARA) ou Índice de Arrow–Pratt, de acordo com o qual $R(w) = \frac{U''(w)}{U'(w)}$, sendo w a variável económica relevante.

Ainda no que concerne às escolhas do investidor, estas obedecem ao chamado *princípio da dominância*, que surge ilustrado na figura seguinte. De acordo com esse princípio, **perante dois títulos de igual risco, o investidor escolherá o que tem maior rendibilidade esperada**; enquanto isso, **perante dois títulos de igual rendibilidade esperada, o investidor escolherá o que tem associado menor risco**.

Figura 5 – Princípio da dominância

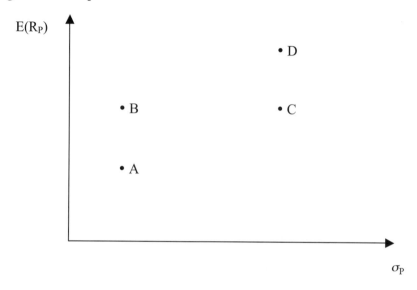

Da interpretação dos elementos contidos na figura, resulta que:

- A ação B domina a ação A, pois tem maior retorno esperado, embora tenham ambas o mesmo nível de risco;
- A ação B domina a ação C, pois tem menor risco, embora tenham ambas o mesmo retorno esperado;
- A ação D domina a ação C, pois tem maior retorno esperado, ainda que tenham ambas o mesmo nível de risco.

4. Diversificação e tipos de risco

A maximização da rendibilidade e a minimização do risco implicam a constituição de carteiras de investimento e, bem assim, o recurso a uma estratégia de *diversificação*.

A ideia de diversificação como modo de redução de um certo risco decorre do próprio senso comum. É frequente ouvirmos que «não devemos colocar todos os ovos no mesmo cesto», frase que encerra um misto de conselho e de exortação à prudência.

Porém, no domínio das finanças, a redução do risco de uma carteira de ativos explica-se na medida em que o movimento dos respetivos retornos pode assumir direções contrárias e reduzir a volatilidade conjunta, mesurável através do desvio padrão.

Em 1952, no artigo «Portfolio Selection», publicado no *Journal of Finance*, Markowitz formalizou os princípios e identificou os benefícios inerentes à diversificação dos ativos que compõem um investimento. O efeito diversificação é, justamente, um dos legados mais marcantes da Teoria das Carteiras.

4.1. Os efeitos da diversificação

A **diversificação** consiste no aumento do número de títulos que compõem um certo *portfolio*, tendo como intuito a redução do respetivo risco. A diversificação desempenha, assim, um papel decisivo na constituição de carteiras eficientes.

De acordo com a figura seguinte, o risco diminui à medida que aumenta o número de títulos que compõem a carteira. Numa primeira fase, essa redução é mais expressiva, tornando-se mais lenta a partir de um certo ponto. Tal significa que existe um limite a partir do qual a diversificação não produz quaisquer efeitos.

Figura 6 – Efeitos da diversificação

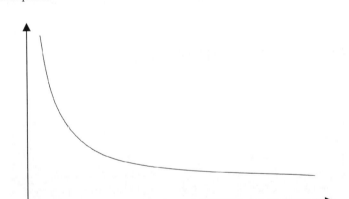

Porém, o trabalho conduzido por Markowitz permitiu evidenciar que *a diversificação reduz o risco sem, contudo, o eliminar totalmente*. Tal resulta da **correlação entre os ativos** presentes na carteira, bem como das **características intrínsecas ao risco**.

Observaremos cada um destes pontos isoladamente.

4.2. Correlação entre dois ativos

No que tange ao **coeficiente de correlação** entre dois títulos, atendemos à informação contida na tabela seguinte:

Tabela 2 – Rendibilidades e risco dos títulos A, B, C e D

Indicadores	Ativo A	Ativo B	Ativo C	Ativo D
Rendibilidade 1	3%	1,5%	–3%	4%
Rendibilidade 2	2%	1%	–2%	2,8%
Rendibilidade 3	1%	0,5%	–1%	0,75%
Rendibilidade 4	–1%	–0,5%	+1%	1,5%
Rendibilidade 5	1,2%	0,6%	–1,2%	2%
Rendibilidade 6	1,5%	0,75%	–1,5%	0,2%
Rendibilidade média	1,28%	0,64%	-1,28%	1,88%
Desvio padrão	1,21%	0,61%	1,21%	1,26%

Desde logo, verificamos que os **títulos A e B** se encontram positiva e perfeitamente correlacionados, ou seja, que $\rho_{AB} = 1$, cuja possibilidade se evidencia na figura 7–a.1).

Figura 7–a.1 – Correlação positiva perfeita

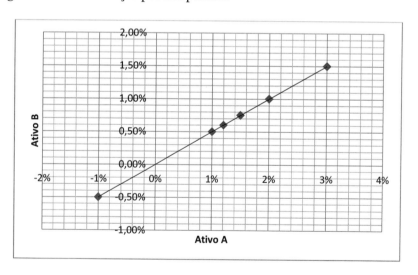

Neste caso, a diversificação não reduz o risco, uma vez que a volatilidade da carteira corresponde à soma das volatilidades dos títulos, ponderadas pelos respetivos pesos relativos.

Em *termos analíticos*, vem que:

$$\sigma_P^2 = X_A^2 \sigma_A^2 + X_B^2 \sigma_B^2 + 2 X_A X_B \sigma_A \sigma_B \rho_{AB}$$

$$\sigma_P^2 = X_A^2 \sigma_A^2 + (1 - X_A)^2 \sigma_B^2 + 2 X_A (1 - X_A) \sigma_A \sigma_B \times 1$$

$$\sigma_P^2 = \left[X_A \sigma_A + (1 - X_A) \sigma_B \right]^2$$

Logo $\sigma_P = X_A \sigma_A + (1 - X_A) \sigma_B$

O desvio padrão da carteira é, desta sorte, função linear dos desvios padrão dos títulos, à semelhança do que sucede em termos de rendibilidade esperada. Por conseguinte, no caso em que $\rho_{AB} = 1$, **será também linear a relação entre a rendibilidade e o risco de qualquer combinação entre os dois ativos.**

Na tabela seguinte, apresentam-se algumas das composições possíveis para o *portfolio* P, tendo por base os títulos A e B.

Tabela 2.a – Carteira composta por dois ativos (A e B)

X_A	X_B	$E(R_P)$	σ_P
100%	0%	1,28%	1,21%
75%	25%	1,12%	1,06%
50%	50%	0,96 %	0,91%
25%	75%	0,80%	0,76%
0%	100%	0,64%	0,61%

Em *termos gráficos*, representamos as várias possibilidades no espaço rendibilidade/risco, o que permite obter a figura seguinte.

Figura 7–a.2 – Carteiras compostas por dois ativos positiva e perfeitamente correlacionados

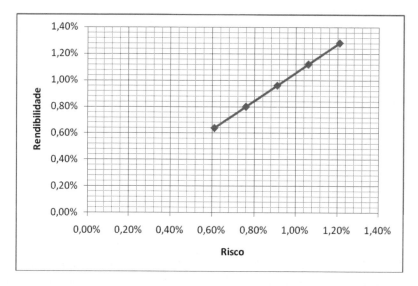

Tomemos, agora, os títulos A e C. Entre ambos existe uma correlação perfeita e negativa, donde $\rho_{AC} = -1$. Neste caso, que surge ilustrado na figura 7–b.1, *é possível eliminar todo o risco através de uma adequada composição da carteira*.

Figura 7 –b.1 – Correlação negativa perfeita

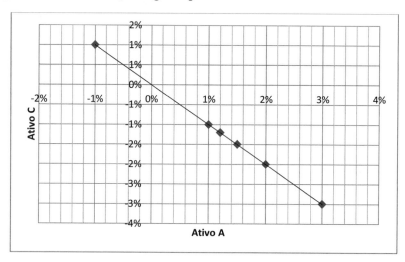

Em *termos analíticos*, poderemos formalizar

$$\sigma_P^2 = X_A^2 \sigma_A^2 + X_C^2 \sigma_C^2 + 2X_A X_C \sigma_A \sigma_C \rho_{AC}$$

$$\sigma_P^2 = X_A^2 \sigma_A^2 + (1-X_A)^2 \sigma_C^2 - 2X_A(1-X_A)\sigma_A \sigma_C$$

Ao pretendermos eliminar todo o risco, estabelecemos que $\sigma_P^2 = 0$, logo

$$X_A^2 \sigma_A^2 + (1-X_A)^2 \sigma_C^2 - 2X_A(1-X_A)\sigma_A \sigma_C = 0$$

$$\left[X_A \sigma_A - (1-X_A)\sigma_C\right]^2 = 0$$

$$X_A \sigma_A - (1-X_A)\sigma_C = 0$$

$$X_A \sigma_A = (1-X_A)\sigma_C$$

$$\frac{X_A}{1-X_A} = \frac{\sigma_C}{\sigma_A}$$

A expressão assim obtida permite concluir que, nos casos em que $\rho_{AC} = -1$, se a *ratio* entre o peso relativo dos dois títulos na carteira corresponder ao inverso da *ratio* entre os respetivos desvios padrão será possível eliminar completamente o risco. *Grosso modo*, o risco poderá ser reduzido/eliminado definindo a proporção de cada um dos ativos na carteira na razão inversa da sua volatilidade.

Repetimos o procedimento anteriormente descrito concernente às várias possibilidades de composição de uma carteira de investimentos, desta feita com os títulos A e C.

Tabela 2.b – Carteira composta por dois ativos (A e C)

X_A	X_C	$E(R_P)$	σ_P
100%	0%	1,28%	1,21%
75%	25%	0,64%	0,605%
50%	50%	0%	0%
25%	75%	–0,64%	0,605%
0%	100%	–1,28%	1,21%

Tais combinações são suscetíveis de representação, em *termos gráficos*, no espaço rendibilidade/risco e conduzem aos dois segmentos de reta que constam da figura 7–b.2).

Figura 7–b.2 – Carteiras compostas por dois ativos negativa e perfeitamente correlacionados

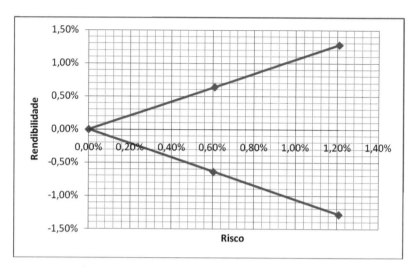

Porém, a circunstância mais comum é aquela em que a correlação não é perfeita, ou seja, quando 0< ρ_{ij} < |1|; verificaremos que, no caso em apreço, *o risco da carteira é menor que os riscos individuais de cada título, o que traduz o princípio básico da diversificação.*

Na tabela seguinte, apresentam-se várias hipóteses de composição de uma carteira, ao investir porções diversas nos títulos A e D, cujo coeficiente de correlação linear é de 0,556.

Tabela 2.c – Carteira composta por dois ativos (A e D)

X_A	X_D	$E(R_P)$	σ_P
100%	0%	1,28%	1,21%
75%	25%	1,43%	1,11%
50%	50%	1,58%	1,09%
25%	75%	1,73%	1,14%
0%	100%	1,88%	1,26%

Enquanto a rendibilidade esperada da carteira P resulta da combinação linear das rendibilidades esperadas dos ativos A e D, ponderadas, respetivamente, por X_A e por X_D, observa-se que o risco diminui à medida que aumenta o peso relativo do 2º título na carteira, para voltar a aumentar quando esse peso se reduz.

No exemplo vertente, o desvio padrão atinge o valor menor quando a composição se reparte equitativamente pelos dois títulos. **Graficamente**, de novo no espaço rendibilidade/risco, teremos que

Figura 7-c – Carteiras compostas por dois ativos não perfeitamente correlacionados

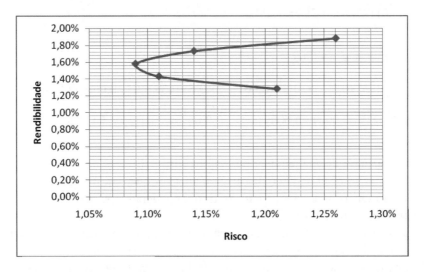

Por último, carece, ainda, referir que, no caso de dois títulos cuja correlação seja nula ($\rho_{ij} = 0$), o risco de uma carteira composta por ambos é menor que os riscos individuais.

O exemplo que se apresenta de seguida vem firmar os princípios avançados.

Exemplo 2: Verifique as afirmações anteriores para o caso de uma carteira em que $X_A = X_B = 0,5$, $\sigma_A = 3\%$, $\sigma_B = 6\%$ e ρ_{AB} assume os seguintes valores:

a) 1;
b) – 1;
c) 0;
d) 0,65.

Considerando $\sigma_P = \sqrt{X_A^2 \sigma_A^2 + X_B^2 \sigma_B^2 + 2X_A X_B \sigma_A \sigma_B \rho_{AB}}$, vem:

Se $\rho_{AB} = 1$ $\Rightarrow \sigma_P = \sqrt{(0,5)^2 (0,03)^2 + (0,5)^2 (0,06)^2 + 2 \times 0,5 \times 0,5 \times 0,03 \times 0,06 \times 1} =$

$= \sqrt{0,000225 + 0,0009 + 0,0009} = \sqrt{0,002025} = 0,045 = 4,5\%$

Se $\rho_{AB} = -1 \Rightarrow \sigma_P = \sqrt{(0,5)^2(0,03)^2 + (0,5)^2(0,06)^2 - 2 \times 0,5 \times 0,5 \times 0,03 \times 0,06 \times 1} =$

$= \sqrt{0,000225 + 0,0009 - 0,0009} = \sqrt{0,000225} = 0,015 = 1,5\%$

Se $\rho_{AB} = 0 \Rightarrow \sigma_P = \sqrt{(0,5)^2(0,03)^2 + (0,5)^2(0,06)^2} = \sqrt{0,000225 + 0,0009} =$

$= \sqrt{0,001125} = 0,03354 = 3,35\%$

Por último, se $\rho_{AB} = 0,65 \Rightarrow$

$\Rightarrow \sigma_P = \sqrt{(0,5)^2(0,03)^2 + (0,5)^2(0,06)^2 + 2 \times 0,5 \times 0,5 \times 0,03 \times 0,06 \times 0,65} =$

$= \sqrt{0,000225 + 0,0009 + 0,000585} = \sqrt{0,00171} = 0,04135 = 4,135\%$

Verificamos, assim, que quando $\rho_{AB} = 1$, a diversificação não tem quaisquer implicações ao nível do risco da carteira, uma vez que o desvio padrão corresponderá à soma dos desvios padrão dos títulos ponderados pelos respetivos pesos relativos na carteira.

Já se $\rho_{AB} = -1$, ou seja, se a correlação for negativa, a diversificação reduz o risco, embora esse risco não seja, no caso proposto, totalmente eliminado. A eliminação total do risco só será possível caso a carteira obedeça uma certa composição específica.

Tal como vimos anteriormente, $\sigma_P = 0$ se tivermos $\dfrac{X_A}{X_B} = \dfrac{\sigma_B}{\sigma_A}$. No caso em apreço, como $\sigma_A = 3\%$ e $\sigma_B = 6\%$, o risco será completamente eliminado se o peso relativo de A for duplo do peso relativo de B.

Cumpre, porém, assinalar que, tanto no caso em que $\rho_{AB} = 0$ como no caso em que $\rho_{AB} = 0,65$, o risco da carteira é menor que a média aritmética dos riscos individuais, o que traduz o princípio básico da diversificação.

Posteriormente, alguns autores[24] conduziram estudos que detetaram a possibilidade de reduzir, ainda mais, o risco de uma carteira diversificada composta por ativos domésticos de países desenvolvidos, investindo em ativos oriundos de países em desenvolvimento, pois o comportamento dos retornos destes últimos

---

[24] Por exemplo, Solnik (1974) observou que uma carteira internacional apresentaria um risco 50% menor relativamente a um *portfolio* composto por ativos norte-americanos. Os seus estudos foram realizados no período 1966-71 e envolveram a análise dos retornos semanais de ações americanas e de ações correspondentes a sete países europeus.

é diferente daqueles inseridos em mercados mais amplos e profundos. Logo, os investidores aumentariam a possibilidade de ganhos, reduzindo riscos através da denominada *diversificação internacional*.

É certo que a diversificação reduz o risco das carteiras de investimento. De facto, quanto menor for a correlação entre os componentes dessa carteira, maiores serão os benefícios da diversificação. Todavia, é certo também que, à medida que o processo de globalização avança, as correlações entre os retornos dos ativos internacionais acentuam-se, aumentando, forçosamente, o número de ativos necessários para que o processo de diversificação internacional conduza a efeitos consideráveis.

Acresce ainda referir que, num *portfolio* diversificado em termos internacionais, todos os retornos, variâncias e correlações devem ser calculados com base na moeda do investidor. A moeda corrente mais adequada é aquela cuja cotação revele maior correlação com o designado "cabaz do consumo" do investidor. É importante atender a este fator, pois rendibilidades e riscos podem variar de acordo com a unidade de conta utilizada, podendo também daí resultar riscos de câmbio[25, 26].

4.3. Tipos de risco

Atendemos, neste ponto, às **características intrínsecas ao risco**; desde logo, retomamos o argumento já avançado de que, *a partir de um certo número de títulos, não é possível reduzir o risco* do investimento por via da diversificação. Para além disso, estabelecemos que o risco de uma ação, também designado por *risco total* e mensurável através do desvio padrão, engloba duas componentes distintas: o *risco específico* e o *risco sistemático*.

O *risco específico* (ou *risco não sistemático*) é a parcela da variabilidade total da rendibilidade de um título concernente apenas a esse título e não ao conjunto de títulos existentes no mercado. Decorre, assim, dos fatores que podem afetar o comportamento de uma ação em particular (ou de um grupo reduzido de ações), independentemente das flutuações que se possam observar no mercado. Por conseguinte, o risco específico é suscetível de diversificação, pelo que também se designa por *risco diversificável*.

O risco específico pode resultar de várias vertentes, entre as quais identificamos:

- o risco da empresa, nomeadamente no que tange ao acerto das políticas de gestão levadas a efeito;

---

[25] Cfr. o ponto seguinte, onde atenderemos aos riscos associados aos processos de diversificação internacional.
[26] Adaptado de Sabal (2008).

- o risco de setor onde se insere a empresa;
- o risco de país ou risco comum não sectorial;
- ....

Por seu turno, o ***risco sistemático*** (também designado por *risco de mercado*) é a parcela da variabilidade total da rendibilidade de uma ação presente em todas as ações do mercado e decorre de fatores que afetam o comportamento de todas as ações em termos globais, como a taxa de juro, a taxa de inflação, o preço das matérias-primas ou o nível de desemprego. Este risco não pode ser eliminado através da diversificação, pelo que se designa também por *risco não diversificável*.

Assim se justifica que o risco não possa ser totalmente eliminado, uma vez que nele prevalecem sempre os fatores inerentes ao risco de mercado. **O risco de mercado afeta o comportamento de todos títulos e, bem assim, de todas as carteiras, mas não na mesma magnitude.** Assim, o impacto que o comportamento do mercado tem sobre o comportamento de um certo título é suscetível de mensuração através do respetivo parâmetro beta, cujo conceito aprofundaremos adiante.

Sob o ponto de vista matemático, o risco de mercado de um ativo pode ser tratado como uma variável aleatória, indicando os momentos da sua distribuição de probabilidade o maior ou menor risco a que um ativo se encontra exposto. Logo será relativamente simples estudar o risco de mercado de um ativo individualmente considerado. Todavia, para uma carteira composta por vários ativos, a medição do risco de mercado torna-se mais complexa, na medida em que a distribuição de probabilidade do retorno da carteira pode diferir substancialmente da distribuição de probabilidade dos ativos individuais que a compõem.

Porém, no âmbito dos *portfolios* compostos por ativos provenientes de vários países e de vários mercados, emergem **novos tipos de risco**, os quais passamos a descrever.

Em termos genéricos, o ***risco de câmbio*** é o risco em que um operador financeiro incorre por deter ativos/passivos em moeda estrangeira. No contexto da gestão de carteiras, trata-se do risco proveniente da possibilidade de taxas de câmbio afetarem o valor do investimento, tanto direta como indiretamente.

Nos *portfolios* diversificados internacionalmente, o investidor enfrenta o risco cambial decorrente da volatilidade da taxa de câmbio da moeda do país onde os fluxos serão gerados. Todavia, a eventual existência de uma fraca correlação entre as diversas moedas dos ativos que compõem o investimento pode traduzir-se numa redução global dessa volatilidade.

O risco cambial pode ser coberto através de adequação da estrutura das maturidades das aplicações e das maturidades das responsabilidades – isto é, através do *matching* dos *cash flows* – em cada uma das moedas consideradas ou compensando as posições detidas no mercado à vista com a contratação de posições no mercado a prazo. Não obstante, a cobertura pode ser imperfeita, desta sorte porque as variações na composição da carteira dificultam a determinação da porção de risco a cobrir. Para além disso, a realização de operações de cobertura do risco de câmbio – mormente através do recurso a produtos financeiros derivados, tal como os contratos *forward* de taxa de câmbio – envolve custos, o que pode constranger a sua efetivação. Em termos práticos, a maioria dos investidores opta por uma solução intermédia, cobrindo apenas uma parcela do risco de câmbio.

A porção de risco a cobrir dependerá, no entanto, da tolerância ao risco do investidor, da composição da carteira e do horizonte temporal do investimento. Assim sendo, teremos que:

- Quanto maior for a tolerância ao risco, menor será a cobertura realizada e vice-versa;
- Quanto melhor for o ajustamento entre o investimento realizado em cada uma das moedas e a respetiva rendibilidade, menor será a necessidade de cobertura (*convergência de moedas*);
- Quanto maior o horizonte temporal do investimento, mais se espera que o risco de câmbio venha a ser nulo, isto porque, no longo prazo, as rendibilidades associadas às flutuações da taxa de câmbio tendem para zero.

Para além disso, importa reter que quando se trata de uma carteira composta por títulos de diferentes países, torna-se, por vezes, difícil o estabelecimento de uma linha de fronteira entre os vários tipos de risco.

Deve, bem assim, considerar-se o **risco de inflação**. O retorno do investimento pode não acompanhar o aumento do nível geral de preços, resultando numa diminuição da riqueza ou do poder de compra.

A investigação empírica tem demonstrado que os preços das ações estão pouco correlacionados com o nível de inflação local. No entanto, na medida em que a inflação se reflete na taxa de câmbio, o risco de inflação pode ser entendido como parte do risco de câmbio. Se a inflação local aumentar (diminuir) e o preço das ações permanecer inalterado, então, através de uma redução (aumento) na taxa de câmbio, o valor da carteira diminuirá (aumentará).

Quando a inflação alcança níveis muito elevados, por via da revalorização de ativos nominais, produzem-se, inevitavelmente, resultados inflacionados. Dado que o imposto sobre o rendimento é calculado tendo por base os resultados nominais, a inflação acarreta, assim, um acréscimo do montante a pagar pelas empresas a título de imposto. Deste modo, um ambiente de inflação excessiva pode conduzir à redução do valor real dos ativos.

É de salientar que o problema se coloca de modo diferente para o caso dos instrumentos de rendimento fixo, uma vez que os seus preços estão correlacionados negativamente com o nível de inflação local. Neste caso, se a inflação local aumenta (diminui), o preço dos instrumentos de rendimento fixo desce (sobe); se a taxa de câmbio também baixar (subir), o valor da carteira reduz (aumenta) consideravelmente. Daqui resulta que, no caso dos instrumentos de rendimento fixo, o risco de inflação assume importância por si mesmo.

O risco de inflação pode ser coberto com recurso a endividamento local, ou então através da venda de contratos a prazo (contratos de futuros ou opções, por exemplo), tendo subjacente a taxa de juro local.

Em matéria de diversificação internacional, há, ainda, que atender ao ***risco político*** associado ao país de onde os ativos provêm.

O risco político refere-se à possibilidade de expropriação de investimentos estrangeiros pelo governo local, bem como ao estabelecimento de políticas que ameacem o setor privado da economia.

De um modo geral, o risco político reflete-se sempre no preço dos ativos. Por norma, o risco político afeta mais os investidores locais do que os estrangeiros, na medida em que detêm habitualmente uma proporção maior nas carteiras de investimento do país de origem. Para além disso, os investidores estrangeiros tendem a ter maior facilidade na recomposição dos seus *portfolios*.

Quando o risco político atinge determinados níveis, os próprios investidores locais propendem a diversificar as suas carteiras internacionalmente. Isto gera um decréscimo dos preços dos ativos até que o respetivo rendimento esperado seja consistente com o risco adicional. Se o risco político for elevado, os investidores estrangeiros procurarão, ainda, vender as suas ações aos locais. O preço será mais (menos) favorável para os investidores locais na medida em que estes tenham vantagens (desvantagens) relativas em remeter moeda para o exterior.

A diversificação internacional conduz, também, ao ***risco de iliquidez***, onde se patenteiam as diferenças inerentes ao modo de funcionamento dos diversos mercados, à escala internacional.

Na medida em que o mercado de capitais de um determinado país pode ser menos desenvolvido que o mercado de origem do investidor, a diferença entre os preços de compra e venda (*spread*) será maior e, portanto, também serão mais significativos os custos de transação nesse mercado.

Por último, é de reter o denominado ***risco de eficiência***. Um mercado é eficiente se a informação sobre cada empresa se repercutir, de modo rápido e inequívoco, no preço dos ativos transacionados no mercado. Quando um mercado não é eficiente, os investidores locais podem ter vantagens para a obtenção de informação relativa aos ativos domésticos, o que coloca claramente em desvantagem os investidores estrangeiros em relação aos investidores locais.

Os riscos de iliquidez e de eficiência são comumente menos relevantes nos mercados de capitais dos países mais desenvolvidos.

4.4. Limites à diversificação

Já estabelecemos anteriormente que a variância de uma carteira composta por dois títulos (título 1 e título 2) é dada por

$$\sigma_P^2 = X_1^2\sigma_1^2 + X_2^2\sigma_2^2 + 2X_1X_2\sigma_{12}$$

Nela ponderam as variâncias dos dois títulos (σ_1 e σ_2), para além da respetiva covariância (σ_{12}).

Porém, à medida que o número de títulos incluídos numa carteira aumenta, acresce também o número de variâncias e de covariâncias presentes. Desta feita, o cálculo da variância de uma carteira composta por n títulos implica o conhecimento das n variâncias inerentes a cada um dos ativos, bem como das n(n − 1) covariâncias.

Bodie, Kane e Marcus (2002) sustentam que, quanto maior for o número de ativos considerados numa carteira, menor será o risco incorrido; todavia, atingir-se-á um ponto em que o risco tenderá para um valor fixo, sugerindo, desta feita, que, a partir de um determinado número de ativos, a diversificação não produzirá efeitos expressivos.

Desenvolvendo a expressão que permite determinar a variância de uma carteira composta por dois ativos, formalizaremos que

$$\sigma_P^2 = X_1X_1\sigma_1^2 + X_2X_2\sigma_2^2 + X_1X_2\sigma_{12} + X_2X_1\sigma_{21}$$

uma vez que $\sigma_{12} = \sigma_{21}$.

Não obstante, a variância de um ativo equivale à covariância de um ativo consigo próprio, uma vez que o coeficiente de correlação será, nestes casos, necessariamente igual à unidade. Em termos genéricos, vem que

$$\sigma_{ii} = \rho_{ii}\sigma_i\sigma_i = \sigma_i^2 \tag{2.9}$$

donde $\sigma_i^2 = \sigma_{ii}$ e $\sigma_j^2 = \sigma_{jj}$. Podemos, então, estabelecer que

$$\sigma_P^2 = X_1X_1\sigma_{11} + X_2X_2\sigma_{22} + X_1X_2\sigma_{12} + X_2X_1\sigma_{21}$$

$$\sigma_P^2 = X_1\sum_{i=1}^{2}X_i\sigma_{1i} + X_2\sum_{j=1}^{2}X_2\sigma_{2j}$$

$$\sigma_P^2 = \sum_{i=1}^{2}\sum_{j=1}^{2}X_iX_j\sigma_{ij}$$

$$\sigma_P^2 = \sum_{i=1}^{2}X_iX_i\sigma_i^2 + \sum_{\substack{i=1 \\ i \neq j}}^{2}\sum_{j=1}^{2}X_iX_j\sigma_{ij} \tag{2.10}$$

Se generalizarmos para **n títulos**, vem que

$$\sigma_P^2 = \sum_{i=1}^{n} \sum_{j=1}^{n} X_i X_j \sigma_{ij}$$

ou ainda

$$\sigma_P^2 = \sum_{i=1}^{n} X_i X_i \sigma_i^2 + \sum_{\substack{i=1 \\ i \neq j}}^{n} \sum_{j=1}^{n} X_i X_j \sigma_{ij} = \sum_{i=1}^{n} X_i X_i \sigma_i^2 + \sum_{\substack{i=1 \\ i \neq j}}^{n} \sum_{j=1}^{n} X_i X_j \operatorname{cov}(R_i, R_j) \quad (2.11)$$

Introduzindo o pressuposto de que todos os títulos têm na carteira igual peso relativo, tal significa que $X_1 = X_2 = ... = X_n$, donde decorre, ainda, que

$$X_i = \frac{1}{n}$$

Ao substituirmos na expressão anterior, vem

$$\sigma_P^2 = \sum_{i=1}^{n} \frac{1}{n}\frac{1}{n} \sigma_i^2 + \sum_{\substack{i=1 \\ i \neq j}}^{n} \sum_{j=1}^{n} \frac{1}{n}\frac{1}{n} \operatorname{cov}(R_i, R_j)$$

$$\sigma_P^2 = \sum_{i=1}^{n} \frac{1}{n^2} \sigma_i^2 + \sum_{\substack{i=1 \\ i \neq j}}^{n} \sum_{j=1}^{n} \frac{1}{n^2} \operatorname{cov}(R_i, R_j)$$

No entanto, atendendo a que numa carteira composta por n títulos estão presentes n variâncias e n × (n – 1) covariâncias, reescrevemos a expressão anterior do seguinte modo:

$$\sigma_P^2 = \sum_{i=1}^{n} \frac{1}{n}\frac{1}{n} \sigma_i^2 + \sum_{\substack{i=1 \\ i \neq j}}^{n} \sum_{j=1}^{n} \frac{n-1}{n} \frac{1}{n(n-1)} \operatorname{cov}(R_i, R_j)$$

$$\sigma_P^2 = \frac{1}{n}\sum_{i=1}^{n} \frac{1}{n} \sigma_i^2 + \frac{n-1}{n} \frac{1}{n(n-1)} \sum_{\substack{i=1 \\ i \neq j}}^{n} \sum_{j=1}^{n} \operatorname{cov}(R_i, R_j)$$

$$\sigma_P^2 = \frac{1}{n}\left[\sum_{i=1}^{n} \frac{1}{n} \sigma_i^2\right] + \frac{n-1}{n}\left[\frac{1}{n(n-1)} \sum_{\substack{i=1 \\ i \neq j}}^{n} \sum_{j=1}^{n} \operatorname{cov}(R_i, R_j)\right]$$

A expressão colocada entre os primeiros parêntesis retos corresponde ao valor médio das variâncias nos n títulos que compõem a carteira, logo $\overline{\sigma}^2 = \sum_{i=1}^{n} \frac{1}{n} \sigma_i^2$; enquanto isso, a expressão que surge entre os segundos parêntesis retos dá-nos a média das covariâncias de todas as combinações possíveis entre os n ativos incluídos na carteira, donde $\overline{cov} = \frac{1}{n(n-1)} \sum_{\substack{i=1 \\ i \neq j}}^{n} \sum_{j=1}^{n} cov(R_i, R_j)$.

Por conseguinte, a variância de uma carteira composta por n títulos poderá ser obtida através da expressão

$$\sigma_P^2 = \frac{1}{n}\overline{\sigma}^2 + \frac{n-1}{n}\overline{cov} \qquad (2.12)$$

Introduzimos um novo pressuposto, tendo em vista a simplificação dos cálculos. Consideramos, agora, que todos os ativos que compõem carteira são igualmente voláteis, isto é, que apresentam a mesma variância. Deste novo pressuposto decorrem duas importantes ilações:

1) Partindo da sua formalização inicial, transformamos a expressão que permite calcular a covariância. Sendo $cov(R_i, R_j) = \rho \sigma_i \sigma_j$, uma vez que $\sigma_i = \sigma_j$, teremos que

$cov(R_i, R_j) = \rho \sigma^2$

2) Para além disso, o valor médio da variância dos n títulos coincidirá com a variância de cada um desses títulos, logo

$\overline{\sigma}^2 = \sigma^2$

Do exposto resulta que a variância de uma carteira composta por n títulos, com idêntico peso relativo e com a mesma volatilidade, resulta da seguinte formalização:

$$\sigma_P^2 = \frac{1}{n}\overline{\sigma}^2 + \frac{(n-1)}{n}\rho\overline{\sigma}^2 \qquad (2.13)$$

Discutimos, de seguida, o comportamento de σ_P^2, em consequência dos valores assumidos pelo coeficiente de correlação.

Se $\rho = 0$, então $\sigma_P^2 = \dfrac{1}{n}\overline{\sigma}^2$, ou seja, a variância tenderá para 0 (zero), à medida que se incorporam novos ativos no *portfolio*.

Por sua vez, se $\rho = 1$, vem que

$$\sigma_P^2 = \frac{1}{n}\overline{\sigma}^2 + \frac{(n-1)}{n}\overline{\sigma}^2 \Leftrightarrow \sigma_P^2 = \frac{(n-1)+1}{n} \times \overline{\sigma}^2 \Leftrightarrow \sigma_P^2 = \overline{\sigma}^2$$

Neste caso, a variância da carteira é igual à média das variâncias, que, como vimos, equivale à variância de cada um dos títulos considerados isoladamente. À semelhança do que sucedia para uma carteira composta por dois ativos, também **num portfolio composto por n títulos, se o coeficiente de correlação for igual à unidade, a diversificação não produz quaisquer efeitos.**

Porém, como assinalámos anteriormente, a situação mais comum é aquela em que $0 < \rho < |1|$. Considerando um número infinito de ativos, teremos que

$$\sigma_P^2 = \rho\overline{\sigma}^2$$

Este será o risco de uma carteira quando esta é composta por um número infinito de ativos, ou seja, quando se encontra perfeitamente diversificada. Traduz, ainda, o **nível mínimo de risco** associado a uma carteira e que, necessariamente, incorporará apenas risco de mercado.

Este exercício permite, mais uma vez, evidenciar os conceitos de risco sistemático e de risco não sistemático. Uma vez que o risco total de um *portfolio* se desdobra entre risco específico e risco de mercado, atendendo à formalização anteriormente proposta para σ_P^2, podemos definir que

$$\sigma_{específico} = \sqrt{\frac{1}{n}\overline{\sigma}^2} \qquad (2.14)$$

e que, por conseguinte,

$$\sigma_{de\ mercado} = \sqrt{\rho\overline{\sigma}^2} \qquad (2.15)$$

consistindo, este último, no próprio limite à diversificação.

A figura 5 surge, agora, com nova configuração.

Figura 8 – Diversificação e tipos de risco

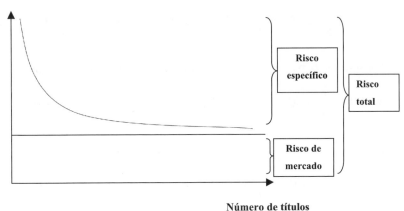

Número de títulos

A observação da figura 8 permite dilucidar que o risco total não pode ser reduzido para lá do valor referente ao risco de mercado, ou seja, $\sqrt{\rho\overline{\sigma}^2}$. Para além disso, a redução do risco é evidente para os primeiros títulos que se incluem no *portfolio*, tornando-se menos expressiva a partir de um certo número de ativos. Destarte, **o impacto da diversificação diminui à medida que aumenta o número de títulos que compõem a carteira.**

Tomemos dois exemplos, os quais corroborarão alguns dos conceitos propostos.

Exemplo 3: Num certo mercado financeiro, são transacionados n ativos com risco, os quais têm todos a mesma rendibilidade esperada, bem como a mesma volatilidade, sendo de $E(R_i) = 22\%$ e de $\sigma_i = 28\%$, respetivamente.

A correlação entre cada par de ativos é sempre a mesma e igual a 0,5.

Todas as eventuais carteiras que possam ser constituídas ponderam de igual modo os ativos que as compõem, ou seja, $X_i = \dfrac{1}{n}$.

Atendendo a estes elementos, determine:

a) A rendibilidade esperada de três carteiras, compostas, respetivamente, por 5, 50 e n ativos.
b) A volatilidade das carteiras consideradas na alínea anterior, apontando os comentários que os resultados obtidos possam suscitar.

No que concerne à **rendibilidade esperada**, para uma carteira composta por 5 ativos, teremos que

$$E(R_P) = \frac{1}{5} \times E(R_i) + \frac{1}{5} \times E(R_i) + \frac{1}{5} \times E(R_i) + \frac{1}{5} \times E(R_i) + \frac{1}{5} \times E(R_i) = E(R_i)$$

Por seu turno, para uma carteira composta por 50 ativos, teremos

$$E(R_P) = \frac{1}{50} \times E(R_i) + \frac{1}{50} \times E(R_i) + \ldots\ldots + \frac{1}{50} \times E(R_i) = E(R_i)$$

Já para uma carteira composta por n ativos, formalizaremos

$$E(R_P) = \frac{1}{n} \times E(R_i) + \frac{1}{n} \times E(R_i) + \ldots\ldots\ldots + \frac{1}{n} \times E(R_i) = E(R_i)$$

Uma vez que a rendibilidade esperada é idêntica para todos os títulos, *a rendibilidade esperada da carteira não dependerá do número de títulos considerado*, sendo antes constante e coincidente com $E(R_i)$, no caso, de 22%.

Já no que tange à **volatilidade**, tomamos a expressão anteriormente definida e que permite determinar a variância de um *portfolio* composto por n títulos

$$\sigma_P^2 = \frac{1}{n}\overline{\sigma}^2 + \frac{(n-1)}{n} \times \rho \times \overline{\sigma}^2$$

Como todos os títulos têm a mesma volatilidade, então $\overline{\sigma}^2 = 28\%$.

Para **n = 5**, vem que

$$\sigma_P^2 = \frac{1}{5} \times 0,28^2 + \frac{(5-1)}{5} \times 0,5 \times 0,28^2 = 0,01568 + 0,03136 = 0,04704$$

A esta variância de 4,704% corresponde um desvio padrão de cerca de 21,7%.

Para **n = 50**, vem que

$$\sigma_P^2 = \frac{1}{50} \times 0,28^2 + \frac{(50-1)}{50} \times 0,5 \times 0,28^2 = 0,001568 + 0,038416 = 0,039984$$

Como a variância é de cerca de 4%, o desvio padrão rondará os 20%.

Por último, para um **número de títulos igual a n**, vem que

$$\lim_{n\to+\infty} \sigma_P^2 = \lim_{n\to+\infty}\left[\frac{1}{n}\times 0{,}28^2 + \frac{(n-1)}{n}\times 0{,}5\times 0{,}28^2\right] = \lim_{n\to+\infty}\frac{1}{n}\times 0{,}28^2 +$$

$$+ \lim_{n\to+\infty}\frac{(n-1)}{n}\times 0{,}5\times 0{,}28^2 = 0 + 0{,}5\times 0{,}28^2 = 0{,}0392$$

de cujo valor resulta um desvio padrão de 19,8%.

Tal significa que o aumento do número de títulos numa certa carteira não se traduz numa redução proporcional da volatilidade dessa carteira. No exemplo proposto, a inclusão de mais 45 títulos no *portfolio* traduziu-se num decréscimo da volatilidade de cerca de 1,7%. Porém, a consideração de n títulos implica uma redução do risco de apenas 0,2%. Por conseguinte, a partir de uma certa medida, a inclusão de novos ativos produzirá efeitos infinitesimais em termos de redução do risco da carteira.

Exemplo 4: Retome os dados do exemplo anterior. Quantos títulos deverão ser incluídos uma carteira de modo a que esta tenha uma volatilidade de 20%? Determine, ainda, o risco sistemático associado a este mercado.

Determinamos o número de títulos pretendido resolvendo a equação da variância em ordem a n, logo

$$\sigma_P^2 = \frac{1}{n}\overline{\sigma}^2 + \frac{(n-1)}{n}\times \rho \times \overline{\sigma}^2$$

$$n\sigma_P^2 = \overline{\sigma}^2 + (n-1)\times \rho \times \overline{\sigma}^2$$

$$n\sigma_P^2 - n\rho\,\overline{\sigma}^2 = \overline{\sigma}^2 - \rho\,\overline{\sigma}^2$$

$$n = \frac{(1-\rho)\times \overline{\sigma}^2}{\sigma_P^2 - \rho\overline{\sigma}^2}$$

Substituímos os valores correspondentes na expressão anterior, com $\sigma_P^2 = 4\%$. Vem, assim, que

$$n = \frac{(1-0{,}5)\times 0{,}28^2}{0{,}2^2 - 0{,}5\times 0{,}28^2} = \frac{0{,}0392}{0{,}04 - 0{,}0392} = 49$$

Para um risco de 20%, dever-se-iam incluir na carteira 49 títulos.

Numa carteira completamente diversificada está patente apenas o risco de mercado ou risco sistemático, o qual, para o caso proposto, se obtém facilmente através da expressão

$$\sigma_{\text{de mercado}} = \sqrt{\rho \overline{\sigma}^2} = \sqrt{0,5 \times 0,28^2} = 0,198$$

Logo estaremos em presença de um risco de mercado igual a 19,8%.

$$\text{Neste caso, } n = \frac{(1-0,5) \times 0,28^2}{0,198^2 - 0,5 \times 0,28^2} = +\infty$$

Também a ***diversificação internacional*** se confronta com algumas ***limitações***, as quais passamos a enunciar.

Em alguns países, os investidores estrangeiros são alvo de discriminação, envolvendo a simples proibição de investir, a aplicação de diferentes impostos ou de diferentes tipos de câmbio ou, ainda, o controlo dos movimentos de capitais. Estes obstáculos restringem – podendo, no limite, impossibilitar – o investimento em certos ativos.

Para além disso, a redução da volatilidade proveniente da diversificação internacional poderá situar-se aquém do esperado. Com efeito, as correlações entre os retornos dos ativos são maiores quando os mercados se encontram em baixa, sendo ainda que essa tendência se acentua durante as crises financeiras. Logo a diversificação internacional envolve benefícios menores quando as cotações dos títulos baixam.

Em tempos de excessiva liquidez, os preços dos instrumentos financeiros sobem e os respetivos rendimentos diminuem. Tal implica uma corrida aos rendimentos (*chase for yields*), o que aumenta a correlação entre todas as classes de ativos. Neste caso, a diversificação só poderá acarretar efeitos benéficos se se incorporarem novas classes de ativos nos *portfolios*, pouco correlacionados com os instrumentos pré-existentes (*v.g.*, vinhos, derivados climáticos, etc.).

A existência destes obstáculos impõe que a carteira internacional mais conveniente não seja a mesma para todos os investidores. Assim, a carteira ótima diferenciar-se-á de uma carteira totalmente diversificada consoante os obstáculos inerentes à diversificação internacional tenham um peso maior que os ganhos que dela resultarão.

Estes obstáculos poderão, contudo, ser minimizados através do investimento em empresas multinacionais. De facto, por atuarem alternadamente em diferentes mercados, estas empresas conferem um certo grau de diversificação internacional aos seus acionistas e credores.

No entanto, e apesar da extensa evidência em favor da diversificação internacional, a grande maioria dos investidores canalizam uma proporção muito elevada das suas poupanças para ativos procedentes do seu país de origem, efeito que é designado na literatura financeira por *viés local* (*home bias*). Alguns estudos têm demonstrado que o desconhecimento sobre os benefícios da diversificação internacional não é, por si só, a razão para esse viés. A causa parece antes ser o facto de investidores nacionais terem vantagens na obtenção de informação atinente aos mercados locais em relação aos investidores estrangeiros. Ao mesmo tempo, observa-se que o viés local está relacionado com a existência de barreiras geográficas e linguísticas; logo o *home bias* é particularmente acentuado nos países mais afastados dos principais mercados financeiros e naqueles em que a língua local é menos conhecida no exterior.

Ainda uma última nota concernente ao denominado *risco país*, o qual assume, no presente contexto, contornos pouco precisos. Sendo um tipo de risco com o qual os investidores que diversificam internacionalmente as suas carteiras necessariamente se confrontam, constitui, ao mesmo tempo, um obstáculo à realização desse investimento.

O risco país[27] traduz, em termos genéricos, a medida em que as transformações económicas, sociais e políticas que se observem nesse país se venham a repecutir no valor dos ativos nacionais detidos por empresas ou por indivíduos estrangeiros, bem como no montante das mais-valias a realizar, dos dividendos a receber ou dos *royalties* associados ao investimento.

A mensuração do risco país envolve múltiplos fatores – desde o risco político ao risco de mercado, passando pelas próprias condicionantes de natureza geográfica (climatéricas ou outras) –, cujo impacto tem variado ao longo do tempo e em função do tipo de investimento realizado.

Não obstante, uma vez que a compreensão e a mensuração do risco país podem auxiliar os investidores na tomada de decisões e na maximização dos respetivos retornos, são despendidos recursos significativos, a nível global, na ten-

---

[27] A propósito do *risco país* e das suas implicações, veja-se a notícia publicada na edição de 7 de maio de 2010 do Jornal de Negócios, segundo a qual o BPI decidira rever "em baixa" a avaliação atribuída à Portugal Telecom, descendo o *target-price* em 3,5%, para 8,30 €, por forma a refletir o acréscimo do risco país. O novo preço-alvo decorria do facto de o prémio de risco para Portugal ter sido revisto em alta (de 75 para 125 pontos base). Não obstante, o mesmo banco revira "em alta" a recomendação de comprar, dado o potencial de subida das ações, na ordem dos 20%. Deste modo, a PT estaria a negociar com "um ligeiro prémio" relativamente aos seus pares europeus, o que se justificava pela expectativa de crescimento dos lucros acima da média.

tativa de identificar e medir os diferentes tipos de risco e o modo como afetam os diferentes tipos de investimento.

O risco país revela-se sobremaneira importante no caso dos investidores que pretendam aplicar o seu capital internacionalmente, afigurando-se, porém, difícil a diversificação desse investimento. Desta sorte, o investidor que realiza um investimento num único país estrangeiro deverá incorporar o risco país ao calcular o custo de capital. Em termos práticos, verifica-se a existência do risco país através do grau de correlação entre os mercados. Caso a correlação entre estes seja baixa (ou negativa), pode-se reduzir o risco diversificável através da montagem de uma carteira global de investimentos. Contudo, a existência de mercados altamente correlacionados adverte para a consideração do risco país e a adição de um prémio de risco à taxa de retorno requerida pelo investidor.

Por fim, é ainda de sublinhar o papel das agências de classificação de risco, as denominadas agências de *rating*, como a Moody's, Standard & Poor's ou a Fitch Ratings, as quais se dedicam à análise do risco país associado a investimentos em ativos financeiros. Estas agências produzem classificações ou *ratings*, que indicam a segurança oferecida pelas empresas ou pelos governos de cada país, aos investidores estrangeiros que apliquem o seu dinheiro em ativos ou em títulos da dívida, respetivamente.

Estas agências tornaram-se sobejamente conhecidas do público em geral após a deflagração da crise da dívida soberana, em alguns países da União Europeia.

5. Fronteira eficiente de Markowitz

Um dos contributos mais relevantes de Markowitz no âmbito da MPT foi, sem dúvida, o estabelecimento do **conceito de fronteira eficiente**, que corresponde ao ***lugar geométrico das carteiras que maximizam o rendimento esperado para cada nível de risco***, considerando um determinado universo de ativos. Nessa fronteira, encontra-se a denominada **carteira eficiente**, ou seja, aquela que otimiza a combinação entre o risco e a rendibilidade esperada. A este propósito, Sharpe (1963, p. 2) apontou que «deve haver uma carteira de ações que maximize o retorno esperado e minimize a variância e esta deve ser a carteira recomendada para o investidor».

Neste ponto, o nosso propósito é o de esclarecer o modo como o contributo de Markowitz conduz à determinação da fronteira eficiente e, bem assim, da carteira ótima.

Figura 9 – Conjunto das possibilidades de investimento

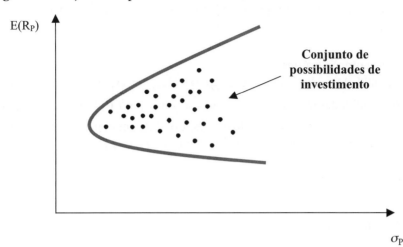

Desde logo, os investidores são confrontados com múltiplas combinações de ativos. Na figura anterior, encontra-se representado o **conjunto de possibilidades de investimento** no espaço rendibilidade/risco (*feasible portfolio set*) e que resultam das eventuais combinações entre os ativos individualmente considerados. Na mesma figura, assinala-se, ainda, a linha que limita o conjunto dessas possibilidades de investimento e que denominaremos por ***fronteira de possibilidades de investimento*** (*portfolio frontier*).

Denominamos por **carteira de fronteira** (*frontier portfolio*) qualquer carteira colocada sobre a *portfolio frontier*. Não existe nenhuma carteira situada no espaço acima e à esquerda dessa linha, o qual corresponde a eventuais possibilidades de investimento com elevada rendibilidade e baixo risco. Desta sorte, a presença de uma carteira com tais características implicaria a deslocação da própria *portfolio frontier*. Por conseguinte, esta fronteira é composta pelo conjunto de carteiras que minimizam a variância para cada nível de rendibilidade esperada considerado.

Convém, aqui, recordar que todo o contributo de Markowitz enraíza na aceção de que as decisões de investimento obedecem a critérios de racionalidade. Ora o escrutínio do investidor não recairá sobre todas as carteiras, mas apenas sobre aquelas que maximizam a rendibilidade esperada para um certo nível de risco, ou, concomitantemente, sobre aquelas que minimizam o risco para um certo nível de rendibilidade esperada. De outro modo, ***o investidor considerará apenas as possibilidades de investimento que se situam sobre a fronteira eficiente***.

De seguida, tomaremos **dois procedimentos** tendo em vista a determinação da fronteira eficiente: *i*) representação gráfica e *ii*) recurso a uma função de Lagrange.

i) **Representação gráfica**
A rendibilidade média de um certo *portfolio* P ($\overline{R}_P$) corresponde à soma algébrica das rendibilidades médias dos ativos que a compõem ($\overline{R}_i$), ponderadas pelos respetivos pesos relativos nesse investimento (X_i). Logo, para uma carteira P, composta por dois ativos com risco (ativo A e ativo B), vem que

$$\overline{R}_P = X_A \overline{R}_A + X_B \overline{R}_B$$

Para além disso, atendemos a que

$$\sigma_P = \sqrt{X_A^2 \sigma_A^2 + X_B^2 \sigma_B^2 + 2 X_A X_B \sigma_A \sigma_B \rho_{AB}}$$

e ainda às hipóteses anteriormente avançadas relativas a ρ_{AB}.
Quando $\rho_{AB} = 1$, temos que $\sigma_P = X_A \sigma_A + X_B \sigma_B$.

Tendo em conta que $\sum_{i=1}^{n} X_i = 1$, podemos reescrever X_A e X_B, donde

$$X_A = \frac{\sigma_P - \sigma_B}{\sigma_A - \sigma_B} \text{ e } X_B = \frac{\sigma_A - \sigma_P}{\sigma_A - \sigma_B}$$

Tal permite-nos redefinir $\overline{R}_P$, sendo que

$$\overline{R}_P = \frac{\sigma_P - \sigma_B}{\sigma_A - \sigma_B} \times \overline{R}_A + \frac{\sigma_A - \sigma_P}{\sigma_A - \sigma_B} \times \overline{R}_B$$

Rearranjando os termos da expressão, obtém-se

$$\overline{R}_P = \left[\overline{R}_B - \frac{\left(\overline{R}_A - \overline{R}_B \right)}{\sigma_A - \sigma_B} \times \sigma_b \right] + \frac{\left(\overline{R}_A - \overline{R}_B \right)}{\sigma_A - \sigma_B} \times \sigma_P \qquad (2.16)$$

A rendibilidade média da carteira P surge, assim, definida como uma *função linear do respetivo risco*, o que é suscetível de representação gráfica através de um segmento de reta de declive positivo, como teremos ocasião de observar na figura seguinte.

Tomemos, agora, o caso em que $\rho_{AB} = -1$. Vem que

$$\sigma_P^2 = X_A^2 \sigma_A^2 + X_B^2 \sigma_B^2 - 2X_A X_B \sigma_A \sigma_B$$

o que corresponde ao quadrado de uma diferença.

Teremos, assim, que

$$\sigma_P = X_A \sigma_A - X_B \sigma_B$$

ou ainda

$$\sigma_P = -(X_A \sigma_A - X_B \sigma_B)$$

Seguindo um raciocínio idêntico ao prosseguido para o caso anterior, obteremos um par de soluções para a equação relativa à rendibilidade média da carteira. Esse par de soluções é o seguinte:

$$\overline{R}_P = \frac{(\overline{R}_A \sigma_A + \overline{R}_B \sigma_B)}{\sigma_A + \sigma_B} + \frac{(\overline{R}_A - \overline{R}_B)}{\sigma_A + \sigma_B} \times \sigma_P \qquad \text{(2.17a)}$$

e também

$$\overline{R}_P = \frac{(\overline{R}_A \sigma_B + \overline{R}_B \sigma_A)}{\sigma_A + \sigma_B} + \frac{(\overline{R}_B - \overline{R}_A)}{\sigma_A + \sigma_B} \times \sigma_P \qquad \text{(2.17b)}$$

Mais uma vez, a rendibilidade média da carteira surge definida como função linear do respetivo risco. Porém, na hipótese em que $\rho_{AB} = -1$, somos conduzidos a dois segmentos de reta, cujos declives têm sinal oposto e que se intersetam no ponto de risco nulo.

As equações definidas em (2.16), (2.17a) e (2.17b) são passíveis de representação gráfica, o que sucede por intermédio da figura seguinte. Na mesma figura representa-se, ainda, a curva convexa que liga os pontos representativos dos ativos A e B, sendo que essa convexidade resulta do facto de estarmos em presença de pares de ativos cujo coeficiente de correlação linear se situa entre −1 e 1.

Figura 10 – Determinação da fronteira eficiente
(carteira composta por dois ativos com risco)

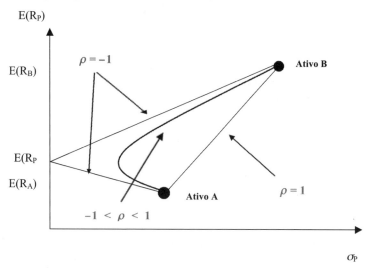

Os pontos situados sobre a parte ascendente da curva são pontos que maximizam a rendibilidade para cada nível de risco, correspondendo, por isso mesmo, a *carteiras eficientes*.

A figura seguinte permite-nos atender a esta curva de modo mais circunstanciado.

Figura 11 – Carteira de variância mínima e fronteira eficiente

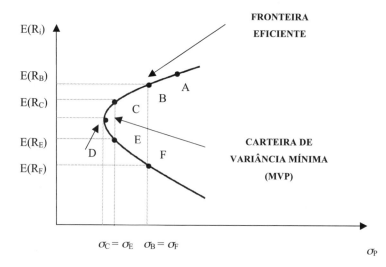

As carteiras assinaladas com os pontos B e F são igualmente voláteis, pois apresentam o mesmo nível de risco. Porém, a rendibilidade esperada de B é maior que a de F, pelo que o investidor preferirá B a F. O mesmo sucede com as carteiras relativas aos pontos C e E, com C a dominar E. Ora D representa a **carteira de variância mínima** (*minimum variance portfolio* ou, muito simplesmente, MVP).

Por conseguinte, a **fronteira eficiente** corresponde ao conjunto de pontos situados acima da carteira de variância mínima, ou seja, ao conjunto de pontos que formam a parte ascendente da *portfolio frontier*. Os *portfolios* A, B e C situam-se, assim, na fronteira eficiente. Atenda-se a que a parte inferior da *portfolio frontier* é composta por carteiras com idêntico nível de risco às situadas acima, sendo, no entanto, menor a sua rendibilidade.

Coloca-se, de seguida, a questão de saber como é que o investidor seleciona a carteira ótima entre as diversas possibilidades envolvidas na fronteira eficiente. A **carteira ótima** resultará do ponto de interseção entre a fronteira eficiente e a curva de indiferença do investidor situada o mais acima e à esquerda possível.

Nas figuras seguintes, ilustram-se várias hipóteses que contemplam diferentes **perfis de risco** para o investidor, tendo por base o respetivo mapa de curvas de indiferença.

Figura 12.a – Carteira eficiente para um investidor com elevada aversão ao risco

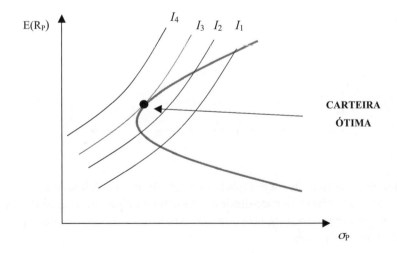

Figura 12.b – Carteira eficiente para um investidor com média aversão ao risco

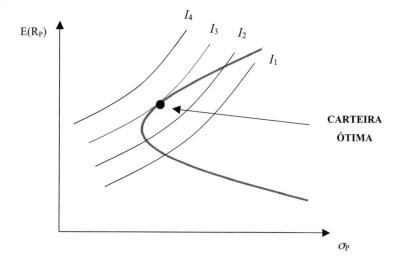

Figura 12.c – Carteira eficiente para um investidor com reduzida aversão ao risco

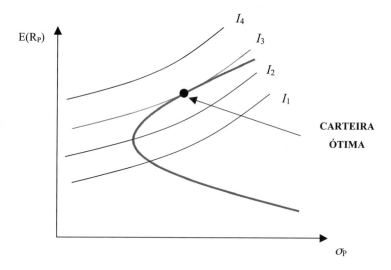

Da observação conjunta das três figuras anteriores, concluímos que, à medida que o grau de aversão ao risco diminui, as escolhas do investidor deslocar-se-ão para *portfolios* mais voláteis, mas que têm associados também maiores níveis de rendibilidade esperada.

ii) Recurso a uma função de Lagrange
A carteira eficiente pode ainda ser obtida através da seguinte função de Lagrange:

$$L = \sigma_P^2 + \lambda_1 \left(\sum_{i=1}^{N} X_i \overline{R}_i - K \right) + \lambda_2 \left(\sum_{i=1}^{N} X_i - 1 \right) \qquad (2.18)$$

onde

$$\sigma_P^2 = \sum_{i=1}^{N} X_i^2 \sigma_i^2 + \sum_{i=1}^{N} \sum_{\substack{j=1 \\ i \neq j}}^{N} X_i X_j \sigma_i \sigma_j \rho_{ij}$$

No que concerne às restrições, o multiplicador λ_1 assegura que a carteira encontrada apresenta uma rendibilidade K; enquanto isso, o multiplicador λ_2 assegura que a soma das proporções de todos os ativos que compõem a carteira é igual a 1. Igualando as derivadas parciais de 1.ª ordem relativas a $X_1, X_2,.., X_N$, λ_1 e λ_2 a zero, obtemos a composição ótima da carteira, sendo esta uma carteira de risco mínimo quando se pretende obter uma rendibilidade igual a K. Assim sendo, teremos que

$$\frac{\partial L}{\partial X_1} = 2X_1 \sigma_1^2 + ... + 2X_i \sigma_{1i} + ... + 2X_N \sigma_{1N} + \lambda_1 \overline{R}_1 + \lambda_2 = 0$$

$$\vdots$$

$$\frac{\partial L}{\partial X_i} = 2X_1 \sigma_{1i} + ... + 2X_i \sigma_i^2 + ... + 2X_N \sigma_{iN} + \lambda_1 \overline{R}_i + \lambda_2 = 0$$

$$\vdots$$

$$\frac{\partial L}{\partial X_N} = 2X_1 \sigma_{1N} + ... + 2X_i \sigma_{iN} + ... + 2X_N \sigma_N^2 + \lambda_1 \overline{R}_N + \lambda_2 = 0$$

$$\frac{\partial L}{\partial \lambda_1} = X_1 \overline{R}_1 + ... + X_i \overline{R}_i + ... + X_N \overline{R}_N = K$$

A resolução das equações anteriores permite obter a percentagem de cada um dos N ativos a incluir na carteira que minimiza o risco de modo a obter um certo nível de rendibilidade K[28].

Observemos o exemplo seguinte.

---

[28] Se obtivermos um valor negativo para qualquer um dos X_i, tal configura o caso de uma **venda a descoberto**. A este propósito, cfr. Fernandes e Martins (2003, p. 213, nota 18).

Exemplo 5: Considere as seguintes informações relativas a duas ações:

	Ação 1	Ação 2
Rendibilidade esperada	12%	10%
Desvio padrão	10%	7%
Valor da cotação	10 €	5 €

O coeficiente da rendibilidade esperada entre as ações 1 e 2 é de 0,5.

Sabendo que o investidor pretende aplicar 100.000 € e obter um rendimento esperado de 10,5%, determine a composição da carteira a constituir, bem como o respetivo desvio padrão da rendibilidade esperada. Analise, ainda, a eficiência da carteira.

Principiamos por atender à composição da carteira. De acordo com a expressão que permite calcular a rendibilidade esperada de um *portfolio*, vem que

$$E(R_P) = X_1 \times E(R_1) + X_2 \times E(R_2)$$

Substituímos pelos valores respetivos e resolvemos em ordem a X_1 e X_2. Para o efeito, consideramos, ainda, que $X_1 + X_2 = 1 \Leftrightarrow X_1 = 1 - X_2$.

$10,5\% = (1 - X_2) \times 12\% + X_2 \times 10\%$

$10,5\% = 12\% - 12\% \times X_2 + 10\% \times X_2$

$2\% X_2 = 1,5\%$

$X_2 = 75\%$

Por conseguinte, $X_1 = 25\%$; logo o investidor deve aplicar 25% do seu orçamento na ação 1 e 75% na ação 2. Vem, assim, que

$$25\% \times 100.000\ € = 25.000\ € \Rightarrow \frac{25.000\ €}{10\ €} = 2.500 \text{ ações 1}$$

$$75\% \times 100.000\ € = 75.000\ € \Rightarrow \frac{75.000\ €}{5\ €} = 15.000 \text{ ações 2}$$

Calculamos, agora, o desvio padrão da rendibilidade esperada atendendo a que

$$\sigma_P = \sqrt{X_1^2\sigma_1^2 + X_2^2\sigma_2^2 + 2X_1X_2\sigma_{12}}$$

$$\sigma_P = \sqrt{X_1^2\sigma_1^2 + X_2^2\sigma_2^2 + 2X_1X_2\rho_{12}\sigma_1\sigma_2}$$

$$\sigma_P = \sqrt{(25\%)^2(10\%)^2 + (75\%)^2(7\%)^2 + 2 \times 25\% \times 75\% \times 0,5 \times 10\% \times 7\%}$$

$$\sigma_P = \sqrt{0,000625 + 0,002756 + 0,001313}$$

$$\sigma_P = \sqrt{0,004694}$$

$$\sigma_P = 0,068513$$

Logo o desvio padrão da rendibilidade esperada desta carteira é de 6,8513%.

Por último, a carteira assim constituída será eficiente se estiver situada sobre a fronteira eficiente de Markowitz. Como tal, deduzimos a respetiva equação[29].

$$\begin{cases} E(R_P) = 12X_1 + 10X_2 \\ X_1 + X_2 = 1 \\ \sigma_P = \sqrt{10^2\,X_1^2 + 7^2 X_2^2 + 2X_1X_2 \times 0,5 \times 10 \times 7} \end{cases} \Leftrightarrow$$

$$\Leftrightarrow \begin{cases} E(R_P) = 12\,X_1 + 10\,(1 - X_1) \\ X_2 = 1 - X_1 \\ \sigma_P = \sqrt{100\,X_1^2 + 49\,(1 - X_1)^2 + 70\,X_1(1 - X_1)} \end{cases} \Rightarrow$$

$$\Rightarrow \begin{cases} E(R_P) = 12\,X_1 + 10 - 10\,X_1 \\ \sigma_P = \sqrt{100\,X_1^2 + 49\,(1 - 2X_1 + X_1^2) + 70\,X_1 - 70\,X_1^2} \end{cases} \Leftrightarrow$$

---

[29] De modo a simplificarmos os cálculos, consideraremos $x\% = x$.

$$\Leftrightarrow \begin{cases} X_1 = \dfrac{E(R_P)}{2} - 5 \\ \\ \sigma_P = \sqrt{100\,X_1^2 + 49 - 98\,X_1 + 49\,X_1^2 + 70\,X_1 - 70\,X_1^2} \end{cases} \Rightarrow$$

$$\Rightarrow \sigma_P = \sqrt{79\,X_1^2 - 28\,X_1 + 49}$$

Se substituirmos na expressão relativa a σ_P a formalização anteriormente obtida para X_1, vem que

$$\sigma_P = \sqrt{79 \times \left(\dfrac{E(R_P)}{2} - 5\right)^2 - 28 \times \left(\dfrac{E(R_P)}{2} - 5\right) + 49}$$

Ao desenvolvermos, surge

$$\sigma_P = \sqrt{79 \times \left(\dfrac{E(R_P)^2}{4} - 5E(R_P) + 25\right) - 14E(R_P) + 140 + 49}$$

$$\sigma_P = \sqrt{19{,}75\,E(R_P)^2 - 395\,E(R_P) + 1975 - 14\,E(R_P) + 189}$$

$$\sigma_P = \sqrt{19{,}75\,E(R_P)^2 - 409\,E(R_P) + 2164}$$

Trata-se da equação que representa a *portfolio frontier*, como tal a fronteira eficiente situar-se-á para além do ponto de desvio padrão mínimo. Assim, de modo a avaliarmos a eficiência da carteira, determinamos **a rendibilidade esperada correspondente ao ponto de desvio padrão mínimo**.

$$\dfrac{\partial \sigma_P}{\partial E(R_P)} = 0 \Leftrightarrow \dfrac{39{,}5\,E(R_P) - 409}{2\sqrt{19{,}75\,E(R_P)^2 - 409\,E(R_P) + 2164}} = 0 \Leftrightarrow$$

$$\Leftrightarrow 39{,}5\,E(R_P) - 409 = 0 \wedge 2\sqrt{19{,}75\,E(R_P)^2 - 409\,E(R_P) + 2164} \neq 0 \Rightarrow$$

$$\Rightarrow E(R_{MVP}) = 10{,}3544\%$$

A carteira em apreço **é uma carteira eficiente** uma vez que a respetiva rendibilidade esperada (10,5%) é superior à rendibilidade esperada da carteira situada no ponto de risco mínimo (10,3544%).

TEORIA DAS CARTEIRAS

Atendemos, de seguida, a um procedimento que **permite determinar, de modo simples, qual a composição que minimiza o risco de uma carteira** constituída por dois ativos com risco (ativo 1 e ativo 2). Em *termos genéricos*, temos que

$$\sigma_P^2 = X_1^2 \sigma_1^2 + X_2^2 \sigma_2^2 + 2X_1 X_2 \sigma_{12}$$

Para além disso, $X_2 = 1 - X_1$, donde

$$\sigma_P^2 = X_1^2 \sigma_1^2 + (1 - X_1)^2 \sigma_2^2 + 2X_1 (1 - X_1) \sigma_{12}$$

$$\sigma_P^2 = X_1^2 \sigma_1^2 + (1 - 2X_1 + X_1^2) \sigma_2^2 + 2X_1 \sigma_{12} - 2X_1^2 \sigma_{12}$$

$$\sigma_P^2 = X_1^2 \sigma_1^2 + \sigma_2^2 - 2X_1 \sigma_2^2 + X_1^2 \sigma_2^2 + 2X_1 \sigma_{12} - 2X_1^2 \sigma_{12}$$

Calculamos a derivada parcial da expressão anterior em ordem a X_1. Para além disso, se igualarmos a zero e resolvermos em ordem a X_1, obteremos qual a percentagem do investimento que deve ser aplicada no ativo 1, de modo a otimizar o risco da carteira[30].

$$\frac{\partial \sigma_P^2}{\partial X_1} = 0$$

$$2X_1 \sigma_1^2 - 2\sigma_2^2 + 2X_1 \sigma_2^2 + 2\sigma_{12} - 4X_1 \sigma_{12} = 0$$

$$2X_1 (\sigma_1^2 + \sigma_2^2 - 2\sigma_{12}) - 2\sigma_2^2 + 2\sigma_{12} = 0$$

$$X_1 (\sigma_1^2 + \sigma_2^2 - 2\sigma_{12}) = \sigma_2^2 - \sigma_{12}$$

$$X_1 = \frac{\sigma_2^2 - \sigma_{12}}{\sigma_1^2 + \sigma_2^2 - 2\sigma_{12}} \quad \textbf{(2.19a)}$$

---

[30] Pressupomos que são conhecidos os desvios padrão dos dois títulos, bem como o coeficiente de correlação linear entre ambos.

Para além disso, e tal como já referimos, $X_2 = 1 - X_1$, ou seja,

$$X_2 = 1 - \frac{\sigma_2^2 - \sigma_{12}}{\sigma_1^2 + \sigma_2^2 - 2\sigma_{12}}$$

$$X_2 = \frac{\sigma_1^2 - \sigma_{12}}{\sigma_1^2 + \sigma_2^2 - 2\sigma_{12}} \tag{2.19b}$$

Exemplo 6: Tomando os dados do exemplo anterior, determine a composição da carteira de risco mínimo.

Recordamos que $\sigma_1 = 10\%$, que $\sigma_2 = 7\%$ e que $\rho_{12} = 0,5$. Então, vem que

$$X_1 = \frac{7^2 - 0,5 \times 10 \times 7}{10^2 + 7^2 - 2 \times 0,5 \times 10 \times 7} \Leftrightarrow X_1 = \frac{49 - 35}{100 + 49 - 70} \Leftrightarrow X_1 = 17,7215\%$$

Por sua vez, $X_2 = 1 - 17,7215\% = 82,2785\%$

Confirmamos facilmente que a rendibilidade esperada relativa a uma carteira com esta composição ($X_1 = 17,7215\%$; $X_2 = 82,2785\%$) é igual àquela que obtivemos através da derivação da equação da *portfolio frontier*, ou seja,

$$E(R_{MVP}) = 0,177215 \times 12\% + 0,822785 \times 10\% = 10,3544\%$$

6. Análise das carteiras eficientes à luz do modelo de Tobin

O contributo de Markowitz foi construído na suposição de que o investidor aplica o seu investimento em ativos com risco.

Anos mais tarde, em 1958, James Tobin, no trabalho «Liquidity Preference as a Behaviour Toward Risk», publicado na *Review of Economic Studies*, desenvolveu um modelo genérico de preferência pela liquidez, com implicações ao nível da teoria das carteiras.

Entre os pressupostos desse modelo, elegemos os que se afiguram relevantes para a análise que pretendemos conduzir: *i*) o investidor reparte o seu investimento entre moeda e títulos e o modo como essa repartição ocorre depende do valor da taxa de juro (uma vez que o preço dos títulos varia, *grosso modo*, no sentido inverso da taxa de juro); *ii*) a moeda não é somente um meio de troca, uma vez que permite aos indivíduos acumularem riqueza sob a forma de ativos monetários; *iii*) a riqueza mantida sob a forma de moeda tem um valor fixo, enquanto a riqueza mantida sob a forma de títulos tem um valor variável.

Em concreto, e no que concerne à constituição de *portfolios*, Tobin (1958) introduziu a possibilidade de o investidor aplicar a sua poupança em ativos sem risco, bem como a de se financiar à taxa desses ativos[31].

Nos pontos seguintes, procuraremos aferir qual o impacto deste novo pressuposto ao nível da eficiência dos investimentos.

6.1. Ativo sem risco

Um ***ativo sem risco*** é, de acordo com a própria designação, um ativo cuja rendibilidade é certa e previamente conhecida. Consequentemente, o desvio padrão da rendibilidade esperada do ativo sem risco é necessariamente nulo, o mesmo sucedendo com a covariância entre a taxa de rendibilidade do ativo sem risco e as taxas de rendibilidade de quaisquer outros ativos. Assim sendo, teremos que $\sigma_F = 0$ e ainda que $\sigma_{Fi} = 0$.

Os ativos sem risco correspondem, em termos genéricos, a ativos monetários com rendibilidade fixa. Entre nós, os Bilhetes do Tesouro configuram o caso de um ativo sem risco.

6.2. Desenvolvimento do modelo

Considere-se uma carteira P constituída por:

– um ativo sem risco, com o peso X_F;
– e por um ativo com risco, com o peso X_C.

Aplicando a expressão genérica $\sum_{i=1}^{n} X_i = 1$, teremos, no caso presente, que

$$X_F + X_C = 1 \Leftrightarrow X_F = 1 - X_C$$

Por sua vez, a ***rendibilidade esperada*** desta carteira é dada por

$$E(R_P) = X_F \times R_F + X_C \times E(R_C)$$

ou, de outro modo,

$$E(R_P) = (1 - X_C) \times R_F + X_C \times E(R_C)$$

Por conseguinte,

$$E(R_P) = R_F + X_C \left[E(R_C) - R_F\right] \tag{2.20}$$

---

[31] Neste caso, os ativos sem risco correspondem a origens de fundos e não a aplicações de fundos.

No que concerne ao **risco** da carteira, vem que

$$\sigma_P^2 = X_F^2 \sigma_F^2 + X_C^2 \sigma_C^2 + 2 X_F X_C \sigma_{FC}$$

No entanto, temos que $\sigma_F^2 = 0$ e $\sigma_{FC} = 0$, logo

$$\sigma_P^2 = X_C^2 \sigma_C^2$$

Se em vez da variância considerarmos o desvio padrão, obteremos

$$\sigma_P = X_C \sigma_C$$

Da expressão anterior retiramos, ainda, que

$$X_C = \frac{\sigma_P}{\sigma_C}$$

Substituindo agora na equação da rendibilidade esperada definida em (2.20), vem que

$$E(R_P) = R_F + \frac{E(R_C) - R_F}{\sigma_C} \times \sigma_P \qquad (2.21)$$

De acordo com a expressão anterior, *a rendibilidade esperada de uma carteira é uma função linear do respetivo nível de risco*; nessa reta, a ordenada na origem corresponde à rendibilidade do ativo sem risco (R_F), enquanto a inclinação da reta é dada por $\frac{E(R_C) - R_F}{\sigma_C}$. A inclinação da reta indica a rendibilidade obtida por cada unidade de risco incorrido ou, de outro modo, o acréscimo de rendibilidade que se espera vir a obter caso o risco da carteira P aumente em uma unidade[32].

A rendibilidade esperada para a carteira é, assim, igual à **taxa de juro sem risco**, acrescida de um **prémio de risco**. Tomando, de novo, a *ratio* que permite determinar a inclinação da reta, verificamos que o numerador traduz o excesso de rendibilidade esperada quando se investe no ativo com risco, ou seja, o diferencial

---

[32] Por exemplo, se tivermos que $E(R_C) = 8,5\%$, $R_F = 3\%$ e $\sigma_C = 7,3\%$, vem que $\frac{E(R_C) - R_F}{\sigma_C} = \frac{8,5\% - 3\%}{7,3\%}$
= 0,75. Tal significa que, se o risco da carteira aumentar em 1%, a respetiva rendibilidade aumentará em 0,75%.

entre a rendibilidade esperada do ativo com risco e a rendibilidade do ativo sem risco. Logo é a medida do prémio de risco. Enquanto isso, no denominador surge o risco associado ao ativo C.

Pelo exposto, concluímos que a equação da reta permite medir a remuneração por unidade do risco, ou seja, o acréscimo de rendibilidade que o investidor pretende obter por cada unidade de risco adicional em que incorre. Permite, assim, *quantificar o preço do risco*.

6.3. Capital Allocation Line

A admissão da possibilidade de o investidor aplicar os seus recursos em ativos sem risco acarreta, necessariamente, consequências para o conjunto de possibilidades de investimento e, bem assim, para a carteira eficiente de Markowitz anteriormente definida.

Procedemos, de seguida, à representação gráfica de $E(R_P)$, tomando o espaço de análise rendibilidade esperada/desvio padrão. Para o efeito, consideraremos duas possibilidades extremas no que concerne ao modo de afetação do investimento: o investidor aplica integralmente o seu capital no ativo sem risco ou, em contraponto, investe integralmente o seu capital no ativo com risco.

Recordamos, desde logo, que $E(R_P) = R_F + X_C [E(R_C) - R_F]$.

I) Se o investidor empregar o seu capital exclusivamente no ativo sem risco, teremos que $X_F = 1$. Por conseguinte, $X_C = 0$, donde resulta que

$$E(R_P) = R_F + 0 \times [E(R_C) - R_F] \Leftrightarrow E(R_P) = R_F$$

Para além disso, sendo $\sigma_F = 0$, teremos, ainda que $\sigma_P = 0$.

II) Se, ao invés, o investidor destinar o seu capital exclusivamente ao investimento no ativo com risco, vem que

$$E(R_P) = R_F + 1 \times [E(R_C) - R_F] \Leftrightarrow E(R_P) = R_F + E(R_C) - R_F \Leftrightarrow E(R_P) = E(R_C)$$

Neste caso, como a preferência do investidor recai apenas sobre o ativo com risco, vem que $\sigma_P = 1 \times \sigma_C \Leftrightarrow \sigma_P = \sigma_C$.

Representamos, então, no gráfico seguinte, os pontos cujas coordenadas são $[0;R_F]$ e $[\sigma_C;E(R_C)]$.

A semirreta que tem origem no ponto de coordenadas $[0;R_F]$ e que passa pelo ponto C denomina-se ***capital allocation line*** (CAL), a qual corresponde ao lugar geométrico das possíveis combinações de investimento entre o ativo sem risco e o ativo com risco. De outro modo, representa as diversas estratégias de investimento que os investidores poderão adotar combinando estes dois tipos de ativos.

Figura 13 – *Capital allocation line*

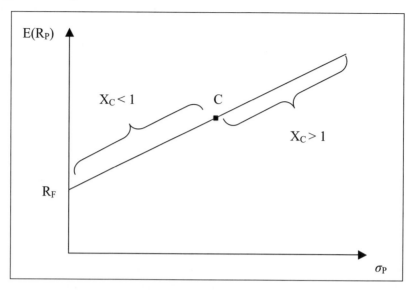

À esquerda do ponto C, encontram-se representadas todas as possíveis combinações de investimento simultâneo nos dois ativos, ou seja, $0 < X_F, X_C < 1$.

Enquanto isso, os pontos colocados à direita de C correspondem a investimentos alavancados (*levereged portfolios*), uma vez que o investidor aplica a totalidade dos seus recursos (próprios e alheios) no ativo com risco, ao mesmo tempo que se financia à taxa de juro sem risco. Tal significa, então, que $X_F < 0$ e que $X_C > 1$.

Por fim, resulta claro que, no ponto C, o investimento é integralmente canalizado para o ativo com risco, isto é, $X_C = 1$.

6.4. Fronteira eficiente global e carteira de tangência
A introdução de um ativo sem risco altera o conjunto de carteiras passíveis de serem constituídas à luz do modelo de Markowitz, o qual assenta, unicamente, em ativos com risco. Assim, o conjunto de possibilidades de investimento altera-se e passa a ser definido, no espaço de análise rendibilidade esperada/desvio padrão, pela ***área delimitada por duas semirretas*** ambas com origem no ponto de coordenadas $[0; R_F]$ sendo que:

– uma interseta o ponto de variância mínima;
– outra é tangente à fronteira eficiente de Markowitz.

Figura 14 – Determinação da fronteira eficiente global

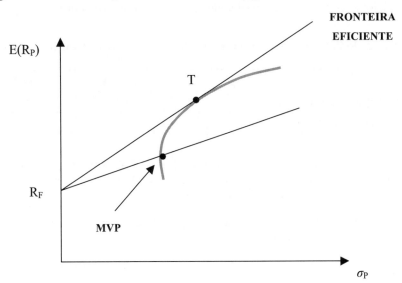

Será, então, possível obter combinações mais vantajosas que as situadas sobre a fronteira eficiente de Markowitz; essas possibilidades expandem-se até à semir-reta com origem no ponto [0;R_F] e que passa pelo ponto T, a qual constitui, agora, a *fronteira eficiente global*.

Acresce que o investimento em ativos sem risco permite a definição de uma nova carteira ótima, que resultará da interseção entre a fronteira eficiente global e o mapa de curvas de indiferença do investidor. A **carteira de tangência (T)** resulta da *interseção entre a fronteira de Markowitz e a fronteira eficiente global*. Este é o único *portfolio* verdadeiramente eficiente.

A *capital allocation line* pode, assim, ser reescrita, donde

$$E(R_P) = R_F + \frac{E(R_T) - R_F}{\sigma_T} \times \sigma_P \qquad (2.22)$$

Importa, sobretudo, discutir a razão pela qual a carteira ótima não resulta da combinação entre o ativo sem risco e a carteira de variância mínima. O gráfico anterior mostra, de modo inequívoco, que a semirreta a que pertence o ponto T tem maior inclinação, logo proporciona maior prémio de risco.

O mesmo tipo de raciocínio pode ser atingido em termos analíticos. O investidor optará pela carteira correspondente ao ponto de tangência entre a fronteira eficiente de Markowitz e a reta de declive máximo, ou seja, a fronteira eficiente global. Recorremos a um exemplo que reforça este entendimento.

Exemplo 7: Considere as seguintes informações relativas aos títulos A e B.

	Ação A	Ação B
Rendibilidade esperada	14%	10%
Desvio padrão da rendibilidade esperada	11%	8%

Sabendo que o coeficiente de correlação linear entre as duas ações é de 0,6 e que os Bilhetes do Tesouro, para o mesmo horizonte temporal de investimento, estão a ser emitidos a 3%, pretende-se que:

a) Determine a composição ótima de uma carteira constituída pelos títulos A e B, bem como a respetiva rendibilidade esperada.

Como foi anteriormente estabelecido, o peso de cada um dos ativos numa carteira ótima composta por dois ativos com risco é dado por $X_A = \dfrac{\sigma_B^2 - \sigma_{AB}}{\sigma_A^2 + \sigma_B^2 - 2\sigma_{AB}}$ e por $X_B = 1 - X_A$. Os desvios padrão de cada um dos títulos são conhecidos; calculamos, porém, a covariância entre os títulos A e B.

$\sigma_{AB} = \rho_{AB} \times \sigma_A \times \sigma_B$

$\sigma_{AB} = 0,6 \times 11\% \times 8\%$

$\sigma_{AB} = 0,528\%$

Substituímos em X_A, donde resulta que

$$X_A = \frac{(8\%)^2 - 0,528\%}{(11\%)^2 + (8\%)^2 - 2 \times 0,528\%}$$

$$X_A = \frac{0,64\% - 0,528\%}{1,21\% + 0,64\% - 1,056\%}$$

$$X_A = \frac{0,112\%}{0,79\%} = 14,1\%$$

Por sua vez, $X_B = 1 - 14,1\% = 85,9\%$. A carteira deverá, então, ser constituída por 14,1% do ativo A e por 85,9% do ativo B.

Calculamos, ainda, a rendibilidade esperada desta carteira, donde

$$E(R_P) = \sum_{i=1}^{N} E(R_i) \times X_i = E(R_A) \times X_A + E(R_B) \times X_B =$$

$$= 14\% \times 0{,}141 + 10\% \times 0{,}859 = 1{,}974\% + 8{,}59\% = 10{,}564\%$$

b) Escreva a equação da reta que passa pelo ponto de variância mínima, bem como a equação da *capital allocation line*.

Uma vez conhecida a rendibilidade esperada da carteira de risco mínimo, determinamos agora qual é esse nível de risco. Deste modo,

$$\sigma_P = \sqrt{X_A^2 \sigma_A^2 + X_B^2 \sigma_B^2 + 2 X_A X_B \sigma_{AB}}$$

$$\sigma_P = \sqrt{14{,}1\%^2 \times 11\%^2 + 85{,}9\%^2 \times 8\%^2 + 2 \times 14{,}1\% \times 85{,}9\% \times 11\% \times 8\% \times 0{,}6}$$

$$\sigma_P = \sqrt{0{,}0002405601 + 0{,}0047224384 + 0{,}00127901664}$$

$$\sigma_P = \sqrt{0{,}00624201514}$$

$$\sigma_P = 7{,}9\%$$

Podemos formalizar a equação da reta que passa pelo ponto de variância mínima, uma vez que dispomos das coordenadas do ponto em que essa reta interseta o eixo e das coordenadas do próprio ponto de variância mínima, respetivamente [0;3%] e [7,9%;10,564%].

Atendendo a que

$$\frac{y - y_0}{x - x_0} = \frac{y_1 - y_0}{x_1 - x_0}$$

substituímos pelos valores correspondentes, sendo que

$$\frac{y - 3\%}{x - 0\%} = \frac{10{,}564\% - 3\%}{7{,}9\% - 0\%}$$

$$\frac{y - 3\%}{x} = \frac{7{,}564\%}{7{,}9\%}$$

$$y - 3\% = 0{,}9575x$$

$$y - 3\% = 0{,}9575x$$

CARTEIRAS DE INVESTIMENTO

Atenda-se a que x e y representam, respetivamente, o desvio padrão e a rendibilidade esperada, logo

$$E(R_P) = 3\% + 0{,}9575\ \sigma_P$$

Por sua vez, a equação da *capital allocation line* pode ser obtida de modo idêntico, se conhecermos as coordenadas da carteira de tangência. Esta carteira resulta da interseção entre a fronteira de Markowitz e a *capital allocation line*, logo, no ponto T, a inclinação da fronteira eficiente de Markowitz coincide com a inclinação da CAL.

Principiamos por determinar a equação da *portfolio frontier*, logo

$$\begin{cases} E(R_P) = 14 X_1 + 10 X_2 \\ X_1 + X_2 = 1 \\ \sigma_P = \sqrt{11^2\, X_1^2 + 8^2\, X_2^2 + 2 X_1 X_2 \times 0{,}6 \times 11 \times 8} \end{cases} \Leftrightarrow$$

$$\Leftrightarrow \begin{cases} E(R_P) = 14\, X_1 + 10\,(1 - X_1) \\ X_2 = 1 - X_1 \\ \sigma_P = \sqrt{121\, X_1^2 + 64\,(1 - X_1)^2 + 105{,}6\, X_1(1 - X_1)} \end{cases} \Rightarrow$$

$$\Rightarrow \begin{cases} E(R_P) = 14\, X_1 + 10 - 10\, X_1 \\ \sigma_P = \sqrt{121\, X_1^2 + 64\,(1 - 2 X_1 + X_1^2) + 105{,}6\, X_1 - 105{,}6\, X_1^2} \end{cases} \Leftrightarrow$$

$$\Leftrightarrow \begin{cases} X_1 = \dfrac{E(R_P)}{4} - 2{,}5 \\ \sigma_P = \sqrt{121\, X_1^2 + 64 - 128\, X_1 + 64\, X_1^2 + 105{,}6\, X_1 - 105{,}6\, X_1^2} \end{cases} \Rightarrow$$

$$\Rightarrow \sigma_P = \sqrt{79{,}4\, X_1^2 - 22{,}4\, X_1 + 64}$$

Dada a formalização proposta para X_1, a expressão anterior equivale, ainda, a ter

$$\sigma_P = \sqrt{79,4 \times \left(\frac{E(R_P)}{4} - 2,5\right)^2 - 22,4 \times \left(\frac{E(R_P)}{4} - 2,5\right) + 64}$$

$$\sigma_P = \sqrt{79,4 \times \left(\frac{E(R_P)^2}{16} - 1,25E(R_P) + 6,25\right) - 5,6(R_P) + 56 + 64}$$

$$\sigma_P = \sqrt{4,9625E(R_P)^2 - 99,25E(R_P) + 496,25 - 5,6(R_P) + 120}$$

$$\sigma_P = \sqrt{4,9625E(R_P)^2 - 104,85E(R_P) + 616,25}$$

A inclinação da fronteira eficiente no ponto T pode ser dada por

$$\left(\frac{\partial E(R_P)}{\partial \sigma_P}\right)_T = \left(\frac{1}{\frac{\partial \sigma_P}{\partial E(R_P)}}\right)_T = \left(\frac{1}{\frac{9,925E(R_P) - 104,85}{2\sqrt{4,9625E(R_P)^2 - 104,85E(R_P) + 616,25}}}\right)_T =$$

$$= \frac{2\sqrt{4,9625E(R_T)^2 - 104,85E(R_T) + 616,25}}{9,925E(R_T) - 104,85}$$

Sucede que a inclinação da *capital allocation line* é dada por $\frac{E(R_T) - R_F}{\sigma_T}$; logo, no caso presente, teremos $\frac{E(R_T) - 3}{\sigma_T}$.

Podemos, assim, igualar ambas as expressões, atendendo, ainda, a que $\sigma_T = \sqrt{4,9625E(R_T)^2 - 104,85E(R_T) + 616,25}$. Logo, vem que

$$\frac{2\sqrt{4,9625E(R_T)^2 - 104,85E(R_T) + 616,25}}{9,925E(R_T) - 104,85} =$$

$$= \frac{E(R_T) - 3}{\sqrt{4,9625E(R_T)^2 - 104,85E(R_T) + 616,25}} \Leftrightarrow$$

$$\Leftrightarrow \frac{2\left[4,9625E(R_T)^2 - 104,85E(R_T) + 616,25\right]}{9,925E(R_T) - 104,85} = E(R_T) - 3 \Leftrightarrow$$

$$\Leftrightarrow 2\left[4,9625E(R_T)^2 - 104,85E(R_T) + 616,25\right] = \left[9,925E(R_T) - 104,85\right] \times$$

$$\times \left[E(R_T) - 3\right] \Leftrightarrow 9,925E(R_T)^2 - 209,7E(R_T) + 1.232,5 = 9,925E(R_T)^2$$

$$-29,775E(R_T) - 104,85E(R_T) + 314,55 \Leftrightarrow E(R_T) = 12,227\%$$

Vem, ainda, que

$$\sigma_T = \sqrt{4,9625 \times 12,227^2 - 104,85 \times 12,227 + 616,25} \Leftrightarrow \sigma_T = 8,726\%$$

A *capital allocation line* passa, então, pelos pontos cujas coordenadas são [0;3%] e [8,726%;12,227%]. Logo a respetiva equação pode ser dada por

$$\frac{y - 3\%}{x - 0\%} = \frac{12,227\% - 3\%}{8,726\% - 0\%}$$

$$\frac{y - 3\%}{x} = \frac{9,227\%}{8,726\%}$$

$$y - 3\% = 1,0574x$$

$$y = 3\% + 1,0574x$$

Logo, $E(R_P) = 3\% + 1,0574\ \sigma_P$

Ambas as retas têm a mesma ordenada na origem, contudo, o declive da CAL é mais elevado devido à expansão da fronteira eficiente.

6.5. Teorema da separação

A carteira de tangência é a única carteira verdadeiramente eficiente, uma vez que corresponde ao ponto em que a inclinação da fronteira eficiente de Markowitz coincide com o declive da fronteira eficiente global. Essa carteira é única para todo o mercado e não dependerá do perfil de risco do investidor.

Porém, as escolhas que os investidores vierem a realizar condicionam o seu posicionamento ao longo da fronteira eficiente global, uma vez que, à semelhança do que sucedia no âmbito do modelo de Markowitz[33], a carteira ótima resulta da

---

[33] Cfr. ponto anterior do presente Capítulo, principalmente figuras 12.a a 12.c.

interseção entre a fronteira eficiente global e as curvas de indiferença do investidor. Se considerarmos, de novo, a figura 13, atentaremos que, à esquerda do ponto T, se encontram carteiras mistas, isto é, carteiras que resultam da combinação entre o ativo sem risco e ativos com risco. Enquanto isso, à sua direita situam-se carteiras alavancadas, nas quais o investidor se financia à taxa juro sem risco para reforçar a sua posição no mercado. Por sua vez, a carteira de tangência compõe-se, exclusivamente, por ativos com risco.

Destarte, somos conduzidos ao denominado **Teorema da Separação**, segundo o qual o investidor se confronta com dois níveis de decisão:

- 1º nível de decisão: conduz à definição da carteira ótima de ativos, única para todo o mercado e independente das escolhas dos investidores.
- 2º nível de decisão: conduz à definição da composição da carteira, sendo esta condicionada pelo perfil de risco do investidor.

Do exposto resulta claro que o Teorema da Separação é válido também para o modelo de Markowitz.

7. Modelo de mercado

Sem desatender aos méritos do modelo proposto por Markowitz, cedo se verificou que a sua aplicação impunha o conhecimento de um vasto leque de parâmetros, onde se incluem as rendibilidades, as variâncias e as covariâncias dos ativos considerados.

Tomemos o caso de uma carteira composta por n ativos. Tal implica a determinação das n rendibilidades e das n variâncias (ou desvios padrão) que lhes estão associadas. Por sua vez, no que concerne às covariâncias, sabemos que $\sigma_{ij} = \sigma_{ji}$, pelo que calcularemos apenas uma covariância para cada par de ativos. Determinamos o número de covariâncias recorrendo à análise combinatória, mormente à expressão

$$\binom{n}{k} = \frac{n!}{k!(n-k)!}$$

que indica, em termos genéricos, o número de combinações de k elementos que poderemos realizar entre os n elementos possíveis.

No caso em apreço, teremos que

$$\binom{n}{2} = \frac{n!}{2!(n-2)!} = \frac{n(n-1)(n-2)!}{2 \times 1 \times (n-2)!} = \frac{n(n-1)}{2}$$

Tal implica que, numa carteira composta por n ativos, tenhamos, necessariamente, $\dfrac{n(n-1)}{2}$ covariâncias, resultando, assim, um total de $\dfrac{n^2 + 3n}{2}$ parâmetros.

Desta sorte, a aplicação do modelo de Markowitz a uma carteira composta por n ativos envolverá sempre a realização de $\dfrac{n^2 + 3n}{2}$ cálculos, relativos a n rendibilidades, n variâncias e $\dfrac{n(n-1)}{2}$ covariâncias.

7.1. Formalização

Uma vez confrontado com a complexidade dos cálculos associados ao modelo de Markowitz, em 1963, por intermédio do artigo «A Simplified Model for Portfolio Analysis», William Sharpe propôs aquele que ficaria conhecido na literatura financeira como *modelo de mercado* de Sharpe[34].

Empiricamente, Sharpe (1963) verificou que existia uma relação entre as cotações dos ativos e os indicadores de natureza macroeconómica, mormente entre a rendibilidade de um ativo e o comportamento do mercado. Desta sorte, Sharpe (1963) estabeleceu que

$$R_i = \alpha_i + \beta_i \times R_M + \varepsilon_i \qquad (2.23)$$

onde

R_i = rendibilidade de um certo ativo *i*;

α_i = parcela da rendibilidade do ativo *i* que é independente do mercado; trata-se, também, da rendibilidade devida a fatores específicos da empresa, correspondendo, outrossim, à rendibilidade mínima que é possível obter com o ativo;

β_i = parâmetro que mede a sensibilidade de variação da rendibilidade de um certo ativo *i* perante a variação da rendibilidade do mercado;

R_M = rendibilidade do mercado;

ε_i = termo aleatório que incorpora os fatores não considerados no modelo.

---

[34] Este contributo de Sharpe não deve ser entendido como um ponto de rutura relativamente ao trabalho de Markowitz, bem ao contrário. Em nota de rodapé, Sharpe (1963) reconhece a enorme influência sobre si exercida pelo precursor da Teoria das Carteiras e, à guisa de agradecimento a Markowitz, refere: «Não é de todo possível apartar as ideias que são dele, as que são do autor e as que foram desenvolvidas por ambos».

No que se refere à definição de carteiras eficientes, este modelo seria posteriormente desenvolvido por Treynor e Black (1973) e por Elton, Gruber e Padberg (1976), sendo hoje conhecido na literatura por *Single Index Model* ou, simplesmente, pela sigla SIM.

7.2. Pressupostos
O modelo de mercado assenta em **quatro pressupostos** fundamentais:

① $E(\varepsilon_i) = 0$ e $VAR(\varepsilon_i) = \sigma^2_{\varepsilon i}$

Logo, de um modo simplificado, podemos definir que

$E(R_i) = \alpha_i + \beta_i \times E(R_M)$

② A variável ε_i é independente do mercado, ou seja,

$Cov(\varepsilon_i, R_M) = 0$

Caso esta covariância não fosse nula, o comportamento de ε_i estaria, necessariamente, repercutido em β_i.

③ A covariância entre o termo ε_i referente a dois ativos é nula. Deste modo,

$Cov(\varepsilon_i, \varepsilon_j) = 0$

Este é, justamente, o ponto que garante a simplificação ao nível do modelo de mercado, uma vez que afasta a necessidade de cálculo das covariâncias entre os ativos, subjacente ao modelo de Markowitz[35].

④ À semelhança do que sucedia no modelo de Markowitz, também agora

$\sum_{i=1}^{n} X_i = 1$ e, bem assim, $X_i > 0$

Tal significa que todo o capital disponível é investido na carteira, ao mesmo tempo que o investimento que recai sobre cada um dos títulos é estritamente positivo.

7.3. Alcance do contributo de Sharpe
O modelo sugerido por Sharpe (1963) havia de revelar-se particularmente interessante em duas vertentes: quanto à simplificação do número de cálculos e do número de valores envolvidos e, muito principalmente, quanto à pertinência e à repercussão, na literatura financeira, de alguns dos conceitos propostos.

---

[35] Acresce referir que é devido a este pressuposto que o modelo de mercado de Sharpe (1963) é considerado na literatura como um caso particular do modelo diagonal, uma vez que apenas na diagonal principal a matriz de variâncias e covariâncias assume valores diferentes de zero.

Desde logo, o recurso ao modelo de mercado implica o cálculo dos valores relativos a α_i, β_i e σ_ε^2, para cada um dos ativos presentes. Para além disso, devem ser determinados os indicadores relativos ao comportamento do mercado, a saber, $E(R_M)$ e σ_M.

Assim sendo, à luz do modelo de Sharpe, uma carteira com n ativos obriga ao conhecimento de (3n + 2) valores, o que contrasta com os $\dfrac{n^2 + 3n}{2}$ requeridos pelo modelo de Markowitz.

Para n = 4, verificamos que $3n + 2 = \dfrac{n^2 + 3n}{2}$. Porém, para n > 4, o modelo de Sharpe ganha vantagem, por via da redução da complexidade que lhe é imanente.

Importa, além do mais, sublinhar que alguns dos conceitos propostos pelo modelo de mercado tiveram larga aceitação na literatura financeira e que constituíram as pedras basilares sobre as quais se fundaram desenvolvimentos posteriores. São disso exemplo as formalizações relativas aos parâmetros alfa e beta, peças centrais do *Capital Asset Pricing Model* e que serão alvo de discussão mais aprofundada no Capítulo seguinte.

Capítulo 3
Modelos de Equilíbrio

No capítulo anterior, considerámos o investidor numa perspetiva individual, mormente no que concerne ao seu entendimento do binómio rendibilidade/risco e à seleção de carteiras eficientes.

Porém, se atendermos ao comportamento global dos investidores, poderemos definir o modo como se formam as rendibilidades e os preços dos ativos e, bem assim, estabelecer modelos de equilíbrio geral. Estes funcionam, em termos globais, enquanto medidas de referência na avaliação de ativos (*benchmarking*).

Tal como apontam Martins e Fernandes (2003, p. 221), «A construção de modelos de equilíbrio geral permite obter uma medida relevante de risco para cada título, bem como a relação entre rendibilidade esperada e risco para cada ativo quando os mercados estão em equilíbrio».

O propósito do presente Capítulo é, pois, o de apresentar e discutir as características dos principais modelos de equilíbrio.

1. *Capital Asset Pricing Model*

Entre os modelos que intentam determinar o preço dos ativos financeiros em equilíbrio, pondera o *Capital Asset Pricing Model*, comummente conhecido, de modo simplificado, pela sigla CAPM e a qual adotaremos doravante. O CAPM marca o início da teoria da avaliação de ativos, persistindo, no entanto, como uma das ferramentas mais utilizadas no domínio das finanças.

Embora ancorado na teoria da carteira avançada por Markowitz e no modelo de mercado proposto por Sharpe, a formalização do CAPM, tal como hoje a conhecemos, decorre, essencialmente, dos contributos autónomos de Sharpe (1964), de Lintner (1965) e de Mossin (1966). Estes contributos são, em certa medida, complementares, pois, muito embora se encontrem, todos eles, focalizados no modo de determinação do preço dos ativos, encerram diferentes perspetivas de análise e, outrossim, níveis diversos de complexidade matemática.

Neste modelo, *o preço de um ativo financeiro resulta do nível de risco de mercado associado a esse ativo,* no sentido em que esse risco determina o nível de rendibilidade pretendida pelo investidor. Por conseguinte, o conceito de **prémio de risco** representa um papel nodal no âmbito do CAPM, na aceção em que o investidor pretenderá ser compensado pelo facto de optar por aplicar os seus fundos em ativos com risco, em alternativa ao ativo sem risco.

1.1. Pressupostos do CAPM

O CAPM assenta em determinados **pressupostos**, relativos tanto ao modo de funcionamento do mercado como ao comportamento dos investidores, os quais enumeramos de seguida[36].

1 – Existem no mercado apenas dois tipos de ativos: ativos com risco e um ativo sem risco.

2 – A rendibilidade do ativo sem risco é constante e previamente conhecida.

3 – Todos os ativos são suscetíveis de transação no mercado.

4 – Estes ativos são infinitamente divisíveis.

5 – Não existem custos de transação no mercado (comissões, por exemplo).

6 – Não existem custos de obtenção de informação por parte dos investidores.

7 – Não existe tributação do rendimento, pelo que, para o investidor, é indiferente o modo como o retorno do investimento é recebido.

8 – Os investidores podem vender a descoberto qualquer quantidade de qualquer ativo.

9 – Os investidores podem emprestar e pedir emprestado à taxa de juro sem risco, de um modo ilimitado.

10 – Todos os investidores têm expectativas homogéneas e o mesmo horizonte temporal de investimento.

11– Os investidores tomam as suas decisões tendo somente em consideração a rendibilidade esperada e o desvio padrão da rendibilidade esperada dos ativos; para além disso, os investidores agem racionalmente, maximizando a rendibilidade esperada para cada nível de risco ou, de outro modo, minimizando o risco para cada nível de rendibilidade esperada.

---

[36] Estes pressupostos encontram-se sistematizados de modo próprio, desatendendo à sequência proposta nas referências apontadas.

12 – O mercado é caracterizado pela sua atomicidade, no sentido em que nenhum dos investidores consegue, por intermédio das suas decisões, alterar o preço dos ativos[37].

Muitos autores dirigem sérias críticas ao CAPM, escorando-se no caráter simplista e restritivo de tais pressupostos. A este título, Sharpe, Alexander e Bailey (1995, p. 262) sustentam, porém, que «Devemos construir um modelo, de modo a observarmos como se forma o preço dos ativos. Esta tarefa requer *simplificação* na qual quem formaliza o modelo deve *abstrair-se* da inteira complexidade da situação e focar apenas os elementos mais importantes. Isto poderá ser alcançado estabelecendo certos pressupostos a respeito da envolvente. Estes pressupostos devem ser *simplistas...*»[38].

A questão fulcral que então se coloca é a de saber em que medida esta simplificação distorce a realidade ou, de outro modo, se tais pressupostos reduzem a capacidade preditiva do CAPM. Adiante retomaremos esta problemática, mormente no ponto 1.10 do presente Capítulo.

1.2. Carteira cópia do mercado

A ***carteira de mercado*** resulta da soma das carteiras de todos os investidores individuais e representa a riqueza global da economia.

Por sua vez, a ***carteira cópia do mercado*** é uma carteira composta por todos os ativos existentes no mercado, exatamente na mesma proporção que o respetivo peso relativo nesse mercado.

Em termos práticos, considera-se que a rendibilidade da carteira cópia do mercado pode ser referenciada através de um índice bolsista, como é, entre nós, no presente, o caso do PSI-20 ou como foi, outrora, o caso do BVL-30[39]. Porém, tal procedimento não é isento de advertências, como termos ocasião de observar adiante a propósito da crítica de Roll.

Assim sendo, o recurso a um índice bolsista será sempre uma *proxy* da rendibilidade efetiva da carteira cópia do mercado.

1.3. *Capital Market Line*

O CAPM retoma a equação resultante do contributo de Tobin (1958) e de acordo com a qual

$$E(R_P) = R_F + \frac{E(R_T) - R_F}{\sigma_T} \times \sigma_P$$

---

[37] Tal significa que, no contexto do CAPM, os investidores são *price-takers*.
[38] Grifado nosso.
[39] Índice da Bolsa de Valores de Lisboa, que agrupava os 30 títulos mais líquidos do mercado português.

Por conseguinte, as escolhas dos investidores traduzir-se-ão em *portfolios* que resultam das combinações possíveis entre a carteira de tangência e o ativo sem risco.

Para além disso, se tomarmos, de novo, os pressupostos do CAPM, poderemos estabelecer as seguintes ilações:

1) Se todos os investidores têm expectativas homogéneas, se todos têm o mesmo horizonte temporal de investimento e se todos podem emprestar ou pedir emprestado à mesma taxa de juro sem risco, tal significa que *o comportamento de todos os investidores é idêntico e representativo do investidor racional*.
2) Tal implica, ainda, que todos os investidores possuam a **mesma fronteira eficiente global**, bem como a **mesma carteira ótima**.
3) Por seu turno, sendo os investidores avessos ao risco, da diversificação do investimento resulta que a carteira ótima (ou **carteira de tangência**) corresponda à **carteira cópia de mercado**.

Tal como sustentam Elton e Gruber (1995, p. 296), «Se todos os investidores tiverem a mesma carteira ótima, em equilíbrio, essa carteira será a carteira de mercado».

Assim a semirreta que tem origem no ponto de coordenadas $[0; R_F]$ e que passa pelo ponto de coordenadas $[\sigma_M; E(R_M)]$, representada na figura seguinte, denomina-se **capital market line** (CML).

Figura 14 – *Capital Market Line*

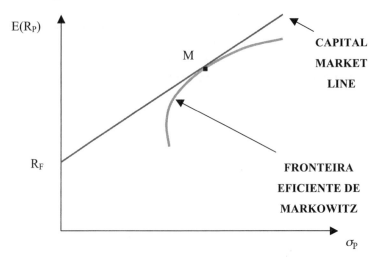

A equação relativa à *Capital Market Line* equivale, assim, à expressão da fronteira eficiente global, na qual a carteira de tangência (T) coincide com a carteira cópia do mercado (M). Deste modo,

$$E(R_P) = R_F + \frac{E(R_M) - R_F}{\sigma_M} \times \sigma_P \qquad (3.1)$$

As carteiras eficientes situar-se-ão, assim, ao longo da CML. Abaixo desta linha, colocam-se carteiras não eficientes; enquanto isso, não existe nenhuma carteira localizada acima da CML, pois, por analogia com o que expusemos no Capítulo anterior relativamente ao modelo de Tobin (1958), a CML resultará da expansão da fronteira eficiente de Markowitz, uma vez introduzido o ativo sem risco (tal como a própria figura elucida).

Acresce que, sendo a CML formada por carteiras eficientes, resultantes da combinação entre o ativo sem risco e a carteira cópia de mercado, podemos, ainda, estabelecer que

$$E(R_e) = R_F + \frac{E(R_M) - R_F}{\sigma_M} \times \sigma_e \qquad (3.2)$$

com o índice *e* a identificar um *portfolio* eficiente.

1.4. Secutity Market Line

Se estivermos em presença de um *portfolio* perfeitamente diversificado, o risco específico tenderá a esbater-se e a convergir para zero, prevalecendo apenas o risco de mercado ou risco sistemático. Neste caso, o investidor procurará ser recompensado apenas pelo risco de mercado assumido, logo **a rendibilidade esperada de um investimento poderá ser expressa em função do respetivo risco de mercado, mensurável através do parâmetro beta**.

Ora sucede que a carteira cópia de mercado é um investimento perfeitamente diversificado, o que permite, então, escrever que

$$E(R_P) = R_F + [E(R_M) - R_F] \times \beta_P \qquad (3.3)$$

sendo $\beta_P = \dfrac{\text{cov}(R_P, R_M)}{\sigma_M^2}$.

Esta é a equação da *security market line* (SML), que, em termos gráficos, no espaço rendibilidade esperada/beta, corresponde à linha que une os pontos de coordenadas [0; R_F] e [1; $E(R_M)$].

Figura 15 – *Security Market Line*

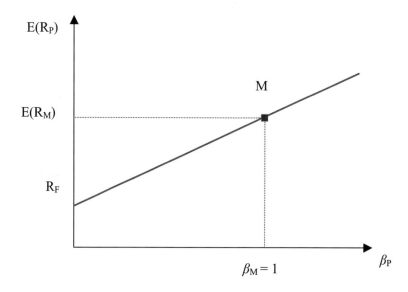

Facilmente se conclui que, sendo $\beta_P = \dfrac{\operatorname{cov}(R_P, R_M)}{\sigma_M^2}$, $\beta_M = \dfrac{\operatorname{cov}(R_M, R_M)}{\sigma_M^2} = 1$; enquanto isso, $\beta_F = \dfrac{\operatorname{cov}(R_F, R_M)}{\sigma_M^2}$. Como $\rho_{FM} = 0$ (uma vez que R_F assume um valor certo), então $\beta_F = 0$.

1.5. Parâmetro beta

O parâmetro beta pode, também, ser entendido como o contributo de cada ativo para o risco de uma carteira completamente diversificada, como seja a carteira cópia do mercado.

Consideremos um ativo W e um investidor que aplica integralmente o seu orçamento na carteira cópia de mercado. Este investidor decide, porém, reforçar o seu investimento no montante χ, financiando-se, para o efeito, à taxa de juro do ativo sem risco.

Coloca-se, desde logo, a questão de saber qual o impacto que esta decisão terá ao nível da rendibilidade esperada e do risco associados a este *portfolio*. Observar-se-á um acréscimo da rendibilidade esperada equivalente a

$$\Delta E(R_P) = \chi \,[E(R_W - R_F)]$$

MODELOS DE EQUILÍBRIO

Por sua vez, a variância da nova carteira, composta pela carteira cópia de mercado e pelo ativo W, passa a corresponder a

$$\sigma^2 = 1^2 \times \sigma_M^2 + \chi^2 \sigma_W^2 + 2 \times 1 \times \chi \times \text{cov}(R_M, R_W)$$

Terá, assim, um acréscimo da variância igual a

$$\Delta\sigma^2 = \chi^2 \sigma_W^2 + 2 \times \chi \times \text{cov}(R_M, R_W)$$

O preço marginal decorrente da introdução do ativo W na carteira será dado por

$$\frac{\Delta E(R)}{\Delta \sigma^2} = \frac{\chi[E(R_W - R_F)]}{2\chi \text{cov}(R_W, R_M)}$$

e que, uma vez em equilíbrio, deve igualar o preço marginal do próprio mercado, logo

$$\frac{[E(R_W - R_F)]}{2\text{cov}(R_W, R_M)} = \frac{[E(R_M - R_F)]}{2\text{cov}(R_M, R_M)}$$

Rearranjando os termos da proporção, vem que

$$E(R_W - R_F) = \frac{\text{cov}(R_W, R_M)}{\sigma_M^2} \times [E(R_M - R_F)]$$

Na expressão anterior, $\frac{\text{cov}(R_W, R_M)}{\sigma_M^2}$ representa a contribuição do título W para o risco da carteira, logo corresponde ao parâmetro beta.

Tal conclusão permite reescrever a equação da SML, sendo, agora, que

$$E(R_W) = R_F + [E(R_M) - R_F] \times \beta_W \tag{3.4}$$

Em *termos genéricos*, para um certo ativo *i*, vem que

$$E(R_i) = R_F + [E(R_M) - R_F] \times \beta_i \tag{3.5}$$

ou ainda[40]

$$E(R_i) = R_F + \frac{E(R_M) - R_F}{\sigma_M} \times \frac{\sigma_{iM}}{\sigma_M} \qquad (3.6)$$

1.6. Relevância do parâmetro beta

A exposição que temos conduzido permite estabelecer **algumas conclusões importantes**, com forte relevância para a teoria financeira e para a determinação do preço dos ativos.

1) Como referimos anteriormente, o risco de mercado afeta o comportamento de todos os ativos e, bem assim, de todas as carteiras, mas não na mesma magnitude. Diferentes ativos (carteiras) possuem diferentes betas, na medida em que o seu risco sistemático pode ser diferente. O parâmetro beta mede, então, a sensibilidade da rendibilidade de um ativo (ou de uma carteira) relativamente à variação da rendibilidade do mercado; isto é, se a rendibilidade de mercado subir/descer em $r\%$, é de esperar que a rendibilidade do ativo (ou da carteira) em apreço suba/desça $\beta \times r\%$.

O impacto que o comportamento do mercado tem no comportamento de um título (ou *portfolio*) é, assim, suscetível de mensuração através do respetivo β (parâmetro beta), sendo que

$$\beta_i = \frac{\sigma_{iM}}{\sigma_M^2} \qquad (3.7)$$

com *i* a reportar-se a uma ação específica e M a representar a tendência global do mercado (carteira *cópia de mercado*).

De outro modo, atendendo aos significados de σ_{iM} e de σ_M^2, podemos ter que

$$\beta_i = \rho_{iM} \times \frac{\sigma_i}{\sigma_M} \qquad (3.8)$$

---

[40] Acolhemos, aqui, o entendimento de Elton e Gruber (1995, pp. 302-303), quando referem: «Muitos autores escrevem a equação do CAPM como $\overline{R}_i = R_F + \left(\frac{\overline{R}_M - R_F}{\sigma_M^2}\right) \times \sigma_{iM}$. Definem $\frac{\overline{R}_M - R_F}{\sigma_M^2}$ como o preço de mercado do risco e σ_{iM} como a medida de risco do activo *i*. Escolhemos a forma que utilizamos porque $\frac{\sigma_{iM}}{\sigma_M}$ é a medida em como o risco de um activo afecta o risco da carteira de mercado. Parece-nos que é o modo apropriado de discutirmos o risco de um activo».

Se $\beta_i = 0$, significa que o risco de mercado de i é nulo, logo trata-se de um ativo sem risco.

Se $\beta_i = 1$, significa que qualquer variação nas cotações do mercado tem um impacto exatamente igual ao nível da cotação do título.

Se $\beta_i < 1$, significa que uma certa variação nas cotações do mercado tem um impacto menos que proporcional ao nível da cotação do título.

Se $\beta_i > 1$, significa que uma certa variação nas cotações do mercado tem um impacto mais que proporcional ao nível da cotação do título.

2) Em equilíbrio, todos os ativos/*portfolios* se situam sobre a SML. Acima ou abaixo desta linha colocar-se-ão ativos/*portfolios* que encerram **oportunidades de arbitragem**[41], uma vez que a sua rendibilidade esperada não corresponde à rendibilidade esperada de equilíbrio, obtida através da equação da SML.

Tomemos o exemplo de dois ativos, A e B, cuja rendibilidade esperada coincide com a rendibilidade esperada da carteira cópia de mercado e é de 12%. Porém, os respetivos riscos de mercado são de 0,8 e de 1,2. Sabendo, além disso, que o ativo sem risco tem uma rendibilidade esperada de 4%, representamos estes títulos no espaço de coordenadas rendibilidade esperada/parâmetro beta.

Figura 16 – Oportunidades de arbitragem

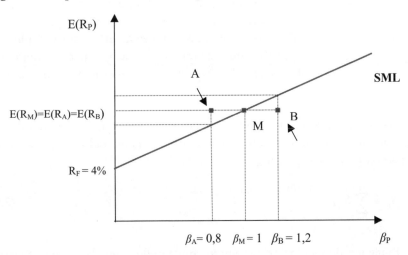

---
[41] Uma oportunidade de arbitragem surge sempre que os ativos financeiros se encontrem subavaliados ou sobreavaliados, isto é, sempre que os seus preços se afastem do respetivo preço de equilíbrio. *Grosso modo*, uma oportunidade de arbitragem traduz-se na possibilidade obter ganhos sem incorrer em quaisquer tipos de risco. Neste sentido, cfr. Dybvig e Ross (2002, pp. 100 e segs.), de onde se transcreve a sugestiva frase: «an arbitrage opportunity represents a money pump».

Verificamos que o ativo A se encontra acima da SML, uma vez que a sua rendibilidade esperada é maior que a rendibilidade esperada de equilíbrio. Tal significa que *o ativo A se encontra sobreavaliado*, o que constituirá uma oportunidade de arbitragem para os investidores.

Enquanto isso, o ativo B situa-se abaixo da SML, pois a sua rendibilidade esperada é menor que a sua rendibilidade esperada de equilíbrio. Diremos, então, que *o ativo B se encontra subavaliado*, dando azo a operações de arbitragem por parte dos investidores.

Aliás, se atendermos à equação da SML, para este caso em concreto, teremos que

$E(R_A)_{SML} = R_F + [E(R_M) - R_F] \times \beta_A \Leftrightarrow E(R_A)_{SML} = 4\% + (12\% - 4\%) \times 0,8 \Leftrightarrow$

$\Leftrightarrow E(R_A)_{SML} = 10,4\%$, logo menor que $E(R_A) = 12\%$.

$E(R_B)_{SML} = R_F + [E(R_M) - R_F] \times \beta_B \Leftrightarrow E(R_B)_{SML} = 4\% + (12\% - 4\%) \times 1,2 \Leftrightarrow$

$\Leftrightarrow E(R_B)_{SML} = 13,6\%$, logo maior que $E(R_B) = 12\%$.

Acresce, ainda, referir que os investidores terão interesse em **comprar** ativos sobreavaliados, isto é, situados acima da SML, uma vez que a expectativa de retorno supera a correspondente rendibilidade de equilíbrio; enquanto isso, os investidores terão interesse em **vender** ativos subavaliados, ou seja, situados abaixo da SML, uma vez que, neste caso, o nível de rendibilidade do ativo em equilíbrio excede a expectativa de retorno que lhe está associada.

3) O parâmetro beta associado a uma carteira pode também ser obtido por meio do somatório dos betas dos títulos individuais ponderados pelos respetivos pesos relativos na carteira, logo

$$\beta_P = \sum_{i=1}^{N} X_i \beta_i \qquad (3.9)$$

Tomamos, de seguida, três exemplos, onde se ilustram alguns dos conceitos até aqui avançados.

Exemplo 8: Considere as seguintes informações relativas a três títulos cotados no mercado:

MODELOS DE EQUILÍBRIO

	Ação A	Ação B	Ação C
Rendibilidade esperada	11%	15%	7%
Desvio padrão	10%	14%	5%

Sabemos, ainda, que a rendibilidade esperada para o mercado de ações é de 12% e que os BT são emitidos a uma taxa de 4,5% ao ano. Considere também que $\rho_{AB} = 0,35$, $\rho_{AC} = 0,175$ e $\rho_{BC} = 0,2$.

a) Qual deverá ser a composição da carteira, no pressuposto de que investe 60% das suas disponibilidades em títulos B e C, de modo a obter uma rendibilidade de 13%?

No que concerne à rendibilidade pretendida, os dados do problema permitem, desde logo, o estabelecimento de três condições:

$$\begin{cases} E(R_P) = X_A \times E(R_A) + X_B \times E(R_B) + X_C \times E(R_C) \\ X_A + X_B + X_C = 1 \\ X_B + X_C = 0,6 \end{cases}$$

Substituindo pelos valores respetivos e efetuando as necessárias transformações, vem que

$$\begin{cases} 13\% = X_A \times 11\% + X_B \times 15\% + X_C \times 7\% \\ X_A + 0,6 = 1 \qquad\qquad\qquad\qquad \Rightarrow \\ X_B = 0,6 - X_C \end{cases}$$

$\Rightarrow 13\% = 0,4 \times 11\% + (0,6 - X_C) \times 15\% + X_C \times 7\% \Leftrightarrow$

$\Leftrightarrow 13\% = 4,4\% + 9\% - 0,15\, X_C + 0,07 X_C \Leftrightarrow$

$\Leftrightarrow 13\% - 4,4\% - 9\% = -0,15\, X_C + 0,07 X_C \Leftrightarrow$

$\Leftrightarrow -0,4\% = -0,08\, X_C \Leftrightarrow X_C = 5\%$

Consequentemente, $X_A = 40\%$; $X_B = 55\%$; $X_C = 5\%$.

b) Qual o risco da carteira constituída na alínea anterior?

Sendo a carteira composta por **três ativos**, o respetivo nível de risco obtém-se através da expressão

$$\sigma_P^2 = X_A^2\sigma_A^2 + X_B^2\sigma_B^2 + X_C^2\sigma_C^2 + 2X_AX_B\sigma_A\sigma_B\rho_{AB} + 2X_AX_C\sigma_A\sigma_C\rho_{AC} +$$
$$+ 2X_BX_C\sigma_B\sigma_C\rho_{BC}$$

$$\sigma_P^2 = (40\% \times 10\%)^2 + (55\% \times 14\%)^2 + (5\% \times 5\%)^2 +$$

$$+ (2 \times 40\% \times 55\% \times 10\% \times 14\% \times 0{,}35) + (2 \times 40\% \times 5\% \times 10\% \times 5\% \times 0{,}175)$$

$$+ (2 \times 55\% \times 5\% \times 14\% \times 5\% \times 0{,}2) \Leftrightarrow \sigma_P = 9{,}9011\%$$

c) Qual o beta dessa carteira?

Em primeiro lugar, o parâmetro beta da carteira é dado pela soma dos betas dos títulos que a compõem ponderados pelos respetivos pesos relativos, de acordo com a expressão

$$\beta_P = \sum_{i=1}^{N} X_i \beta_i$$

Desconhecemos, porém, o valor de cada um dos betas, que poderemos calcular atendendo a que

$$\beta_i = \rho_{iM} \times \frac{\sigma_i}{\sigma_M}$$

Ora sucede que não nos são facultados os valores referentes aos coeficientes de correlação de cada título com o mercado, sendo também ignorado o próprio σ_M. Assim sendo, determinamos o parâmetro beta de cada título recorrendo à equação da SML. Em termos genéricos, teremos que

$$E(R_i) = R_F + \beta_i \times [E(R_M - R_F)]$$

Pressupondo que a rendibilidade esperada coincide com a rendibilidade esperada de equilíbrio, formalizaremos que

$$E(R_A) = R_F + \beta_A \times [E(R_M - R_F)] \Leftrightarrow 11\% = 4{,}5\% + \beta_A \times (12\% - 4{,}5\%) \Leftrightarrow$$
$$\Leftrightarrow \beta_A = 0{,}867$$

$E(R_B) = R_F + \beta_B \times [E(R_M - R_F)] \Leftrightarrow 15\% = 4,5\% + \beta_B \times (12\% - 4,5\%) \Leftrightarrow$

$\Leftrightarrow \beta_B = 1,4$

$E(R_C) = R_F + \beta_C \times [E(R_M - R_F)] \Leftrightarrow 7\% = 4,5\% + \beta_C \times (12\% - 4,5\%) \Leftrightarrow$

$\Leftrightarrow \beta_C = 0,333$

Por último, virá, então, que

$\beta_P = X_A \times \beta_A + X_B \times \beta_B + X_C \times \beta_C$

$\beta_P = 40\% \times 0,867 + 55\% \times 1,4 + 5\% \times 0,333$

$\beta_P = 1,13345$

d) A carteira anterior é uma carteira eficiente? Caso a carteira anterior não seja uma carteira eficiente, determine a composição da carteira eficiente para o mesmo nível de risco.

A carteira será eficiente se for a carteira de risco mínimo para o nível de rendibilidade esperada de 13%.

$$\begin{cases} E(R_P) = 11 X_A + 15 X_B + 7 X_C \\ X_A + X_B + X_C = 1 \\ X_B + X_C = 0,6 \\ \sigma_P^2 = 10^2 X_A^2 + 14^2 X_B^2 + 5^2 X_C^2 + 2X_A X_B 10 \times 4 \times 0,35 + 2X_A X_C \times 10 \times 5 \times 0,175 + \\ + 2X_B X_C \times 14 \times 5 \times 0,2 \end{cases} \Leftrightarrow$$

$$\Leftrightarrow \begin{cases} E(R_P) = 11 \times 0,4 + 15 (0,6 - X_C) + 7 X_C \\ X_A = 1 - 0,6 \\ X_B = 0,6 - X_C \\ \sigma_P^2 = 10^2 X_A^2 + 14^2 X_B^2 + 5^2 X_C^2 + 2X_A X_B 10 \times 4 \times 0,35 + 2X_A X_C \times 10 \times 5 \times 0,175 + \\ + 2X_B X_C \times 14 \times 5 \times 0,2 \end{cases} \Rightarrow$$

CARTEIRAS DE INVESTIMENTO

$$\Rightarrow \begin{cases} E(R_P) = 4,4 + 9 - 15\ X_C + 7\ X_C \\ \sigma_P^2 = 10^2 \times 0,4^2 + 14^2(0,6 - X_C)^2 + 5^2 X_C^2 + 2 \times 0,4 \times (0,6 - X_C) \times 10 \times 14 \times 0,35 \\ + 2 \times 0,4 X_C \times 10 \times 5 \times 0,175 + 2(0,6 - X_C) X_C \times 14 \times 5 \times 0,2 \end{cases} \Leftrightarrow$$

$$\Leftrightarrow \begin{cases} E(R_P) = 13,4 - 8\ X_C \\ \sigma_P^2 = 100 \times 0,16 + 196\,(0,36 - 1,2\ X_C + X_C^2) + 25\ X_C^2 + 23,52 - 39,2\ X_C \\ + 7\ X_C + 16,8\ X_C - 28\ X_C^2 \end{cases} \Leftrightarrow$$

$$\Leftrightarrow \begin{cases} X_C = \dfrac{13,4 - E(R_P)}{8} \\ \sigma_P^2 = 16 + 70,56 - 235,2\ X_C + 196\ X_C^2 + 25\ X_C^2 + 23,52 - 39,2\ X_C + 7\ X_C + \\ + 16,8\ X_C - 28\ X_C^2 \end{cases}$$

Se em vez da variância considerarmos o desvio padrão, teremos que

$$\sigma_P = \sqrt{193\ X_C^2 - 250,6\ X_C + 110,08}$$

Substituindo, agora, pela expressão encontrada para X_C, vem

$$\sigma_P = \sqrt{193 \times \left(\dfrac{13,4 - E(R_P)}{8}\right)^2 - 250,6 \times \left(\dfrac{13,4 - E(R_P)}{8}\right) + 110,08}$$

$$\sigma_P = \sqrt{193 \times \left(\dfrac{179,56 - 26,8 E(R_P) + E(R_P)^2}{64}\right) - \dfrac{3.358,04}{8} + \dfrac{250,6 E(R_P)}{8} + 110,08}$$

$$\sigma_P = \sqrt{541,485625 - 80,81875 E(R_P) + 3,015625 E(R_P)^2 - 419,755 + 31,325 E(R_P) + 110,08}$$

$$\sigma_P = \sqrt{3,015625 (R_P)^2 - 49,49375 E(R_P) + 231,810625}$$

Como sabemos, para decidirmos acerca da eficiência da carteira, determinamos a rendibilidade esperada para o ponto de risco mínimo. Calculamos a derivada de σ_P em ordem a $E(R_P)$, donde

$$\frac{\partial \sigma_P}{\partial E(R_P)} = 0 \Leftrightarrow \frac{6,03125\, E(R_p) - 49,49375}{2\sqrt{3,015625(R_p)^2 - 49,49375 E(R_p) + 231,810625}} = 0 \Leftrightarrow$$

$$\Leftrightarrow 6,03125\, E(R_p) - 49,49375 = 0 \wedge$$
$$\wedge\; 2\sqrt{3,015625(R_p)^2 - 49,49375 E(R_p) + 231,810625} \neq 0 \Rightarrow$$

$$\Rightarrow E(R_{MVP}) = 8,206\%$$

Observa-se que a carteira composta pelos ativos A (40%), B (55%) e C (5%) é uma carteira eficiente na medida em que a respetiva rendibilidade esperada (13%) é bastante superior à rendibilidade esperada da carteira de risco mínimo (8,206%).

e) Qual a estratégia a adotar na eventualidade de o investidor pretender obter uma rendibilidade de 16%?

A rendibilidade pretendida ultrapassa a rendibilidade de qualquer um dos títulos em presença. Porém, considerando a eventualidade de o investidor se financiar à taxa de juro sem risco, a composição da carteira que permite atingir esse patamar é dada por

$$E(R_P) = X_F \times R_F + X_M \times E(R_M) \Leftrightarrow 16\% = (1 - X_M) \times 4,5\% + X_M \times 12\% \Leftrightarrow$$

$$\Leftrightarrow 16\% = 4,5\% - 0,045\, X_M + 0,12\, X_M \Leftrightarrow 0,075 X_M = 11,5\% \Leftrightarrow X_M = 153,3(3)\%$$

Por seu turno, $X_F = -53,3(3)\%$, o que significa que o investidor se endivida à taxa de juro sem risco num montante equivalente a 53,3% do seu orçamento, aplicando todos os seus recursos na carteira cópia de mercado. Logo, no contexto da carteira P, o ativo sem risco corresponde a uma origem de fundos e não a uma aplicação de fundos (como sucede quando os X_i são positivos).

Tomemos dois outros exemplos.

Exemplo 9: Considere as seguintes informações relativas a uma carteira composta por 3 títulos:

	Ação X	Ação Y	Ação Z
X_i	20%	30%	50%
Desvio padrão	10%	15%	7%

Observe-se, ainda, a seguinte tabela onde se indicam os coeficientes de correlação linear entre os três ativos:

	X	Y	Z
X	1	0,9	–0,4
Y	–	1	0,5
Z	–	–	1

Pretende-se que:

a) Determine o risco da carteira.
b) Defina uma carteira T situada na CML cujo nível de risco seja idêntico ao da carteira anterior, sabendo que a rendibilidade esperada para o mercado acionista é de 14%, que a rendibilidade do ativo sem risco é de 5% e que $\sigma_M = 8,5\%$.

Determinamos o risco da carteira composta pelos títulos X, Y e Z através da seguinte expressão, relativa à variância da rendibilidade esperada:

$$\sigma_P^2 = X_X^2\sigma_X^2 + X_Y^2\sigma_Y^2 + X_Z^2\sigma_Z^2 + 2X_XX_Y\sigma_{XY} + 2X_YX_Z\sigma_{YZ} + 2X_XX_Z\sigma_{XZ}$$

Substituindo pelos valores correspondentes, vem que

$$\sigma_P^2 = (20\% \times 10\%)^2 + (30\% \times 15\%)^2 + (50\% \times 7\%)^2 +$$

$$+ (2 \times 20\% \times 30\% \times 0,9 \times 10\% \times 15\%) + [2 \times 20\% \times 50\% \times(-0,4) \times 10\% \times 7\%]$$

$$+ (2 \times 30\% \times 50\% \times 0,5 \times 15\% \times 7\%) = 0,6285\%$$

Se em vez da variância considerarmos o desvio padrão da rendibilidade esperada, vem que $\sigma_P = 7,9278\%$.

Por seu turno, no que se refere ao problema proposto na alínea b), sabemos que as carteiras situadas sobre a CML resultam de combinações entre o ativo sem risco e a carteira cópia do mercado, logo

$$\sigma_P = \sqrt{X_F^2\sigma_F^2 + X_M^2\sigma_M^2 + 2X_F X_M \sigma_{FM}}$$

Recordamos, porém, que σ_F^2 e σ_{FM} são ambas nulas, donde $\sigma_P = \sqrt{X_M^2\sigma_M^2}$.

Vem, ainda, que $\sigma_P = X_M \sigma_M \Leftrightarrow X_M = \dfrac{\sigma_P}{\sigma_M}$. Então,

$$X_M = \frac{7,9278\%}{8,5\%} = 93,27\%$$

Consequentemente, $X_F = 6,73\%$.

Podemos, ainda, calcular a rendibilidade esperada da carteira assim constituída, sendo que

$$E(R_P) = X_M \times E(R_M) + X_F \times R_F \Leftrightarrow E(R_P) = 93,27\% \times 14\% + 6,73\% \times 5\% \Leftrightarrow$$

$$\Leftrightarrow E(R_P) = 13,0578\% + 0,3365\% \Leftrightarrow E(R_P) = 13,3943\%$$

Exemplo 10: Considere a informação contida no quadro seguinte, relativa aos ativos A e B:

Ativo	ρ_{iM}	σ_i
A	0,2	0,3
B	0,5	0,4

Sabe-se, ainda, que $\rho_{AB} = 0,4$ e que $\sigma_M = 0,18$.

a) Determine os betas de A e de B e interprete os resultados.

Determinamos os betas de ambos os títulos recorrendo à expressão $\beta_i = \rho_{iM} \times \dfrac{\sigma_i}{\sigma_M}$.

Assim, sendo, vem que

$$\beta_A = \rho_{AM} \times \frac{\sigma_A}{\sigma_M} = 0,2 \times \frac{0,3}{0,18} = 0,33(3)$$

$$\beta_B = \rho_{BM} \times \frac{\sigma_B}{\sigma_M} = 0,5 \times \frac{0,4}{0,18} = 1,11(1)$$

O beta da ação A é de 0,33(3), o que significa que perante uma variação unitária da rendibilidade do mercado, este título regista uma variação de 0,33(3). Tal representa, ainda, que este título é menos volátil que o mercado.

Por sua vez, o título B apresenta um parâmetro beta de 1,11(1), o que significa que perante uma variação unitária da rendibilidade do mercado, este título regista uma variação de 1,11(1). Tal indica, ainda, que este título é mais volátil que o mercado.

b) Calcule o risco total e o risco de mercado de uma carteira composta pelos dois ativos nas seguintes proporções: $X_A = 0,4$ e $X_B = 0,6$.

Determinamos o **risco total** através da expressão definida no Capítulo anterior, por intermédio de (2.7). Logo,

$$\sigma_P = \sqrt{X_A^2 \sigma_A^2 + X_B^2 \sigma_B^2 + 2 X_A X_B \sigma_A \sigma_B \rho_{AB}}$$

$$\sigma_P = \sqrt{(0,4)^2 (0,3)^2 + (0,6)^2 (0,4)^2 + 2 \times 0,4 \times 0,6 \times 0,3 \times 0,4 \times 0,4}$$

$$\sigma_P = \sqrt{0,16 \times 0,09 + 0,36 \times 0,16 + 0,02304}$$

$$\sigma_P = \sqrt{0,09504}$$

$$\sigma_P = 30,83\%$$

Por sua vez, o **risco de mercado** da carteira corresponde ao beta dessa carteira e que se determina através da média aritmética dos betas dos ativos que a compõem, donde

$$\beta_P = \sum_{i=1}^{N} X_i \beta_i = X_A \beta_A + X_B \beta_B = 0,4 \times 0,33(3) + 0,6 \times 1,11(1) = 0,799(9) = 0,8$$

c) Sabendo que o mercado tem valorizado a uma taxa anual de 10% e que os Bilhetes do Tesouro estão a ser emitidos a 2,5%, determine a rendibilidade esperada da carteira composta na alínea anterior, no pressuposto de que ambos os títulos se encontram corretamente avaliados.

Neste caso, $E(R_i)_{SML} = E(R_i)$, pelo que podemos recorrer à equação da SML para determinarmos a $E(R_i)$ de cada um dos títulos. Em termos genéricos, vem que

$$E(R_i) = R_F + [E(R_M) - R_F] \times \beta_i$$

MODELOS DE EQUILÍBRIO

Logo para os ativos A e B surgirá, respetivamente, que

$E(R_A) = 2,5\% + [10\% - 2,5\%] \times 0,33(3) = 0,0499(9) = 5\%$

e que

$E(R_B) = 2,5\% + [10\% - 2,5\%] \times 1,11(1) = 10,83(3)\%$

Por sua vez, relativamente à carteira composta pelos ativos A e B, recordamos que $E(R_P) = \sum_{i=1}^{N} E(R_i) \times X_i$, logo

$E(R_P) = X_A \times E(R_A) + X_B \times E(R_B) = 0,4 \times 5\% + 0,6 \times 10,83(3)\% = 8,499998\%$

$\cong 8,5\%$

1.7. Determinação do parâmetro beta

O parâmetro beta associado a certo ativo *i* pode ser obtido, de *modo direto*, por intermédio de uma análise de regressão. Atendemos, desde logo, aos dados históricos observados para um conjunto de T períodos idênticos de tempo[42], atinentes a R_{it}, R_{Ft} e R_{Mt}.

Desta sorte, em vez da rendibilidade esperada, tomamos agora valores reais, sendo que

$$R_{it} - R_{Ft} = \alpha_i + \beta_i (R_{Mt} - R_{Ft}) + \varepsilon_{it} \qquad (3.10)$$

De acordo com a expressão anterior, o excesso de rendibilidade do ativo *i* funcionará como variável dependente, enquanto o excesso de rendibilidade do mercado corresponderá à variável independente.

O recurso a este tipo de estimativa torna-se viável quando estivermos em presença de ativos cotados no mercado e que tenham um elevado grau de liquidez. Caso nos confrontemos com betas já estimados, pode suceder que estes variem consideravelmente, para o mesmo ativo, consoante a fonte de informação utilizada. A razão desta disparidade assenta, em grande medida, no recurso a séries cronológicas diferentes. Nestas circunstâncias, deve atender-se, ainda, à qualidade das estimativas em presença, bem como aos valores assumidos pelos respetivos coeficientes de determinação.

---

[42] T deverá assumir um valor que garanta a normalidade da distribuição. Na prática, o procedimento mais comum é o de recorrer a rendibilidades mensais relativas a um período de 5 anos.

Se os betas provenientes de diversas estimativas diferirem substancialmente entre si, torna-se recomendável recorrer a um método de *estimativa indireta*, por exemplo, tomar um beta sectorial que inclua a informação relativa a um número significativo de empresas do mesmo setor. A vantagem de empregar betas sectoriais prende-se com o facto de os erros individuais na estimativa para cada empresa tenderem a compensar-se entre si[43].

O parâmetro beta obtido por via de regressão designa-se por **beta histórico**, o qual, todavia, não coincide, necessariamente, com o **beta real** ou com o **beta atual**. Na verdade, este parâmetro não se mantém constante ao longo do tempo, podendo antes apresentar valores consideravelmente diferentes de um período para outro.

Recorde-se que, para um certo ativo i, vem

$$\beta_i = \frac{\sigma_{iM}}{\sigma_M^2} = \frac{\sum_{i=1}^{T}(R_{it} - \overline{R}_{it})(R_{Mt} - \overline{R}_{Mt})}{\sum_{i=1}^{T}(R_{Mt} - \overline{R}_{Mt})^2} \qquad (3.11)$$

Com o fim de apurar em que medida os betas reais se afastam dos betas históricos, Blume (1975) começou por observar o modo como se relacionam os betas referentes a vários períodos de tempo. Tendo por base os dados mensais relativos a um período de sete anos (de 1948 a 1954, inclusive), Blume (1975) estimou o beta para vários *portfolios*, sucessivamente compostos por um número crescente de ativos: um ativo, dois ativos, 4 ativos, até atingir um *portfolio* composto por 50 ativos. Concluiu, desde logo, que os erros de previsão eram menores nos *portfolios* compostos por maior número de ativos, o que facilmente se entende.

Para além disso, Blume (1975) estimou o beta para o período imediato não sobreposto, ou seja, para os meses subsequentes, compreendidos desde o início de 1955 até final de 1961, tendo obtido a seguinte equação:

$$\beta_{i2} = 0{,}343 + 0{,}677\beta_{i1} \qquad (3.12)$$

De notar que, na equação anterior, β_{i1} refere-se ao beta histórico do ativo i; enquanto isso, β_{i2} corresponde ao beta ajustado desse mesmo ativo, para o período seguinte. Em termos gráficos, vem que:

---

[43] De apontar que existem alguns serviços públicos que facultam informação quanto aos betas indiretos.

Figura 17 – Equação de Blume

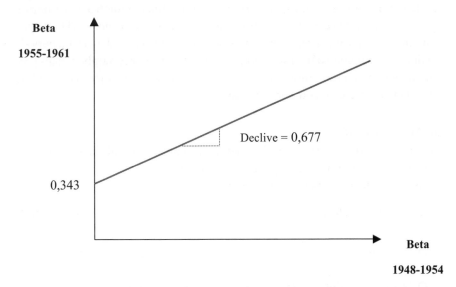

A figura corrobora o facto de os betas ajustados para o período de 1955 a 1961 terem por base os betas observados no lapso temporal imediatamente anterior, ou seja, de 1948 a 1954.

Desde logo, o trabalho de Blume permitiu sustentar que os betas históricos proporcionam estimativas adequadas do risco sistemático futuro. Ademais, este autor concluiu que os betas obtidos por regressão tendem a convergir, no longo prazo, para a média dos coeficientes beta, quer dizer, para a unidade.

Ilustramos o exposto por intermédio de um pequeno exemplo.

Exemplo 11: Os betas dos ativos A e B, observados num certo momento, são, respetivamente, de 1,8 e de 0,7. Tendo por base a equação de Blume, projetamos os valores a assumir por estes parâmetros no período seguinte e comentamos os resultados obtidos.

Temos, então, que $\beta_{A1} = 1,8$ e que $\beta_{B1} = 0,7$. Substituindo na equação de Blume, vem que

$$\beta_{A2} = 0,343 + 0,677 \times 1,8 = 1,5616$$

e que

$$\beta_{B2} = 0,343 + 0,677 \times 0,7 = 0,8169$$

Observa-se, assim, que o ativo A, que, no momento anterior, apresentava um beta maior que um, evidencia, no período seguinte, um parâmetro beta inferior, logo, necessariamente, mais próximo da unidade; por seu turno, o ativo B, que, no momento anterior, apresentava um beta menor que um, evidencia, no período seguinte, um parâmetro beta superior, logo, necessariamente, também mais próximo da unidade. Deste modo, no longo prazo, os betas históricos convergirão para o beta de mercado, ou seja, para um.

1.8. Parâmetro alfa

O parâmetro α de um ativo *i* resulta da diferença entre a rendibilidade esperada desse ativo e a rendibilidade esperada de equilíbrio.

Assim sendo, podemos estabelecer que

$$\alpha_i = E(R_i) - E(R_i)_{SML} \tag{3.13}$$

De outro modo, o parâmetro alfa permite concluir se o ativo se situa ou não sobre a SML.

O exemplo seguinte permitir-nos-á aprofundar este tópico.

Exemplo 12: Considere dois ativos, A e B, que se encontram corretamente valorizados, e para os quais temos que $\overline{R}_A$ = 9,40%, $\overline{R}_B$ = 13,40%, β_A = 0,80 e β_B = 1,30. Determine a rendibilidade da carteira cópia de mercado, bem como a rendibilidade do ativo sem risco.

Atendendo à equação da SML, temos que

$$\overline{R}_i = R_F + (\overline{R}_M - R_F) \times \beta_i$$

Substituindo os valores correspondentes aos dois títulos, obtemos um conjunto de duas equações e de duas incógnitas, pelo que, através de um sistema, poderemos determinar $\overline{R}_M$ e R_F. Este procedimento só é possível por ser indicado, expressamente, que os ativos se encontram valorizados corretamente, isto é, que estão em equilíbrio, ou ainda, colocados sobre a SML.

$$\begin{cases} \overline{R}_A = R_F + (\overline{R}_M - R_F) \times \beta_A \\ \overline{R}_B = R_F + (\overline{R}_M - R_F) \times \beta_B \end{cases} \Leftrightarrow \begin{cases} 9,40\% = R_F + (\overline{R}_M - R_F) \times 0,80 \\ 13,40\% = R_F + (\overline{R}_M - R_F) \times 1,30 \end{cases} \Leftrightarrow$$

MODELOS DE EQUILÍBRIO

$$\Leftrightarrow \begin{cases} 9{,}40\% = R_F + 0{,}8\overline{R}_M - 0{,}8R_F \\ 13{,}40\% = R_F + 1{,}3\overline{R}_M - 1{,}3R_F \end{cases} \Leftrightarrow \begin{cases} 9{,}40\% = 0{,}2R_F + 0{,}8\overline{R}_M \\ 13{,}40\% = 1{,}3\overline{R}_M - 0{,}3R_F \end{cases} \Leftrightarrow$$

$$\Leftrightarrow \begin{cases} R_F = \dfrac{9{,}40\% - 0{,}8\overline{R}_M}{0{,}2} \\ 13{,}40\% = 1{,}3\overline{R}_M - 14{,}10\% + 1{,}2\overline{R}_M \end{cases} \Leftrightarrow \begin{cases} R_F = \dfrac{9{,}40\% - 0{,}8 \times 11\%}{0{,}2} \\ \overline{R}_M = 11\% \end{cases} \Leftrightarrow$$

$$\Leftrightarrow \begin{cases} R_F = 3\% \\ \overline{R}_M = 11\% \end{cases}$$

Conclui-se, assim, que $R_F = 3\%$ e que $\overline{R}_M = 11\%$.

1.9. Um aprofundamento: o CAPM e o preço dos ativos

Até ao momento, discutimos o CAPM em termos de taxa de rendibilidade esperada dos ativos. Porém, em determinadas circunstâncias poderá haver interesse em formalizar o modelo atendendo às respetivas cotações. Torna-se, ainda assim, relativamente simples transformar a equação da SML numa outra que lhe é equivalente, mas expressa em função do preço de um certo ativo *i*.

Relembremos, desde logo, a expressão definida no início do Capítulo 2 relativa à rendibilidade de uma ação antes de imposto e de acordo com a qual

$$R_t = \frac{D_t + P_t - P_{t-1}}{P_{t-1}}$$

Em alternativa, podemos estabelecer que

$$R_i = \frac{F_i - P_i}{P_i}$$

Nesta expressão, R_i representa a taxa de rendibilidade do ativo *i* num certo período de tempo; F_i identifica o valor do ativo *i* no final do período em avaliação, o qual resulta da cotação do ativo nesse momento, acrescida dos eventuais dividendos; por seu turno, P_i designa o preço do ativo *i* no momento presente.

De modo idêntico, fixamos que

$$R_M = \frac{F_M - P_M}{P_M}$$

Reportando-se as siglas aos valores globais da carteira cópia do mercado e substituindo na equação da SML, vem que:

$$\frac{\overline{F_i}}{P_i} - 1 = R_F + \left(\frac{\overline{F_M}}{P_M} - 1 - R_F\right)\frac{\text{cov}(R_i, R_M)}{\sigma_M^2}$$

Reescrevemos a covariância[44] entre a rendibilidade esperada do ativo *i* e a rendibilidade esperada da carteira cópia do mercado do seguinte modo:

$$\text{cov}(R_i R_M) = E\left[\left(\frac{F_i - P_i}{P_i} - \frac{\overline{F_i} - P_i}{P_i}\right)\left(\frac{F_M - P_M}{P_M} - \frac{\overline{F_M} - P_M}{P_M}\right)\right] =$$

$$= E\left[\left(\frac{F_i}{P_i} - \frac{\overline{F_i}}{P_i}\right)\left(\frac{F_M}{P_M} - \frac{\overline{F_M}}{P_M}\right)\right] = \frac{1}{P_i P_M}\text{cov}(F_i F_M)$$

Reescrevemos, também, a expressão relativa à variância da carteira cópia de mercado, sendo que

$$\sigma_M^2 = \frac{1}{P_M^2}\text{var}(F_M)$$

Substituímos ambas as formalizações na equação da SML modificada, donde

$$\frac{\overline{F_i}}{P_i} - 1 = R_F + \left(\frac{\overline{F_M}}{P_M} - 1 - R_F\right)\frac{\frac{1}{P_i P_M}\text{cov}(F_i F_M)}{\frac{1}{P_M^2}\text{var}(F_M)}$$

---

[44] Em termos genéricos, temos que $\text{cov}(X,Y) = E[(X - \mu_X)(Y - \mu_Y)]$.

MODELOS DE EQUILÍBRIO

Se adicionarmos uma unidade a cada um dos braços da expressão e pressupusermos que $r_F = 1 + R_F$, vem que

$$\frac{\overline{F}_i}{P_i} = r_F + \left(\frac{\overline{F}_M}{P_M} - r_F\right) \frac{\frac{1}{P_i P_M} \text{cov}(F_i F_M)}{\frac{1}{P_M^2} \text{var}(F_M)}$$

Simplificamos o último termo do lado direito da expressão, logo

$$\frac{\overline{F}_i}{P_i} = r_F + \left(\frac{\overline{F}_M}{P_M} - r_F\right) \frac{P_M \text{cov}(F_i F_M)}{P_i \text{var}(F_M)}$$

$$\frac{\overline{F}_i}{P_i} = r_F + \frac{\overline{F}_M}{P_i} \times \frac{\text{cov}(F_i F_M)}{\text{var}(F_M)} - r_F \times \frac{P_M \text{cov}(F_i F_M)}{P_i \text{var}(F_M)}$$

Multiplicamos, agora, ambos os lados da expressão por P_i, surgindo

$$\overline{F}_i = r_F P_i + \left(\overline{F}_M - r_F P_M\right) \times \frac{\text{cov}(F_i F_M)}{\text{var}(F_M)}$$

Por último, resolvemos em ordem a P_i, o que permite obter

$$\overline{P}_i = \frac{1}{r_F}\left[\overline{F}_i - \left(\overline{F}_M - r_F P_M\right) \times \frac{\text{cov}(F_i F_M)}{\text{var}(F_M)}\right] \qquad (3.14)$$

Esta expressão equivale a considerar que o preço de um certo ativo i (P_i) é igual ao valor que o ativo terá no final do período ($\overline{F}_i$, ou seja, o valor de mercado acrescido dos dividendos recebidos), deduzido de um certo prémio de risco e atualizado à taxa de juro sem risco (dado que $r_F = 1 + R_F$).

1.10. Críticas e testes ao CAPM

Entre as críticas mais marcantes dirigidas ao CAPM encontra-se a proferida por Roll (1977), a qual envolve questões tanto do foro teórico como do foro empírico.

Em termos teóricos, Roll (1977) aponta, desde logo, um paradoxo significativo: o CAPM erigiu-se, enquanto modelo, tendo por base a eficiência da carteira cópia de mercado; no entanto, paradoxalmente, a forma de testar a eficiência do mercado é por intermédio do CAPM. Assim a eficiência do mercado e a eficiência do modelo devem ser testadas conjuntamente. Roll (1977) formalizou, assim, aquela que ficaria conhecida na literatura financeira como **hipótese conjunta**.

Em termos empíricos, Roll (1977) considera que a carteira cópia de mercado deve incluir todo o tipo de ativos presentes numa certa economia e para os quais os investidores possam canalizar a sua riqueza. Assim, a carteira de mercado, além dos ativos financeiros (cotados e não cotados), deve contemplar ativos reais, designadamente bens imobiliários, joias e obras de arte[45].

Porém, no seio das críticas formuladas ao CAPM, sobrelevam as que apontam o afastamento entre as rendibilidades esperadas via modelo e os retornos efetivamente observados, pondo, assim, em relevo a sua incapacidade preditiva. Nesse sentido, foram realizados sucessivos testes, os quais se desenvolveram em torno de três dos seus elementos essenciais: *i)* a rendibilidade esperada de um ativo é função linear do respetivo beta; *ii)* o prémio de risco é positivo, dado que a carteira cópia do mercado tem uma rendibilidade esperada que excede a rendibilidade dos ativos que não se correlacionam com o mercado; *iii)* os ativos não correlacionados com o mercado têm uma rendibilidade esperada equivalente à do ativo sem risco (French e Fama, 2004, p. 30). De seguida, descrevem-se alguns desses testes, obedecendo a uma perspetiva cronológica.

i) Lintner, 1968

Um dos trabalhos pioneiros na condução de testes ao CAPM reporta-se a 1968 e foi levado a efeito por Lintner (1968), justamente um dos fundadores do modelo. Os resultados obtidos foram, no entanto, divulgados por Douglas, no ano seguinte[46].

Primeiramente, tendo por base uma amostra de 301 títulos, com informação relativa ao período compreendido entre 1954 e 1963, Lintner estimou o valor do beta para cada um desses ativos, por intermédio de uma expressão do tipo

$$R_{it} = \alpha_i + b_i R_M + e_{it}$$

Nesta expressão, b_i corresponderá ao verdadeiro beta da ação *i*.

Numa segunda etapa, no intuito de testar a validade das hipóteses subjacentes ao CAPM, Lintner (1968) recorreu a uma análise de regressão *cross-section*, através da expressão

$$\overline{R}_i = a_1 + a_2 b_i + a_3 S_{ei}^2 + \eta_i$$

---

[45] Veja-se, a este propósito, o elenco de ativos apresentados no Capítulo 1.
[46] A este propósito, cfr. Douglas (1969).

De acordo com o CAPM, a_1 deverá corresponder a R_F; enquanto isso, a_2 equivalerá a $\overline{R}_M - R_F$, ao passo que a_3 deverá ser nulo, tanto mais que S_{ei}^2 representa a variância residual da primeira regressão (ou seja, a variância de e_i).

Todavia, Lintner (1968) obteve os seguintes resultados[47]:

$a_1 = 0,108;$ $a_2 = 0,063;$ $a_3 = 0,237$

Tais valores parecem questionar a própria validade do CAPM, dado que: a_1 é mais elevado que qualquer estimativa razoável de R_F; a_2, por seu turno, apresenta um valor menor que o expectável, ou seja, um prémio de risco demasiado reduzido; por último, a_3 é positivo, para além de estatisticamente relevante, o que vem contrariar as hipóteses subjacentes ao modelo.

ii) BLACK, JENSEN e SCHOLES, 1972

Tendo por base os dados mensais relativos a uma série temporal de 5 anos (60 observações) e recorrendo à seguinte equação

$$R_{it} - R_{Ft} = \alpha_i + \beta_i \times (R_{Mt} - R_{Ft}) + e_{it}$$

Black, Jensen e Scholes (1972) estimaram os parâmetros beta correspondentes e procederam ao seu agrupamento em decis, ordenados de modo decrescente. Na equação anterior, a ordenada na origem α_i traduz a diferença entre a rendibilidade esperada obtida através da regressão e a rendibilidade esperada prognosticada pelo CAPM. Deste modo, se o modelo permitir estabelecer uma estimativa adequada da rendibilidade do ativo (ou da carteira), este parâmetro tenderá, inevitavelmente, para zero.

Os betas obtidos por intermédio da equação de regressão são os betas observados, os quais podem, no entanto, conduzir a alguns enviesamentos[48]. De modo a contornar esta questão, Black, Jensen e Scholes (1972) introduziram uma *variável instrumental*: em cada período, os ativos foram agrupados por decis tendo em conta os respetivos betas estimados para o período anterior.

Cada um dos decis foi equiparado a um *portfolio*, tendo, para cada um deles, sido estimado o retorno esperado para um período de 35 anos, cujo valor foi ainda confrontado com os respetivos valores de mercado.

Os resultados obtidos, mormente os que concernem a α_i e ao coeficiente de correlação, permitiram testemunhar que a equação linear anteriormente

---

[47] Cfr. Elton e Gruber (1995, p. 345).
[48] Os ativos com os parâmetros beta observados mais elevados tendem a apresentar erros de estimação positivos.

estabelecida descreve, adequadamente, a rendibilidade esperada dos ativos financeiros.

Analogamente, Black, Jensen e Scholes (1972) conduziram testes ao CAPM recorrendo a dados *cross-section*, o que lhes permitiu corroborar a forte capacidade explicativa do modelo em apreço.

iii) Fama e MacBeth, 1973

Fama e MacBeth (1973) testaram empiricamente o CAPM, tendo, numa primeira fase, estimado o parâmetro beta para 20 carteiras de ativos, de acordo com uma metodologia equivalente à anteriormente introduzida por Black, Jensen e Scholes (1972). Num segundo momento, procederam a nova regressão, tendo estimado os valores de $\tilde{\gamma}_{0t}$, $\tilde{\gamma}_{1t}$, $\tilde{\gamma}_{2t}$, $\tilde{\gamma}_{3t}$ e η_{it} que constam da seguinte equação

$$\tilde{R}_{it} = \tilde{\gamma}_{0t} + \tilde{\gamma}_{1t}\beta_i + \tilde{\gamma}_{2t}\beta_i^2 + \tilde{\gamma}_{3t}S_{ei} + \eta_{it}$$

para os meses compreendidos entre janeiro de 1935 e junho de 1968.

Desta estimação resultaram valores reduzidos e não significativos em termos estatísticos, tanto para $\tilde{\gamma}_{2t}$ como para $\tilde{\gamma}_{3t}$. Do mesmo modo, atendendo aos valores estimados para $\tilde{\gamma}_{1t}$, Fama e MacBeth (1973) concluíram que a relação entre a rendibilidade esperada e o beta é positiva e linear para todo o período considerado.

Tal equivale a reconhecer que nem o beta quadrado nem o risco residual constituem fatores explicativos da rendibilidade esperada dos ativos e, bem assim, a remeter o CAPM para a sua formalização mais simplista.

Ao invés dos contributos de Lintner (1968) e de Douglas (1969), os trabalhos conduzidos por Black, Jensen e Scholes (1972) e por Fama e MacBeth (1973) permitiram sustentar o CAPM e firmar o risco de mercado de um ativo ou *portfolio* como único fator explicativo da respetiva rendibilidade esperada. Posteriormente, outros testes foram conduzidos, os quais evidenciaram algumas das fragilidades do modelo, bem como algumas anomalias inerentes ao próprio funcionamento dos mercados financeiros. Desses contributos daremos conta aquando da discussão dos modelos que intentaram ultrapassar essas críticas/limitações.

2. Avaliação por arbitragem – o modelo APT

Em 1976, Ross propôs um modelo de valorização baseado nos princípios subjacentes às operações de arbitragem e que ficaria conhecido como *Arbitrage Pricing*

Theory (APT)[49]. Enquanto o CAPM – bem como os modelos que dele procederam – se construíram tendo por base o binómio rendibilidade/risco, o modelo de arbitragem sustenta-se no princípio do preço único, de acordo com o qual o mesmo bem – no caso, o mesmo ativo financeiro – não pode ser vendido, no mesmo momento, a dois ou mais preços diferentes.

Neste modelo, atenderemos a três pontos fundamentais. Desde logo, *a rendibilidade de um ativo financeiro é função linear de um conjunto de J fatores de risco* (1) e não exclusivamente do risco de mercado, como sucedia no CAPM. O modelo APT privilegia, assim, o modo de formação dos preços dos ativos financeiros, ao invés da análise conduzida no espaço rendibilidade/risco em sede do CAPM, donde se torna dispensável a definição da carteira cópia de mercado. Todavia, o modelo pressupõe *a homogeneidade das expectativas dos investidores* (2), ao mesmo tempo que considera que *todas as carteiras passíveis de constituição com a mesma sensibilidade aos vários fatores de risco são substitutas entre si* e, como tal, proporcionam a mesma rendibilidade esperada (3).

De acordo com o exposto, formalizamos que

$$E(R_i) = R_F + \sum_{j=1}^{J} b_{ij}\lambda_j \tag{3.15}$$

O modelo APT pode ser entendido como uma extensão do *Single-Index Model* anteriormente observado. Neste caso, estamos em presença de um *Multi-Index Model*.

Consideremos um ativo *i*, cuja rendibilidade depende de dois índices, o que permite estabelecer que

$$R_i = a_i + b_{i1} I_1 + b_{i2} I_2 + e_i$$

Nesta expressão, a_i identifica a rendibilidade do ativo *i* caso os restantes índices assumam um valor nulo; I_j nota o valor de cada um dos índices de ordem *j*; b_{ij} designa a sensibilidade do ativo *i* às flutuações de cada um dos índices de ordem *j*; por último, e_i corresponde ao termo de erro, cuja média é zero, sendo a respetiva variância igual a σ_{ei}^2.

Recuperamos do CAPM a ideia de que um investidor racional diversifica os seus investimentos, pelo que atentará apenas ao risco sistemático. Ora de acordo com a equação anterior, os parâmetros relevantes para este tipo de risco são b_{i1} e b_{i2}. Por conseguinte, um investidor que detenha uma certa carteira P atenderá a R_P, a b_{P1} e a b_{P2}.

---

[49] Cfr. Ross (1976).

Recordamos, ainda, da geometria, que as coordenadas relativas a três pontos definem um plano, tal como as coordenadas atinentes a dois pontos permitem traçar uma linha reta.

Desta sorte, se tomarmos as coordenadas relativas a três *portfolios* (rendibilidade esperada, b_{P1} e b_{P2}), poderemos delimitar um plano, sendo que as carteiras que resultem de possíveis combinações entre esses três *portfolios* se situam, necessariamente, nesse mesmo plano. Qualquer investimento colocado fora do plano assim definido cria oportunidades de arbitragem. Sem qualquer acréscimo de capital e sem incorrer em riscos adicionais, o investidor obterá ganhos até que esta carteira se coloque sobre o plano circunscrito pelos *portfolios* originais. Segundo Ross (1976), num mercado eficiente, as oportunidades de arbitragem serão rapidamente detetadas e eliminadas pelos investidores racionais.

De notar que todos os investimentos suscetíveis de serem constituídos, tendo por base os três *portfolios* iniciais, obedecem às seguintes condições:

$$\overline{R}_P = \sum_{i=1}^{N} X_i \overline{R}_i$$

$$b_{P1} = \sum_{i=1}^{N} X_i \times b_{i1}$$

$$b_{P2} = \sum_{i=1}^{N} X_i \times b_{i2}$$

$$\sum_{i=1}^{N} X_i = 1$$

Podemos, então, estabelecer a seguinte **equação de equilíbrio**:

$$\overline{R}_i = \lambda_0 + \lambda_1 b_{i1} + \lambda_2 b_{i2} \qquad (3.16)$$

Na expressão anterior, $\lambda_0 = R_F$ e, em termos genéricos, $\lambda_j = \overline{R}_j - R_F$, o que traduz o excesso de rendibilidade esperada para cada um dos índices considerados.

Se generalizarmos para os ativos e para as carteiras que se situam sobre um hiperplano *J*-dimensional, vem que

$$\overline{R}_i = \lambda_0 + \lambda_1 b_{i1} + \lambda_2 b_{i2} + \ldots + \lambda_J b_{iJ} \qquad (3.17)$$

Esta expressão equivale, *grosso modo*, à formalização que apresentámos logo de início relativa a $E(R_i)$.

Em alternativa, o modelo APT pode também ser estabelecido em termos de *J* índices, logo

$$R_i = a_i + b_{i1} I_1 + b_{i2} I_2 + \ldots + b_{iJ} I_J + e_i \tag{3.18}$$

Este modelo ultrapassa algumas das dificuldades observadas no âmbito do CAPM, levantando, no entanto, outros obstáculos à sua aplicação. No âmbito do CAPM, a rendibilidade esperada de um ativo é função do respetivo risco de mercado; enquanto isso, no contexto do modelo APT, a rendibilidade esperada de um ativo depende de *J* fatores de risco diferentes. Para além disso, a aplicação do CAPM pressupõe a identificação inequívoca da carteira cópia do mercado, o que não constitui, de todo, um dos requisitos do modelo APT.

Porém, esta maior amplitude em termos de pressupostos pode conduzir a uma certa ambiguidade no que tange ao funcionamento do modelo APT. Em termos genéricos, a validade de uma representação teórica é aferida pela sua correspondência com a realidade que pretende descrever. Sucede, desde logo, que o conjunto dos I_j não se encontra teoricamente definido, o que impõe, primeiramente, a identificação dos fatores passíveis de influenciar a rendibilidade de um ativo ou *portfolio*. Para além disso, o recurso ao modelo APT implica estimar os vários parâmetros b_{ij}[50]. Assim sendo, em termos comparativos, a realização de testes assume contornos mais complexos no âmbito do modelo APT do que no CAPM, justamente porque não ocorre à luz de nenhum padrão específico.

3. Modelos multifator

Alguns estudos empíricos permitiram concluir que, em muitos casos, o valor da rendibilidade estimada pelo CAPM se afastava consideravelmente das cotações efetivamente observadas. Neste sentido, foram construídos modelos que incluem mais do que uma carteira de ativos de modo a aferir o risco de mercado. Estes modelos são designados por ***modelos multifator***, no sentido em que cada um desses *portfolios* é identificado como um *fator de risco*[51].

---

[50] Cada I_j assume um valor único, que é, assim, o mesmo para todos os ativos em presença. Por sua vez, b_{ij} apresenta um valor específico para cada ativo *i*, sendo que traduz a sensibilidade desse ativo às flutuações do fator de risco *j*.

[51] O modelo APT pode ser apreendido enquanto modelo multifator, na medida em que comporta vários fatores de risco. Porém, permitimo-nos individualizá-lo na nossa sistematização, uma vez que não se formaliza no espaço rendibilidade esperada/desvio padrão, nem requer a identificação prévia da carteira cópia de mercado, o que sucederá nos contributos escrutinados no presente ponto.

3.1. O modelo trifatorial

French e Fama (1993) e (1996) propuseram um modelo explicativo da rendibilidade dos ativos financeiros, com o qual intentaram ultrapassar algumas das críticas entretanto dirigidas ao CAPM.

Com efeito, Banz (1981), tendo por base elementos relativos ao período compreendido entre 1936 e 1975, observara que as empresas de pequena dimensão atingiam, reiteradamente, retornos efetivos mais elevados do que os determinados por intermédio dos respetivos betas. O resultado obtido por Banz (1981) ficaria conhecido na literatura financeira como *efeito dimensão*.

Por seu turno, Bhandari (1988) estabeleceu a existência entre de uma correlação positiva entre alavancagem e rendibilidade esperada dos ativos. Desde logo, Bhandari (1988) concluiu que as empresas com maiores índices *debt-to-equity*[52] eram também as que evidenciavam os parâmetros beta mais elevados.

A formalização proposta por French e Fama (1993) e (1996), partindo do CAPM na sua versão inicial, incorpora dois *portfolios* adicionais enquanto variáveis explicativas da rendibilidade esperada dos ativos, razão pela qual o seu contributo se identifica como **modelo trifatorial**.

Assim sendo, poderemos definir a rendibilidade esperada de um ativo financeiro através da seguinte expressão:

$$E(R_i) = R_F + \beta_i^M [E(R_M) - R_F] + \beta_i^{SMB} E(R_{SMB}) + \beta_i^{HML} E(R_{HML})$$

Tal como sucedia no CAPM, R_F e $E(R_M)$ identificam, respetivamente, a rendibilidade do ativo sem risco e a rendibilidade esperada do mercado. Também os vários betas assumem um significado idêntico ao anteriormente proposto, uma vez que traduzem a variação da rendibilidade esperada do ativo *i* relativamente à variação da rendibilidade esperada de cada um dos *portfolios* indicados.

No que concerne aos dois novos *portfolios*, $E(R_{SMB})$ representa a diferença de rendibilidade esperada entre os ativos com baixa capitalização bolsista e os ativos de elevada capitalização bolsista (*small minus big* – SMB), ou seja, entre os *small caps* e os *large caps*; já $E(R_{HML})$ expressa a diferença entre as rendibilidades esperadas dos ativos com elevadas e reduzidas *rationes book-to-market* (*high minus low* – HML).

---

[52] O *debt-to-equity ratio* é um indicador de endividamento e resulta do confronto entre o passivo e os capitais próprios das empresas.

Embora tenha conduzido a resultados mais satisfatórios que o CAPM, o modelo trifatorial foi também alvo de algumas críticas, entre as quais ponderam:

- o facto da introdução dos dois novos *portfolios*, em concreto, não ter sido claramente explicada nem teoricamente sustentada;
- bem como o facto desta formalização se revelar incapaz de captar o denominado «efeito *momentum*», ou seja, a persistência de comportamentos anómalos no curto prazo, não coincidentes com os prognosticados pelos betas respetivos.

3.2. O contributo FFC

Na senda das limitações apontadas ao modelo trifatorial, tendo por base a equação subjacente a este modelo, Carhart (1997) introduziu um novo *portfolio* na equação que visa determinar a rendibilidade esperada de um ativo[53].

Mais uma vez, foi a colação entre as rendibilidades efetivamente observadas e as rendibilidades estimadas via CAPM que comprovaram a existência de ativos que, no curto prazo, consentiram, rendibilidades maiores que as evidenciadas pelos respetivos betas.

Partindo da equação anteriormente proposta por French e Fama (1993) e (1996), Carhart (1997) incorporou, então, um quarto fator explicativo da rendibilidade esperada dos ativos financeiros, suscetível de captar o «efeito *momentum*», no caso, $E(R_{MOM})$, o que nos conduz à seguinte formalização:

$$E(R_i) = R_F + \beta_i^M [E(R_M) - R_F] + \beta_i^{SMB} E(R_{SMB}) + \beta_i^{HML} E(R_{HML}) + \beta_i^{MOM} E(R_{MOM})$$

$E(R_{MOM})$ exprime a diferença entre as rendibilidades esperadas dos ativos com as melhores e as piores *performances* no curto prazo, com os restantes parâmetros a assumirem os significados já descritos na secção anterior.

Pesem embora as críticas que possam ser dirigidas a este tipo de formalização, de acordo com o próprio Carhart (1997, p. 62), a introdução sucessiva de *portfolios* adicionais permite minimizar os erros de avaliação dos ativos financeiros. Deste modo, enquanto a média dos erros observados ao nível do preço mensal dos ativos é, no âmbito do CAPM, de 0,35%, essa média desce para 0,31%, no caso do

---

[53] Razão pela qual este contributo é identificado, na literatura financeira, como contributo French-Fama-Carhart ou, muito simplesmente, como contributo FFC. Por vezes, surge também denominado como modelo dos quatro fatores.

modelo trifatorial, e para 0,14%, ao serem atendidos os quatro fatores de risco. Assim sendo, de acordo com Carhart (1997), a consideração de *portfolios* adicionais permitirá uma avaliação mais precisa e próxima do valor real dos ativos.

4. Apreciação crítica aos modelos de equilíbrio
4.1. A hipótese dos mercados eficientes

Os modelos discutidos no presente Capítulo – bem como a própria Teoria das Carteiras – edificaram-se sobre o pressuposto da *eficiência dos mercados*. Com efeito, um mercado é considerado eficiente quando os preços dos ativos nele transacionados incorporarem rápida e adequadamente toda a informação disponível no mercado, impossibilitando, assim, a ocorrência de ganhos anormais.

A condição de mercado eficiente resulta da observação das seguintes premissas:

1) Nenhum investidor individual tem condições para influenciar sozinho o preço dos ativos negociados no mercado;
2) Todos os participantes podem dispor de todas as informações que possam afetar o valor dos ativos negociados, ou seja, nenhum operador tem acesso a informação privilegiada (*insider information*);
3) Todos os participantes no mercado têm conhecimentos suficientes para interpretar a informação disponível e reagir racionalmente a essa informação;
4) Os participantes no mercado são detentores de expectativas homogéneas relativamente a cenários futuros.

Porém, desde os anos 80 do século XX, que se observam comportamentos anómalos nos retornos dos ativos financeiros, o que veio questionar algumas das hipóteses subjacentes à eficiência dos mercados. A ocorrência dessas anomalias deu azo à emergência de estudos que se inserem na corrente das finanças comportamentais – que reportaremos no ponto seguinte – e de acordo com a qual os investidores podem agir de modo irracional, provocando impactos consideráveis ao nível do funcionamento dos mercados.

Um dos estudos mais emblemáticos no âmbito da eficiência dos mercados é, certamente, aquele conduzido por Fama (1970) e que veio a permitir a definição de três níveis de eficiência:

- Forma fraca (*weak-form efficiency*) – onde o preço corrente das ações reflete apenas o seu valor histórico, ou seja, os preços presentes incorporam unicamente a informação contida nos preços passados. Logo nenhum investidor conseguirá obter ganhos anormais, de modo sistemático, recorrendo apenas à informação histórica contida no preço dos ativos.

- Forma semiforte (*semi-strong form efficiency*) – neste nível de eficiência, o preço dos ativos incorpora instantaneamente todas as novas informações públicas disponíveis. Os investidores só conseguirão realizar ganhos anormais caso tenham acesso a informação privilegiada, mormente no que se refere à existência de ativos incorretamente avaliados.
- Forma forte (*strong-form efficiency*) – toda a informação, mesmo a de caráter "confidencial", encontra-se refletida no preço corrente dos ativos, não permitindo, assim, a utilização de informação privilegiada por parte de nenhum investidor para obtenção de retornos extraordinários.

Acresce que a tipologia apontada é gradativa, isto é, a forma semiforte de eficiência engloba a forma fraca, ao mesmo tempo que a forma forte engloba os dois níveis anteriores.

Importa, sobretudo, sublinhar que o conceito de mercado eficiente está longe de ser um conceito delimitado, sendo antes alvo de alguma controvérsia. Desde logo, essa controvérsia reflete-se na própria forma de avaliação dos ativos financeiros e no rigor da previsão dos respetivos retornos. Tanto a nível teórico como a nível empírico, deparamo-nos com três correntes essenciais de avaliação de ativos: a análise gráfica, que se assume como uma vertente da análise técnica e se sustenta nos preços e nos volumes passados de negociação; a análise fundamental, baseada em índices compostos por elementos das demonstrações financeiras[54]; os modelos teóricos de avaliação, como o CAPM.

Cada corrente, teórica ou empírica, adere, implicitamente, a uma forma de eficiência de mercado e perspetiva, de modo diverso, a possibilidade de obtenção de ganhos extraordinários. Por exemplo, a corrente baseada na análise gráfica pressupõe mercados ineficientes, ou seja, nem mesmo as cotações históricas estariam incorporadas no valor das ações. Logo o investidor intentará, através da análise das tendências dos preços, detetar oportunidades de realização de ganhos extraordinários. Já a corrente baseada na análise fundamental pressupõe que não haja eficiência de mercado na forma semiforte. Com efeito, se os preços de mercado refletem todas as informações públicas sobre as empresas, não haverá possibilidades de obtenção de ganhos extraordinários, tendo por base as informações resultantes das informações financeiras de cada empresa. Por fim, a forma de eficiência forte constitui o pilar teórico sobre o qual se desenvolveram os modelos de avaliação de ativos anteriormente propostos, mormente o CAPM.

---

[54] De acordo com Viana (2009), enquanto a análise técnica se baseia no estudo do comportamento das ações no mercado (cotações, volume e *open interest*), a análise fundamental centra-se nas forças económicas.

Pelo exposto, podemos concluir que o entendimento acerca das formas de eficiência de mercado se relaciona, de modo inequívoco, com as metodologias de avaliação do preço das ações. Assim, a escolha de qualquer uma das correntes apontadas, que vise a atribuição de um preço/valor aos ativos financeiros, deve atender às formas de eficiência (ou de ineficiência) exibidas pelo mercado.

Acresce que, na senda da tradição neoclássica, o investidor propugnado pelos cultores das finanças tradicionais toma decisões num mundo determinístico, não estocástico, imutável e a-histórico, edificado em torno da assunção da ergodicidade e da rejeição da histerese. Porém, as crises financeiras, observadas, sobretudo, desde a década de noventa do século XX, questionaram muitos dos fundamentos da *mainstream economics*, dando azo ao entendimento de um sistema económico não linear, estocástico, mutável e histórico, edificado em torno da não-ergodicidade e da aceitação da histerese[55].

4.2. A emergência e o contributo da *behavioural finance*

Nos anos setenta do século XX, começaram a surgir algumas alternativas teóricas às denominadas finanças tradicionais, que intentaram incorporar aspetos psicológicos e comportamentais nas decisões de investimento e no modo de formação dos preços dos ativos. Estes contributos pretenderam constituir uma opção aos modelos de equilíbrio anteriormente discutidos, incapazes de prever as sucessivas anomalias observadas no contexto dos mercados.

As finanças comportamentais (*behavioural finance*, ou, simplesmente, BF) sustentam-se, essencialmente, nos seguintes aspetos: *i*) Os investidores raramente apresentam expectativas racionais; *ii*) Os investidores raramente apresentam expectativas homogéneas; *iii*) Os investidores têm capacidade limitada de processamento da informação; *iv*) A aversão ao risco por parte do investidor depende dos objetivos de cada investimento; *v*) Nem sempre os investidores norteiam as suas decisões de investimento tendo em conta o binómio rendibilidade/risco; *vi*) O risco sistemático não é o único tipo de risco relevante, logo os preços constituem necessariamente um reflexo do valor teórico dos ativos.

Ponderam, nessa época, os trabalhos conduzidos por Tversky e Kahneman (1973) e (1974); todavia, a temática das finanças comportamentais passou a merecer maior interesse sobretudo desde 2002, na sequência da atribuição do Prémio Nobel da Economia a Daniel Kahneman, "por ter incorporado conhecimentos da pesquisa psicológica na ciência económica, especialmente quanto ao juízo

---

[55] Para maior aprofundamento no que concerne à cronologia das crises financeiras e ao cotejo entre a *mainstream economics* e a economia heterodoxa, cfr. J. M. Quelhas (2012).

humano e à tomada de decisão sob incerteza", e a Vernon Smith, "por ter conduzido experiências laboratoriais enquanto instrumento da análise económica empírica, especialmente no estudo de mecanismos de mercado alternativos"[56].

Importa, no entanto, mencionar que a presença das questões comportamentais no âmbito da teoria financeira remonta a momentos anteriores. Uma das primeiras referências neste domínio corresponde à obra de Gustave le Bon, intitulada *The Crowd: A Study of Popular Mind*, datada de 1896. Mais tarde, em 1912, Selden publicou *Psychology of the Stock Market – Human Impulses Lead to Speculative Disasters*, onde sustentava que o movimento dos preços dos ativos depende, num grau bastante considerável, da atitude mental dos agentes económicos[57].

Em 1936, na *Teoria Geral*, o próprio Keynes apontava o comportamento dos *animal spirits* como resposta a um futuro intrinsecamente incerto.

Na década de setenta do século XX, Kahneman e Tversky (1973) e (1974) introduziram o conceito de *heurística* no modo de funcionamento dos mercados financeiros. As heurísticas correspondem, então, às estratégias prosseguidas pelos investidores nos seus processos de tomada de decisão, quando confrontados com situações de incerteza. Nesta época, os autores identificaram as seguintes heurísticas:

- *Heurística da representatividade*, através da qual se evidencia que os indivíduos, em geral, tendem a tecer considerações e a avaliar factos ou objetos com base em juízos estereotipados[58].
- *Heurística da disponibilidade*, de acordo com a qual os acontecimentos mais frequentes são mais facilmente lembrados e tidos em conta pelos investidores, nos processos de avaliação de ativos; enquanto isso, os acontecimentos mais raros, ainda que presumivelmente relevantes, são rapidamente esquecidos.
- *Heurística da ancoragem e do ajustamento*, uma vez que quando um valor relevante se encontra disponível, esse valor prevalece na formulação de juízos futuros por parte dos investidores, funcionando como uma *âncora* no respetivo processo de tomada de decisão. Esse pode ser alvo de eventuais ajus-

---

[56] Trecho extraído de www.nobelprize.org.
[57] Para maior aprofundamento em torno da evolução das finanças comportamentais, cfr. Sewell (2010).
[58] Mais tarde, De Bondt e Thaler (1989) exemplificam a heurística da representatividade, sustentando que os investidores adotam expectativas pessimistas relativamente aos títulos perdedores no passado recente e expectativas otimistas relativamente aos títulos ganhadores no passado recente. No mesmo sentido, Solt e Statman (1989) e Shefrin e Statman (1995) defendem que, em regra, os investidores consideram que "boas empresas têm bons títulos" e vice-versa.

tamentos, os quais se revelam, porém, na maioria dos casos, manifestamente inexpressivos ou insuficientes, se comparados com os valores posteriormente observados.

Num trabalho de 1979, os mesmos autores desenvolveram a denominada *Prospect Theory*, segundo a qual os investidores avaliam de modo diferenciado os ganhos e as perdas, ainda que de igual montante. Os indivíduos são, assim, avessos ao risco para perdas, mas propensos ao risco para ganhos. Esta aceção difere substancialmente do entendimento pugnado pelas finanças tradicionais, onde o investidor era definido em termos absolutos, como sendo racional e avesso ao risco.

Figura 18 – *Prospect Theory*

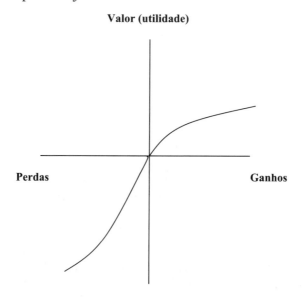

Outros dois importantes contributos da *behavioural finance* são os conceitos de *mental accounting* e de *framing*.

O primeiro destes conceitos foi avançado por Thaler (1980) e intenta descrever o modo como cada indivíduo classifica e valoriza os fluxos financeiros futuros, o qual condiciona, definitivamente, a respetiva função de utilidade.

O segundo é da responsabilidade de Tversky e Kahneman (1981), tendo estabelecido que o mesmo problema pode ser perspetivado de modo diferente em função do «enquadramento» (*framing*) do investidor/avaliador. Tal significa que o mesmo facto objetivo dependerá dos juízos subjetivos dos indivíduos, ou seja, os investidores podem interpretar o mercado de modo diferenciado e adotar comportamentos também diferenciados, muitas vezes distantes do protótipo da racionalidade.

Nas duas últimas décadas, o conceito de *herd behaviour* tem ganho acuidade no âmbito das finanças comportamentais e, bem assim, da própria literatura financeira. O *herd behaviour* – que poderemos traduzir por «comportamento de grupo» – pretende retratar o caráter gregário, unidirecional e mimético do comportamento dos investidores, onde prevalece a psicologia de grupo, em detrimento da informação e das expectativas individuais.

Entre os trabalhos que, na literatura financeira, examinam o conceito de *herd behaviour*, apontamos os de Sharfstein e Stein (1990), Banerjee (1992), Devenow e Welch (1996), Shiller (1993) e Bikhchandani e Sharma (2000).

A título de exemplo, Sharfstein e Stein (1990, p. 466) compreendem o *herd behaviour* do seguinte modo: "sob certas circunstâncias, os gestores apenas imitam as decisões de investimento de outros gestores, ignorando a informação privada fundamental", acrescentando, ainda, que "apesar de este comportamento ser ineficiente de um ponto de vista social, pode ser racional na perspetiva dos gestores que estão preocupados com a sua reputação no mercado de trabalho".

Por seu turno, Banerjee (1992) descreve o caso de um indivíduo que deverá escolher entre dois restaurantes, contíguos e ambos vazios. Aleatoriamente, acabará por optar por um deles. Um segundo indivíduo, nas mesmas circunstâncias, escolherá o mesmo restaurante, pois forma a convicção de que este é melhor, uma vez que o outro se encontra vazio. Um terceiro indivíduo reforçará, ainda mais, a ideia de que o primeiro restaurante é melhor, dado que sobre ele já recaíram duas escolhas. O episódio poderá repetir-se diversas vezes, terminando com o primeiro restaurante completamente cheio e com o segundo completamente vazio.

A escolha do primeiro indivíduo ocorreu de modo perfeitamente aleatório; porém, a escolha dos restantes indivíduos foi motivada por questões de *herding*. Banerjee (1992) compara, então, com o que muitas vezes sucede nos mercados financeiros, em que os operadores subordinam as suas decisões individuais aos comportamentos de grupo, conduzindo a situações de irracionalidade e de ineficiência.

Capítulo 4
Gestão de Carteiras

Nos Capítulos anteriores, discutimos os aspetos fundamentais inerentes à gestão de carteiras de investimento. Porém, em termos práticos, no momento de definir a sua carteira, o investidor deverá atender a um conjunto de questões prévias, as quais passamos a enumerar:
- Quais os objetivos do investimento?
- Qual a finalidade a que se destina o retorno do investimento?
- Qual o nível de risco que o investidor está disposto a assumir?
- Qual o horizonte temporal do investimento?
- Quais as perdas que poderá suportar?

A resposta a estas questões condicionará, de modo decisivo, a atuação dos investidores no mercado, bem como as estratégias que prosseguem e as escolhas que realizam, como teremos ocasião de observar ao longo do presente Capítulo.

Os investidores que recorram a serviços especializados devem determinar as suas metas de investimento e os respetivos níveis de tolerância ao risco.

Aliás, dada a relevância que a gestão profissionalizada de ativos assume no contexto do mercado financeiro, dedicamos, justamente, a primeira secção do presente Capítulo ao estudo das particularidades dos fundos de investimento.

1. O caso dos fundos de investimento

Como referimos logo no Capítulo 1, os fundos de investimento, especialmente os fundos de investimento mobiliário (usualmente designados por FIM)[59], têm

---

[59] Os fundos de investimento repartem-se entre *fundos de investimento mobiliário* (FIM) e *fundos de investimento imobiliário* (FII), sendo os primeiros compostos por ativos mobiliários – ações e obriga-

assumido, em termos internacionais, uma importância crescente na captação de poupanças, muito principalmente no segmento dos pequenos aforradores[60]. Portugal não constitui exceção a esta tendência.

Não obstante o facto de já termos apresentado os principais tipos de fundos existentes no mercado, retomamos o exame das características inerentes a esta forma de aplicação financeira, desta feita no que concerne às políticas de investimento que lhes estão associadas.

1.1. Características e modo de funcionamento

Como referimos anteriormente, um *fundo de investimento* é um património coletivo, resultante do conjunto das quantias investidas por vários indivíduos, designados subscritores ou participantes.

O capital aplicado num fundo de investimento é convertido em *quotas* (conhecidas como **unidades de participação** ou simplesmente UP), as quais correspondem a frações do valor do património do fundo. Essas UP são distribuídas por todos os participantes no fundo, os quais passam, assim, a ser detentores de uma parcela proporcional ao capital investido.

A condição de participante num fundo de investimento adquire-se por intermédio da aquisição de UP (*subscrição*) e perde-se com a alienação dessas UP (*resgate*), sendo, ainda, que aquela condição implica a emergência de direitos e de deveres.

Para o investidor, interessa sobremaneira o valor das unidades de participação, o qual se obtém dividindo o valor do património do fundo pelo número de unidades de participação existentes. Tal valor é atualizado diariamente, dependendo da cotação dos ativos que compõem o património do fundo de investimento. Em termos internacionais, aplica-se o *critério do preço de mercado* como critério de avaliação dos ativos, ou seja, estes são apreciados ao preço de fecho observado numa bolsa de valores – método no qual se considera que os ativos estão *marked-to--market*. A avaliação de ativos deve, ainda, realizar-se tendo por base um determinado momento de referência, obrigatoriamente definido nos *prospetos*[61] do fundo de investimento.

ções, entre outros – e os segundos por imóveis. Em presença dos objetivos que norteiam o presente trabalho, daremos particular atenção aos primeiros.

[60] Cfr. Silva (2003).
[61] O *prospeto simplificado*, o *propspecto completo* e o *regulamento de gestão* do fundo são elementos essenciais na divulgação de informação relativa ao mesmo, mormente no que concerne à respetiva entidade gestora, às políticas de investimento e de rendimentos, às condições de subscrição e de resgate e aos direitos e às obrigações dos participantes. Embora integrando tópicos diferentes, as três peças

Exemplo 13: Um investidor aplica 2.000 € em quotas de um fundo que, na data do investimento, possui um património líquido de 500.000 €, repartidos por 100.000 quotas.

a) Calcule o valor da quota na data da aplicação.

O valor da quota na data da aplicação corresponde à cotação da UP, a qual se obtém através do quociente entre o património do fundo e o número de quotas que o compõem, logo

$$\text{Cotação UP} = \frac{500.000 \text{ €}}{100.000 \text{ UP}} = 5 \text{ €}$$

b) Determine o número de quotas adquiridas pelo investidor.

O número de UP obtém-se através da divisão entre o capital investido e a cotação da UP, donde

$$\text{Nº UP} = \frac{2.000 \text{ €}}{5 \text{ €}} = 400 \text{ UP}$$

c) Suponha que, ao longo de um certo lapso de tempo, o património do fundo aumentou 20%, enquanto o número de unidades de participação aumentou 9%. Determine o valor das unidades de participação no termo deste período, bem como o montante a receber pelo investidor, caso pretenda resgatar o seu investimento.

O valor da unidade de participação obtém-se, mais uma vez, através da razão entre o património do fundo e o número de quotas que o compõem. Só que agora

Património = 500.000 € × (1 + 20%) = 600.000 €

Número de UP = 100.000 × (1 + 9%) = 109.000 UP

Por conseguinte, a cotação $\text{UP} = \dfrac{600.000 \text{ €}}{109.000 \text{ UP}} \cong 5,50 \text{ €}$

---

apontadas têm como objetivo comum facultar ao investidor todos os elementos que lhes permitam tomar decisões esclarecidas relativamente aos investimentos propostos.
Para maior aprofundamento, cfr. Decreto-Lei nº 71/2010, de 18 de junho, essencialmente artigos 61º a 64º.

Já o valor a receber pelo investidor, se resgatar na íntegra as UP de que é detentor, resultará da multiplicação do número de UP pela nova cotação, isto é,

Valor a receber = 4.000 × 5,50 € = 2.200 €

d) Qual a rendibilidade obtida no período em apreço?

De modo simplificado, a rendibilidade observada no período corresponde à razão entre a variação da cotação de cada UP e a cotação no momento do investimento, donde

$$\text{Rendibilidade}_{\text{período}} = \frac{5,50\ € - 5,00\ €}{5,00\ €} = 10\%$$

No que se refere ao *modo de constituição*, devemos atender a dois tipos de fundos de investimento: aos **fundos abertos** e aos **fundos fechados**.

Os **fundos abertos** são compostos por um número variável de unidades de participação, uma vez que é permitido, a todo o momento e a qualquer investidor, comprar ou vender unidades de participação do fundo. Destarte, as operações de subscrição e de resgate encontram-se permanentemente disponíveis, ao mesmo tempo que o investidor poderá obter liquidez, de modo imediato, através do resgate das unidades de participação que detiver.

Enquanto isso, os **fundos fechados** são compostos por um número constante de unidades de participação, pelo que a entrada e saída de participantes não é consentida. A subscrição de unidades de participação ocorre de uma só vez, ao passo que o respetivo resgate só será possível numa data específica, pré-determinada no momento de constituição do fundo. Não obstante, as unidades de participação dos fundos fechados admitidos à cotação podem ser transacionadas no mercado secundário de títulos.

Facilmente se conclui que o exemplo anteriormente apresentado se refere a um fundo de investimento aberto.

1.2. Vantagens e limitações dos fundos de investimento

Dados as características e o modo de funcionamento dos fundos de investimento[62], cumpre equacionar quais as **vantagens** e as **limitações** que lhes estão associadas.

---

[62] Em Portugal, o funcionamento dos fundos de investimento obedece à normas definidas pela Comissão de Mercado de Valores Mobiliários (CMVM).

Entre as primeiras, pesam, *grosso modo*, os seguintes aspetos:

- Os fundos de investimento proporcionam, por norma, um elevado nível de liquidez, permitindo a realização de operações de resgate sem que se observem períodos de carência consideráveis[63].
- Os requisitos no que concerne ao capital investido são normalmente baixos, pelo que os fundos de investimento permitem o acesso ao mercado financeiro a um elenco muito vasto e diferenciado de investidores.
- Por concentrarem um elevado volume de capitais sob gestão, os fundos de investimento proporcionam um nível de diversificação mais elevado do que aquele que se observaria se cada investidor, *per se*, acedesse diretamente ao mercado.
- A administração e a gestão dos fundos de investimento são entregues a especialistas, que cuidam dos aspetos jurídicos e legais inerentes ao investimento e acompanham o mercado, de forma contínua, de modo a buscarem as melhores oportunidades de investimento, o que, na maioria das vezes, o investidor individual não tem condições de efetuar.
- O investidor poderá, no entanto, acompanhar diariamente a evolução dos seus investimentos, dadas as políticas de transparência no que concerne à divulgação de informação relativa à cotação das unidades de participação, à composição do fundo e às estratégias de investimento.
- A rendibilidade obtida é idêntica para todos os detentores de unidades de participação, independentemente do montante aplicado. Assim, se um fundo obtiver, no lapso de um mês, uma rendibilidade de 3%, todas as UP registarão a mesma valorização, desatendendo ao capital investido.
- A grandeza dos valores envolvidos sob gestão permite que os fundos de investimento obtenham condições mais vantajosas a nível de custos de transação, do que aquelas que o investidor individual conseguiria; os fundos de investimento possibilitam, assim, o acesso aos mercados mundiais com custos[64] menores.

---

[63] Constituem exceção os fundos fechados, que, tal como observámos oportunamente, apenas proporcionam liquidez se as suas UP forem transacionadas no mercado secundário. Já entre os fundos abertos, muitos são os que não requerem qualquer período de carência para resgate do investimento.
[64] Muito embora os fundos de investimento permitam o acesso aos mercados em condições mais favoráveis, tal não significa que os investidores individuais fiquem isentos de custos. Estes suportarão encargos de natureza diversa, os quais se refletem ao nível da rendibilidade auferida, dependendo, desde logo, do tipo de fundo e da entidade gestora.
Os custos mais comuns associados aos fundos de investimento são os seguintes: *i*) **comissões de subscrição** – devidas no momento da compra de unidades de participação, oscilam, na generalidade dos

Do lado das limitações, pondera o facto de os investidores confiarem a terceiros a gestão do seu património, abdicando da sua autonomia e remetendo para os gestores do fundo a sua capacidade de tomada de decisão. No limite, poder-se-á sustentar que os fundos de investimento conduzem a soluções padronizadas, que obrigam à submissão a regras pré-definidas, enquanto cada investidor poderá corresponder a uma solução individualizada.

1.3. Riscos inerentes aos fundos de investimento

O *risco de um fundo de investimento* resulta, necessariamente, dos riscos implícitos nos ativos que constituem a carteira desse fundo. O risco do fundo é calculado tendo por base a volubilidade em torno do valor da unidade de participação, podendo a mesma subir ou descer em função da avaliação dos ativos que constituem o património do fundo.

Desta feita, os fundos podem ser classificados como tendo *baixo*, *médio* ou *alto* risco.

Os fundos de **baixo risco** – mormente os fundos de tesouraria, em cujas carteiras ponderam os títulos da dívida pública – proporcionam uma forte segurança ao investidor, no sentido em que se observam diferenças pouco significativas entre os retornos esperados e os efetivamente observados[65]; não obstante, em contrapartida, esse retorno é, por norma, relativamente baixo.

Já os fundos de **alto risco**, embora proporcionem rendibilidades relativamente elevadas, revelam grandes oscilações em torno da rendibilidade esperada, podendo, inclusivamente, acarretar prejuízos para o investidor.

Entre a mesma classe de fundos, o risco implícito varia de fundo para fundo, consoante os ativos que compõem a carteira. Assim, um fundo de obrigações exclusivamente constituído por Obrigações do Tesouro tende a apresentar um perfil de risco inferior ao de um outro fundo que aposte unicamente em obrigações de empresas. Da mesma forma, um fundo de ações pode apresentar um risco maior ou menor, atendendo à dimensão e à solidez financeira das empresas que compõem o *portfolio*.

---

fundos, entre 0 e 3,5%; *ii*) **comissões de resgate** – devidas no momento de venda de unidades de participação, por norma, só serão aplicadas quando o prazo médio de duração de investimento não for cumprido pelo investidor; *iii*) **comissões de gestão** – assumem, na maioria dos fundos, uma periodicidade anual e destinam-se à remuneração do trabalho da equipa de gestão ou da entidade gestora; *iv*) **comissões de performance** – embora pouco comuns, incidem sobre os resultados extraordinários eventualmente obtidos, pelo que estimulam a equipa gestora a adotar políticas de investimento suscetíveis de atingir esses objetivos.

[65] Os investimentos com baixa volatilidade (variabilidade) possuem uma *performance* mais estável, logo têm um comportamento mais previsível, não surpreendendo o investidor.

Deste modo, o risco de um fundo de investimento decorre dos riscos associados aos ativos presentes na carteira, os quais envolvem, inevitavelmente, o *risco de mercado*, o *risco de crédito* e o *risco de liquidez*.

Como discutimos no Capítulo 2, o *risco de mercado* traduz a variação relativa que se observa ao nível da cotação dos títulos comparativamente à cotação da carteira cópia do mercado e é suscetível de mensuração através do parâmetro beta. No âmbito dos fundos de investimento, o risco de mercado dependerá dos betas dos ativos que compõem a carteira. Quanto maior for esse parâmetro, maior oscilação se observará ao nível da cotação dos ativos e, consequentemente, mais difícil se torna estimar o valor das unidades de participação.

O *risco de crédito* resulta da eventual incapacidade de as entidades gestoras honrarem os seus compromissos financeiros assumidos com os investidores. Essa situação pode ser causada por problemas internos – oriundos de má administração ou gestão, de dificuldades em cumprir os planos previamente estabelecidos – ou pode ocorrer devido a problemas que se colocam às próprias entidades emitentes dos ativos financeiros. Com efeito, quando o fundo adquire um título, torna-se prestamista da entidade que o emitiu, correndo, desde logo, o risco de o tomador dos recursos não honrar as obrigações respetivas.

Por fim, também o *risco de liquidez* se coloca em dois planos distintos: *i*) dificuldades na venda dos ativos financeiros que compõem a carteira, pelo que o gestor do fundo poderá não conseguir atender aos pedidos de resgate do investimento; *ii*) dificuldades na venda das quotas, isto é, das unidades de participação, pelo que, tratando-se de um fundo fechado, o investidor poderá vender essas quotas a um preço mais baixo que o esperado, caso se confronte com uma necessidade imediata de liquidez.

1.4. Políticas de investimento e perfis de risco

O capital aplicado pelos investidores em fundos de investimento é posteriormente canalizado para a aquisição de ativos, tais como ações, obrigações, títulos da dívida pública, certificados de depósito, produtos derivados, etc., os quais passarão a constituir o património do fundo.

Porém, a composição desses patrimónios difere, necessariamente, em função das respetivas características, dos seus objetivos e do risco que lhe está associado, o que conduz, assim, ao surgimento de carteiras mais ou menos diversificadas. A política de investimento prosseguida deve atender, de modo particular, aos objetivos subjacentes a cada fundo; logo os fundos mais conservadores serão maioritariamente compostos por títulos de baixo risco, ao passo que os ativos mais voláteis ponderarão nas carteiras dos fundos mais agressivos.

Também a constituição de fundos de investimento obedece ao critério da maximização da rendibilidade para cada nível de risco assumido. A rendibilidade obtida por um fundo de investimento é, desde logo, consequência das escolhas efetuadas pelo respetivo gestor.

Por tudo o que temos vindo a expor, é importante que o investidor se mantenha informado sobre quais os ativos que compõem a carteira do fundo, de modo a que possa optar por uma *possibilidade adequada ao seu perfil de risco*. Para além disso, o investidor deverá atender às condições de resgate de UP e às condições de negociação das quotas no caso dos fundos fechados, no intuito de decidir a propósito da sua permanência no fundo.

Porém, para que os fundos de investimento satisfaçam quem neles investe é necessário que o respetivo gestor defina os seguintes aspetos: *i*) objetivos em termos de rendibilidade e risco; *ii*) horizonte temporal das aplicações; *iii*) estratégia de alocação de ativos[66].

2. Estratégias de gestão de carteiras

Em função do entendimento do gestor relativamente à eficiência dos mercados, assim este prosseguirá uma estratégia de *gestão ativa* ou uma estratégia de *gestão passiva*.

As estratégias de *gestão ativa* caracterizam-se por adequarem, a cada momento, a política de investimentos e, bem assim, a própria estrutura do *portfolio*. O gestor que prossegue uma estratégia desta natureza considera que o mercado é ineficiente e, por conseguinte, a cotação de certos ativos não reflete o respetivo valor real. Este tipo de estratégia intenta, justamente, tirar partido das ineficiências do mercado e tem associados, por norma, tanto rendibilidades como custos superiores aos evidenciados pela média do mercado (uma vez que tanto analistas como gestores despendem tempo a identificar essas ineficiências).

Por seu turno, uma estratégia de *gestão passiva* baseia-se no pressuposto de que o mercado é eficiente, pelo que os preços dos ativos são, a todo o momento, uma estimativa não enviesada do seu valor futuro. Desta feita, não é possível superar, de modo continuado, o retorno proporcionado pelo mercado. As carteiras que sejam alvo de uma gestão passiva registam um número reduzido de operações (de compra ou de venda de ativos) e a sua composição permanecerá relativamente estável ao longo do tempo. Este tipo de estratégia tem, ainda, associada a convicção de que os investimentos de baixo custo são os que proporcionam melhores retornos no longo prazo.

---

[66] Os tópicos correspondentes a *ii*) e a *iii*) serão desenvolvidos, em termos genéricos, ao longo do presente Capítulo.

No âmbito da gestão de carteiras, devemos, ainda, atender às seguintes dimensões:

a) Estratégia quantitativa *versus* estratégia qualitativa

Enquanto a primeira se sustenta na otimização constante da rendibilidade esperada, a requerer o conhecimento e o domínio de métodos e técnicas do campo estatístico, a segunda privilegia a análise fundamental dos ativos. A avaliação qualitativa de empresas assume-se, simultaneamente, como uma metodologia simples e eficaz, quando se trata de aferir o potencial de um dado investimento.

b) Estratégia *top-down versus* estratégia *bottom-up*

Na primeira, como o próprio nome indica, o investidor principia por atender à componente macroeconómica, mormente à evolução de certos indicadores, tais como a evolução do PIB, das taxas de juro, de câmbio e de inflação, e ainda os indicadores referentes ao comércio internacional. Uma vez identificado o cenário mais provável, o investidor seleciona os setores mais atrativos da economia entre as diversas classes de ativos. Por seu turno, na segunda, a alocação de ativos obedece ao denominado *stock-picking*[67], tendo por base critérios de natureza qualitativa, nomeadamente a qualidade das práticas de gestão, a marca, a estratégia da empresa e alguns eventos de natureza corporativa, como fusões e aquisições. Uma vez escolhidas as melhores empresas, espera-se que estas continuem a evidenciar bons indicadores, para cenários económicos diversos.

Em termos práticos, torna-se difícil o estabelecimento de uma clara linha de fronteira entre as vertentes apontadas, sendo comum, por parte dos investidores e no que concerne ao processo de alocação de ativos, o recurso a um misto de ambas.

c) Estratégia *value versus* estratégia *growth*

A estratégia *value* consubstancia-se num dos métodos mais conhecidos de *stock picking*. A filosofia *value* baseia-se na busca de empresas que estejam desadequadamente avaliadas pelo mercado, ou seja, que se encontrem cotadas abaixo do seu valor intrínseco. Como tal, estas empresas apresentam um potencial de crescimento do preço dos respetivos ativos, no momento em que o mercado corrigir o erro de avaliação. Os princípios inerentes a esta filosofia de investimento

---

[67] Termo comummente utilizado na gíria financeira e que designa o processo de seleção de ações, com base num conjunto sistemático de critérios, tendo como objetivo atingir uma taxa de retorno maior do que a média geral do mercado, através da inclusão desses ativos no *portfolio*. A posição pode ser curta ou longa, dependendo da perspetiva do investidor ou do analista relativamente ao preço dos títulos em questão.

são conhecidos desde os anos 30 do século XX e divulgados na obra intitulada *Security Analysis: Principles and Techniques*, da autoria de Benjamin Graham e David Dodd. A primeira edição data de 1934, sendo que já foram publicadas várias edições posteriores, algumas delas acompanhadas de comentários de académicos e de peritos na área financeira.

Se a estratégia *value* privilegia o valor presente dos títulos, em contraponto, a estratégia *growth* foca-se, sobretudo, no potencial futuro das empresas, com muito menos ênfase no preço atual dos títulos. Como o próprio nome sugere, as ações *growth* pertencem a empresas que revelam uma taxa de crescimento superior à do mercado. Deste modo, os investidores *growth* interessam-se, particularmente, por empresas jovens e que se encontrem em rápida expansão. Um exemplo que ilustra a estratégia *growth* é o que sucedeu nos anos 90 do século XX, com as empresas tecnológicas, que registaram um crescimento sem precedentes, conhecido na gíria como bolha tecnológica.

As estratégias *growth* envolvem, porém, um risco elevado. Com efeito, as empresas tecnológicas permitiram a obtenção de lucros elevados durante um breve espaço de tempo, sendo que, nos primeiros anos do novo milénio, já se observavam quebras significativas da cotação destas ações, acompanhadas de algumas vendas e de fusões das respetivas empresas.

Em jeito de síntese, assentimos que estes dois tipos de estratégia coexistem no mercado financeiro: se certos investidores optam por ações de empresas cujos lucros cresceram consideravelmente no passado – tendo a expectativa de que continuarão a crescer –, outros optam por ações com perspetivas de crescimento menores, mas que estejam subavaliadas relativamente ao seu valor intrínseco.

3. Gestão ativa *versus* gestão passiva: princípios e adoção

Uma estratégia de **gestão ativa** intenta obter uma *performance* superior à de um certo índice de mercado com a qual é comparada. Através deste tipo de estratégia, os gestores de carteiras pretendem otimizar a relação entre os níveis de risco e de rendibilidade associados a esses *portfolios*, escolhendo os ativos que, no seu conjunto, apresentem uma rendibilidade superior à do próprio mercado[68].

Os investidores que prosseguem uma estratégia de gestão ativa consideram que é possível superar a rendibilidade correspondente a um índice de referência, uma vez que os mercados não são eficientes e, como tal, os preços não indicam o verdadeiro valor dos ativos.

---

[68] É expectável, pelo menos teoricamente, que os gestores se sintam mais motivados para prosseguir uma estratégia de gestão ativa, atendendo à perspetiva de superar um índice de referência e à própria concorrência entre gestores.

A hipótese da eficiência dos mercados não se afigura relevante no âmbito da gestão ativa de carteiras. Com efeito, é justamente o facto de os mercados serem ineficientes que proporcionará aos «gestores ativos» a obtenção de ganhos anormais. Os «gestores ativos» necessitam, porém, de conduzir uma vasta pesquisa analítica, de realizar previsões e de atender ao seu próprio julgamento e à sua experiência pessoal, no processo de identificação de oportunidades e de tomada de decisões de investimento.

Em termos genéricos, um «gestor ativo» analisa os indicadores económicos do país, bem como os fundamentos[69] das empresas em que pretende investir, no sentido de determinar se esses ativos estão a ser transacionados a um preço que difere do seu valor intrínseco, comprando os ativos que estejam a ser vendidos abaixo desse valor e vendendo os ativos que considera estarem cotados acima desse valor.

Tomando o entendimento de Bodie, Kane e Marcus (2002), numa estratégia de gestão ativa, o investidor ou gestor considera que a composição subjacente a um certo índice de mercado não corresponde à estrutura da carteira ótima; como tal a sua primeira tarefa será a de definir essa estrutura, recorrendo, para o efeito, a programas e a modelos de otimização.

O objetivo primordial será o da seleção dos ativos suscetíveis de constituir uma carteira que, de uma forma consistente e continuada, permita obter uma relação rendibilidade/risco que exceda a proporcionada pelas carteiras de investimento representativas do mercado. O «gestor ativo» adquirirá ativos subavaliados, na perspetiva de uma subida próxima das cotações e de obtenção de rendibilidades que superem tanto as estratégias passivas como as de mercado.

O excesso de desempenho do gestor, normalmente associado às estratégias de gestão ativa, resulta da seleção de ativos subavaliados e/ou da realização de movimentos de compra e de venda, que permitam alavancar as carteiras em relação ao índice de mercado, quando a tendência é de alta dos preços, e desalavancar os investimentos, quando se esperam quedas nos preços de mercado, por intermédio do denominado *market-timing*[70]. Basicamente, o «gestor ativo» procurará adquirir títulos que se encontrem subavaliados, vendendo-os quando atingirem ou ultrapassarem o seu valor real.

---

[69] Referimo-nos a um conjunto de indicadores económico-financeiros das empresas – bem como à sua perspetiva de evolução, os quais permitem a determinação do valor intrínseco dos ativos, podendo, este último, ser comparado com o respetivo valor de mercado. Ainda neste Capítulo, deter-nos-emos sobre os contornos da **análise fundamental**.

[70] Aprofundaremos este tema mais adiante. Por ora, avançaremos que o desempenho do gestor pode resultar da capacidade de prever os preços dos ativos individuais – **seletividade** – ou da capacidade de antecipar os movimentos do mercado em geral – **timing**.

Ainda neste domínio, Elton, Gruber, Brown e Goetzmann (2003) esclarecem que as estratégias de gestão ativas assentam em três vertentes: *market timing*, *sector selection* e *security selection*[71].

A propósito do processo de escolha dos títulos a incluir na carteira, este poderá obedecer a uma metodologia do tipo **top-down** ou do tipo **bottom-up**. No primeiro tipo, o gestor atende às condicionantes gerais que caracterizam o mercado, elegendo, de seguida, quais os setores de atividade ou indústrias suscetíveis de obter melhores rendibilidades, em função dessas condicionantes e dos ditames dos ciclos económicos. Seguidamente, selecionam-se, então, as empresas e os ativos a incluir na carteira. Já no segundo tipo, as condições de mercado tendem a ser ignoradas; em vez disso, as empresas são avaliadas com base nas suas demonstrações financeiras, carteiras de produtos ou em qualquer outro critério objetivo. Esta aceção assenta no pressuposto de que as empresas mais fortes tenderão a obter melhores resultados, independentemente de as condições de mercado serem ou não adversas.

Por sua vez, a prossecução de uma estratégia de *gestão passiva* tem como objetivo essencial a obtenção de uma rendibilidade próxima de um índice de mercado pré-estabelecido, denominado *benchmark*. A este tipo de estratégia associam-se, genericamente, as seguintes vantagens:

1) **Facilidade de aplicação** – as carteiras são constituídas por intermédio da replicação de um *benchmark* de referência (estratégia de *full replication*) ou através do recurso a modelos matemáticos que visem reduzir as diferenças entre a rendibilidade da carteira e a rendibilidade do índice, isto é, através da redução do denominado *tracking error*[72].

2) **Baixo custo de constituição da carteira** – a constituição da carteira pode ser levada a efeito por um único analista, desde que este possa aceder a uma base de dados relativos aos ativos em questão e aos *benchmarks* de referência. *A posteriori*, basta que disponha de meios informáticos que permitam a otimização dos resultados.

3) **Baixo custo de manutenção da carteira** – os *portfolios* sobre os quais incida uma gestão passiva têm uma estrutura relativamente estável ao longo do tempo, o que se traduz, necessariamente, em menores custos de transação.

---

[71] Retomaremos estes tópicos quando avaliarmos o contributo de cada uma das vertentes para a formação da rendibilidade associada a um certo investimento.

[72] O *tracking error* corresponde à diferença entre a rendibilidade obtida no âmbito de uma estratégia de gestão passiva e a rendibilidade relativa ao índice de referência. Adiante retomaremos e desenvolveremos este conceito.

Este tipo de estratégia elege como único objetivo o seguimento da evolução de um índice bolsista, o que permite ter acesso aos mercados de rendimento variável, como é o caso das ações, com limitação teórica do risco. Com efeito, a gestão passiva de carteiras baseia-se na crença da eficiência dos mercados[73] e não requer competências excecionais por parte dos gestores dos fundos, na medida em que o critério de seleção dos ativos que compõem as carteiras é o mesmo que está subjacente ao próprio índice.

Por este motivo, esta estratégia é frequentemente designada por **estratégia de indexação**, dado que o gestor constrói uma carteira que reproduz o comportamento de um determinado índice, o qual atuará, ainda, como um *benchmark*. Deste modo, as alterações ao nível da composição da carteira decorrerão de alterações ao nível da composição do próprio índice de referência.

Para além disso, a gestão passiva caracteriza-se, ainda, por uma estratégia de **buy-and-hold**[74], ou seja, por uma estratégia de «comprar e manter». Esta estratégia sustenta-se na convicção de que, a longo prazo, o mercado permitirá obter uma rendibilidade superior à do investimento em ativos sem risco. Como os investidores acreditam que os preços dos ativos refletem toda a informação pública relevante, torna-se difícil – e até mesmo inútil – antecipar as flutuações em torno desses preços. Desta sorte, os lucros e os prejuízos resultantes das movimentações de compra e de venda são nulos para o investidor.

Acresce que os defensores de uma estratégia de gestão passiva argumentam que o elevado nível de eficiência dos mercados tende a manter o preço dos ativos em constante equilíbrio. Quando confrontados com os eventuais ganhos proporcionados por uma estratégia de gestão ativa, estes gestores sustentam, ainda, que esses ganhos são inconsistentes e não compensam os custos associados ao processo de seleção de ativos.

Entre nós, o trabalho conduzido por Oliveira (2009), tendo por base as cotações do PSI-20 para um período de 11 anos, de 1 de janeiro de 1996 a 31 de dezembro de 2006, vem demonstrar que não compensa optar por uma estratégia de gestão ativa, quando o *portfolio* em apreço for constituído por ativos que compõem o referido índice.

---

[73] Cfr. Fama (1991), onde se sustenta que a hipótese de eficiência de mercado é muito controversa e que pode não ser devidamente confirmada, uma vez que o investidor apenas elegerá a carteira que melhor se adequa ao seu nível de aversão ao risco.
[74] O que não significa o mesmo que uma estratégia de *buy-and-forget*, ou seja, «comprar e esquecer», uma vez que o gestor deverá estar atento às variações das rendibilidades dos títulos, sendo mesmo de alterar a composição do investimento sempre que percecionar qualquer tipo de anomalia.

Em jeito de síntese, no contexto da gestão passiva de carteiras, ponderam as ideias de *mercado eficiente* – uma vez que, como já se referiu, os seguidores deste tipo de estratégia consideram que toda a informação relevante (variações da taxa de juro, anúncios de distribuição de dividendos, mudanças na gestão das empresas, etc.) se reflete, de imediato, no preço dos ativos, não sendo, por isso mesmo, possível ultrapassar, de modo consistente, as médias do mercado – e de *indexação* – no sentido em que os investidores podem tirar partido deste tipo de estratégia recorrendo a um fundo indexado ou constituindo uma carteira com idêntica composição à de um determinado índice, pesando, ainda, o facto de os fundos indexados terem, por norma, custos de gestão/transação menores que os fundos de gestão ativa.

Cumpre, por último, referir que, *grosso modo*, a literatura financeira identifica a estratégia de gestão passiva como a que proporciona maiores retornos no longo prazo.

4. Alocação de ativos, seleção de ativos e *market timing* (*asset allocation, security selection* e *market timing*)

A **alocação de ativos** (*asset allocation*) corresponde ao conjunto de critérios seguidos por cada investidor de modo a distribuir o seu capital pelos diferentes veículos de investimento existentes no mercado. Desta feita, a *asset allocation* é o processo através do qual o investidor reparte o seu *portfolio* em várias classes de ativos ou, de outro modo, a *asset allocation* determina a proporção da carteira a colocar em cada uma das classes de ativos. Entre esses ativos incluem-se as ações, as obrigações, as aplicações de curo prazo (Bilhetes do Tesouro a 30 dias), ações e obrigações de empresas estrangeiras, bem como outros ativos, mormente bens tangíveis (por exemplo, *gold* ou outras *commodities*), colecionáveis e imobiliário. Estas classes, que descrevemos *grosso modo* logo de início, implicam, necessariamente, diferentes níveis de rendibilidade e risco, pelo que o seu comportamento poderá variar ao longo do tempo.

Uma vez tomada a decisão de distribuição do investimento por classes de ativos (*asset allocation*), o investidor ou o gestor da carteira determinará quais as ações que entram na sua composição (*security selection*). Também aqui a decisão pode ocorrer numa base ativa ou passiva. A **security selection** corresponde, assim, à escolha de valores mobiliários específicos dentro de uma certa classe de ativos. Primeiramente, com base em fatores inerentes à rendibilidade esperada e à tolerância ao risco, o investidor ou o gestor do *portfolio* define a estratégia de alocação de ativos. Posteriormente, deve, então, preencher cada categoria de ativos específicos com valores individuais e/ou fundos mútuos, compatíveis com a alocação inicialmente definida.

Para além da importância atribuída às decisões de *asset allocation*, a literatura enfatiza também o papel das decisões de *security selection*, na medida em que estas últimas implicam uma seleção cuidadosa entre as diversas classes de ativos[75].

Por seu turno, o ***market timing*** é a estratégia de tomada de decisões de compra ou venda de ativos financeiros (maioritariamente ações) tendo por base a tentativa de antecipação dos movimentos futuros em torno do preço dos ativos. As previsões podem firmar-se nas perspetivas de evolução do mercado ou em informação de natureza económica e financeira, mormente na que resulta da construção de indicadores técnicos.

O *market timing* envolve, assim, a alocação tática[76] dos pesos das diferentes classes e subclasses de ativos, por forma a beneficiar das flutuações de curto prazo. Esta é uma estratégia de investimento na qual o mercado é perspetivado como um conjunto, em vez de se atender a um ativo financeiro específico.

No contexto da SML, o *market timing* refere-se à aptidão com a qual o gestor altera o risco da sua carteira, de acordo com as expectativas de movimento na carteira de mercado. Neste sentido, Sharpe, Alexander e Bailey (1995) argumentam que, para aproveitar o *market timing*, se deve mudar o beta médio dos títulos de risco da carteira ou alterar a proporção entre títulos de risco e títulos sem risco na carteira.

Outrossim, o *market timing* pode ser entendido como uma técnica de gestão ativa, em que o gestor monitoriza os mercados de ações e títulos de rendimento fixo, para antecipar tendências de superioridade num desses mercados e, consequentemente, alterar a composição do seu investimento. Logo o investidor//gestor poderá investir em ações de beta elevado, quando prevê que as cotações venham a subir no mercado de ações, ou em ações de beta baixo, quando, ao invés, prevê uma quebra no preço dos ativos.

5. A relevância da alocação de ativos (*asset allocation*)

É através da escolha dos ativos que compõem um *portfolio* – ou seja, através da *asset allocation* e da *security selection* – que se concretizam os objetivos previamente definidos para cada investimento.

Como assinalámos anteriormente, os objetivos de cada investimento variam, entre outros, em função do perfil de risco do investidor, dando, por isso mesmo, lugar a estratégias de investimento dissemelhantes. Logo não existe uma metodologia única que permita identificar, para todos os investidores, a distribuição ótima entre as várias categorias de ativos.

---

[75] A este propósito, cfr. os contributos de Ackert, Church e Englis (2002), de Bekkers, Doeswijk e Lam (2009), de Brinson, Hood e Beebower (1986), de Faber (2007) e de Faerber (2007).
[76] Desenvolveremos o conceito de alocação tática no ponto seguinte.

No entanto, podemos atender à diferenciação entre entre **alocação estratégica de ativos** (*strategic asset allocation*) e **alocação tática de ativos** (*tactical asset allocation*).

5.1. Alocação estratégica de ativos

A alocação estratégica consubstancia-se na afetação do investimento por diversas classes de ativos; enquanto isso, a alocação tática envolve a afetação do investimento no âmbito da mesma classe de ativos, através da realização de ajustamentos resultantes das mutações observadas no mercado. Destarte, a alocação estratégica de ativos é motivada pelas escolhas de longo prazo, sendo que a alocação tática resulta das expectativas de curto prazo.

Na *strategic asset allocation* atende-se, desde logo, aos objetivos de rendibilidade do investidor, à respetiva tolerância ao risco e às restrições ao investimento. Define-se qual a alocação padrão para cada *portfolio*, através da combinação entre os melhores ativos, dados os respetivos retornos esperados. O investidor procurará manter essa composição ao longo do tempo, o que implicará uma revisão periódica da carteira (*rebalacing*). Tomemos, por exemplo, o caso de um investidor que determinou a seguinte alocação padrão para o seu investimento: 50% do capital aplicado em ativos de rendimento fixo[77] e os restantes 50% aplicados em ações. Com o decorrer do templo, de acordo com as mutações normais do mercado, o *portfolio* apresenta a seguinte composição: 60% aplicados em ativos de rendimento fixo e 40% aplicados em ações. Logo, o investidor deverá recompor a sua carteira, de modo a que a mesma corresponda ao padrão previamente determinado. Desta feita, deverá vender os 10% excedentes em ativos de rendimento fixo e utilizar esses recursos para comprar os 10% necessários para perfazer os 50% correspondentes à classe de ações. Desta feita o investimento voltará a distribuir-se, em partes iguais, pelas duas classes de ativos, realizando lucros no rendimento fixo e reduzindo o preço médio de compra das suas ações.

5.2. Alocação tática de ativos

Uma estratégia de investimento de longo prazo pode revelar-se demasiado rígida, pelo que, ocasionalmente, um investidor pode considerar interessante tirar partido de oportunidades de investimento atípicas, ou pouco comuns, que venham

---

[77] O investimento em ativos de rendimento fixo é todo o investimento que permite conhecer previamente os retornos que serão gerados, tornando-se fácil estimar o fluxo de rendimentos a eles associados. Entre os ativos de rendimento fixo, encontram-se, por exemplo, os títulos do tesouro e os Certificado de Depósito Bancário (CDB).

a suceder. Assim, na *tactical asset allocation*, necessariamente mais flexível que a alocação estratégica, a composição do *portfolio* varia livremente ao longo do tempo, de acordo com as preferências do investidor e a sua perceção sobre o mercado. Aqui se incluem os "ajustamentos" realizados no âmbito da alocação estratégica, causados pela perceção relativa das *mis-valuations* entre as classes de ativos disponíveis.

Nestes casos, o investidor adotará uma visão de curto prazo no âmbito do *mix* inicialmente estabelecido, introduzindo, assim, uma componente de *market timing* na gestão da carteira e permitindo ao investidor ou ao gestor do investimento fruir de condições financeiras que sejam mais favoráveis a certas classes de ativos que a outras.

Retomemos o exemplo anteriormente proposto em que o investidor define um *portfolio* em que o capital se reparte do seguinte modo; 50% do capital aplicado em ativos de rendimento fixo e os restantes 50% aplicados em ações. Porém, após análise exaustiva ao mercado, verificou que existe forte probabilidade de a cotação das ações cair, nos próximos meses; neste caso, o investidor decide diminuir a sua alocação em ações, de 50% para 25%, e, consequentemente, aumentar a alocação em títulos de rendimento fixo de 50% para 75%. Deste modo, ele adota uma alocação com um *viés* de baixa para a bolsa, embora não tenha a certeza de que tal vá ocorrer.

Neste contexto, a alocação tática de ativos deve ser entendida como uma **estratégia moderadamente ativa**, uma vez que o *mix* estratégico, subjacente à composição da carteira no longo prazo, deve ser restabelecido uma vez atingidos os objetivos de curto prazo. Esta designação decorre do facto de os gestores poderem obter um retorno adicional, aproveitando as circunstâncias do mercado, regressando ao *mix* original de ativos, desde que intentem a obtenção de lucros no curto prazo.

Este tipo de atuação revela-se particularmente exigente, na medida em que o investidor ou o gestor do investimento deverá acompanhar a evolução do mercado de modo contínuo e persistente, por forma a precisar o momento em que os seus objetivos foram atingidos e restabelecer a sua alocação de longo prazo. Um certo investidor pode ter como objetivo de longo prazo a manutenção de 10% da sua carteira em ações americanas; porém, se as expectativas apontarem para uma redução da rendibilidade, o investidor tomará a decisão tática de reduzir a sua exposição a esta classe de ativos até que as circunstâncias se alterem e voltem a permitir o estabelecimento do *mix* de longo prazo.

A alocação estratégica de ativos corresponde a períodos de tempo longos, por norma, a ciclos de 10 ou mais anos, modificando-se poucas vezes no decurso da vida do investidor. Por exemplo, é suposto que um indivíduo que se encontre no início da sua vida profissional e que comece a gerar poupanças, venha a optar por uma carteira concentrada em ações relativamente arriscadas e com baixo rendimento líquido, pois mesmo que tal investimento se venha a revelar pouco acertado, tem por diante toda uma vida ativa que lhe permitirá superar eventuais perdas. Contrariamente, um investidor que se encontre em fase final da sua carreira, optará por uma carteira com menor risco, tendencialmente composta por obrigações, cujos rendimentos periódicos líquidos permitam funcionar como um complemento à sua pensão de reforma.

Statman (2001) avalia a importância de ambas as formas de alocação de ativos, atribuindo, a cada uma delas, idêntico relevo, embora sob uma perspetiva diferente. O autor sustenta que a *alocação estratégica de ativos* se coloca no plano da gestão dos *investidores* – com a identificação dos respetivos objetivos, recursos e limitações –, enquanto a *alocação tática de ativos* envolve a gestão dos *investimentos*.

6. A relevância do horizonte temporal de investimento

Diferentes filosofias ou estratégias de investimento impõem, necessariamente, horizontes temporais também diferentes.

Uma filosofia fundada no pressuposto de que os mercados reagem, de forma amplificada, a novas informações pode gerar a adoção de estratégias de curto prazo. Um investidor/gestor pode adquirir ações imediatamente após o anúncio de maus resultados, mantê-las durante algumas semanas e vendê-las quando o mercado tiver corrigido o seu valor e o respetivo preço tiver aumentado.

Em contraponto, uma filosofia que vise a aquisição de ações "negligenciadas" (ações que não são observadas por analistas ou detidas por investidores institucionais[78]) pode exigir um horizonte temporal mais dilatado.

O horizonte temporal relativo a uma filosofia de investimento é condicionado pelo tipo de ajustamentos que devem ocorrer na composição da carteira, por forma a que o investidor/gestor possa atingir os resultados subjacentes à estratégia que anteriormente definiu.

Com efeito, os gestores/investidores podem adicionar valor aos aos seus investimentos por intermédio de estratégias do tipo *market timing*, alavancagem

---

[78] Os investidores institucionais gerem um montante cada vez mais significativo dos ativos financeiros nos mercados mais evoluídos. Daí que sejam frequentes os apelos à sua intervenção enquanto agentes fiscalizadores e indutores de melhor *corporate governance*, provenientes da esfera académica, de fóruns profissionais, de autoridades públicas e de organismos internacionais.
São considerados investidores institucionais o Estado e outras instituições públicas, os bancos, as seguradoras, os fundos de investimento, os fundos de pensões e outras entidades que invistam no mercado de capitais comprando e vendendo grandes quantidades de valores.

e seletividade dos títulos das suas carteiras. As decisões do gestor de investimentos de rendimento variável[79] podem sustentar-se, basicamente, em estratégias de *market timing* e de *stock picking*, consubstanciadas na seleção de ativos mais adequada à prossecução dos objetivos do *portfolio*.

Timing é definido, de forma simples, por Admati *et* al. (1986) como sendo a resposta do gestor ao uso de informação privilegiada. Por seu turno, a *seletividade* é entendida como a capacidade do gestor para prever os preços dos ativos. Tal significa que se um gestor se considerar capaz de prever retornos maiores do que os do mercado, então ajustará o risco da sua carteira para antecipar os movimentos desse mercado. Importa, sobretudo, referir que se a competência de seletividade é o atributo mais intrinsecamente relacionado com a gestão ativa de fundos, a competência de *market timing* é aquela que, à partida, poderá contribuir, de modo mais decisivo, para o desempenho total do fundo.

Treynor e Mazuy (1966) foram os pioneiros na condução de testes de *market timing* aos fundos mútuos, através da adição de um termo quadrático à equação do CAPM. Com efeito, o propósito destes autores foi o de verificarem a capacidade dos gestores para anteverem o momento em que o mercado entrará em período de alta consistente (*bull-market*), ou de baixa (*bear-market*), e para tomarem decisões de compra ou venda de ativos, de acordo com o pressuposto de maximização dos retornos e minimização da volatilidade.

6.1. Controvérsia em torno do *market timing*

A perceção do *market timing* enquanto verdadeira estratégia de investimento é uma questão controversa entre académicos e investidores.

Não obstante o conhecimento generalizado de que os mercados se movem ciclicamente – para além do elenco de indicadores que, pelo menos teoricamente, refletem a fase de mercado atinente a um momento específico –, tal não equivale a determinar, de forma precisa e consistente, quais os momentos em que se deve comprar ou vender.

Vários estudos publicados em jornais e revistas de referência[80] vêm confirmar a rejeição do *market timing* enquanto estratégia de investimento. Com efeito, à luz das conclusões proporcionadas pela teoria do mercado eficiente, estes autores

---

[79] Nos investimentos em títulos de rendimento variável, o investidor não conhece, previamente, qual será a rentabilidade da sua aplicação. Porém, se a sua escolha for efetuada tendo por base critérios de avaliação rigorosos e obedecendo aos princípios da diversificação de investimentos, a aplicação em ativos de rendimento variável poderá proporcionar ao investidor um retorno maior do que o obtido em aplicações de rendimento fixo. O exemplo mais comum é o das ações e dos fundos de ações.

[80] A este título, cfr. Becker *et* al. (1999), Grinblatt e Titmann (1994) e Malkiel (1995).

sustentam que os preços dos ativos apresentam um ritmo não sistemático de comportamento e, desta sorte, não poderão ser previstos com consistência.

Ao invés, uma outra corrente observa que o *timing* do mercado corresponde apenas a uma designação alternativa para *trading*, na medida em que a tentativa de previsão das cotações futuras é condição comum a todos os intervenientes no mercado, independentemente do tipo de ativos que sejam negociados. Deste modo, estes autores colocam a viabilidade do *market timing* ao nível da patenteada pelas restantes estratégias de investimento, prosseguidas em sede das bolsas de valores.

Por seu turno, os investidores repartem-se entre os defensores e os críticos do *market timing*, sendo que tal diferença de entendimentos resulta, *maxime*, das respetivas vivências pessoais e dos bons ou maus resultados proporcionados por este tipo de estratégia.

Por nós, consideraremos que se revela particularmente difícil cronometrar o mercado, de forma contínua e a longo prazo. Desde logo, o investidor médio não dispõe das ferramentas necessárias que lhe permitam observar o mercado numa base diária, pelo que o *market timing* não se revelará adequado à prossecução dos seus objetivos. Ademais, certos investidores, descrentes da eventualidade de os ativos se encontrarem incorretamente avaliados, perspetivam o *timing* do mercado como um jogo de pura sorte, perfeitamente aleatório.

Todavia, o *timing* do mercado parece ganhar acuidade em presença das denominadas bolhas especulativas. Sucede que mesmo nos momentos de considerável otimismo ou de evidente pessimismo no mercado se revela difícil, senão impossível, prever com precisão o máximo ou mínimo local de preços futuros. Na verdade, a denominada bolha pode durar por vários anos antes do colapso dos preços, da mesma forma que as quebras das cotações podem persistir por longos períodos, na medida em que ações que parecem estar baratas podem tornar-se ainda mais baratas.

6.2. *Market timing versus late trading*

Tal como sustenta Silva (2003, p. 79), o modo mais adequado de proceder à distinção entre os conceitos de *market timing* e de *late trading* é, justamente, atender aos aspetos comuns e aos traços distintivos entre ambos.

Conforme referimos anteriormente, no *market timing*, os investidores procuram explorar as ineficiências presentes no mercado, mormente através da aquisição de ativos subavaliados e da venda de ativos sobreavaliados, atendendo à informação disponível no mercado que ainda não se encontre repercutida no valor das cotações

Por seu turno, o *late trading* envolve a aceitação de uma ordem de compra ou de venda em período de tempo posterior ao encerramento do mercado, ou seja, num momento no qual o preço do ativo já se encontra definido de acordo com as leis do mercado de valores mobiliários.

Deste modo, podemos assentir que as operações realizadas em situações de *market timing* e de *late trading* têm em comum o objetivo e o modo de atuação, isto é, ambas as práticas intentam a obtenção de ganhos, através da compra ou da venda de ativos, consoante o valor de mercado se situe abaixo ou acima do valor real.

Todavia, o *market timing* corresponde a uma prática perfeitamente legal, uma vez que as ordens de compra ou de venda são encaminhadas para o mercado antes do fecho do mesmo. Para além disso, todos os investidores têm igual acesso a este tipo de oportunidade, dado que a informação relevante se encontra disponível no mercado. Ora tal não sucede no âmbito do *late trading*. Uma situação de *late trading* é aquela que ocorre quando um ativo é transacionado, várias horas após o encerramento do mercado, ao preço estabelecido no momento de fecho, quando entre ambos os momentos se pode ter gerado toda uma série de informações suscetíveis de alterar radicalmente esse preço, até ao instante em que a negociação for retomada. Acresce referir que a este tipo de prática só acedem determinados investidores (*few favored investors*), em regra, investidores institucionais.

Recordando o entendimento de Silva (2003, p. 80), "Não seria legítimo esperar que uma situação dessa natureza pudesse ocorrer num mercado regulamentado"[81]. Porém, conhece-se que situações desta natureza se observaram em alguns fundos de investimento dos Estados Unidos, nomeadamente durante o ano de 2003, quando certos investidores foram autorizados a comprar ou a vender unidades de participação de fundos internacionais a preços abaixo ou acima dos que o mercado já havia estabelecido.

Mais uma vez, Silva (2003, p. 80) esclarece que "Nos FIM, o LT traduz-se na aceitação de pedidos de subscrição e de resgate após o momento de referência definido para avaliação do património do FIM"[82]. Coloca-se, desde logo, a questão de saber quais as razões que poderão ter levado algumas das sociedades gestoras de fundos de investimento norte-americanas a consentirem este tipo de prática a determinados investidores. Para além de terem violado os códigos éticos e deontológicos inerentes ao exercício da sua função, estas entidades colocaram

---

[81] Inclusivamente, Silva (2003) suporta-se numa sugestiva frase, proferida pelo Procurador-Geral de Nova Iorque, Eliot Spitzer: «O *late trading* (...) é como permitir apostar num cavalo depois de a corrida ter terminado».

[82] FIM e LT correspondem, respetivamente, às siglas de *fundo de investimento mobiliário* e de *late trading*.

em risco a sua reputação no mercado e, por conseguinte, a confiança futura dos investidores. Sucede que este tipo de operações tem associada a aplicação de comissões de gestão, por regra, de valor considerável. Se acrescentarmos o facto de estas operações serem principalmente conduzidas por investidores institucionais, que afetam montantes elevados a este tipo de estratégia, tal torna-se num estímulo para as entidades gestoras, ao embalo daquilo que na literatura financeira se designa por *short-termism*, ou seja, da prevalência dos objetivos imediatos em detrimento dos objetivos de longo prazo.

As situações observadas nos Estados Unidos determinaram a intervenção da SEC (Securities and Exchange Comission), através do estudo de um conjunto de medidas tendentes a combater as práticas de *market timing* e de *late trading*.

Tomemos o seguinte exemplo[83].

Exemplo 14: Um determinado fundo de investimento compõe-se, no momento inicial, por 5.000.000 unidades de participação, cuja cotação se cifra nos 0,75 €. No momento de avaliação do fundo, observa-se que a cotação das referidas unidades de participação ascende a 0,80 €. Facilmente se conclui que o património do fundo é de 3.750.000 €, no momento inicial, alterando-se para 4.000.000 €, após a avaliação dos ativos que o compõem. Porém, devido a um erro administrativo, não foi investida, no início do período, a quantia de 600.000 €. O gestor considera que o cliente não deve ser prejudicado e aloca os 600.000 € nos 3.750.000 € iniciais, à cotação de 0,75 €. Quais as consequências que daí resultam?

O investimento de 600.000 € para uma cotação de 0,75 € por unidade de participação corresponde à subscrição de 800.000 novas UP. Assim, no momento da avaliação, o património do fundo passará a ser composto por 5.800.000 unidades de participação, às quais corresponde um valor global de 4.600.000 €, ou seja, 5.000.000 UP × 0,80 € + 800.000 UP × 0,75 €.

Porém, a cotação média das unidades de participação é, em termos reais, de 0,7931 € (4.600.000 €/5.800.000 UP), necessariamente mais baixo que os 0,80 € correspondentes à cotação de fecho.

Tal implica, então, uma diferença de (0,80 € – 0,75 €) × 800.000 UP = = 40.000 €, quantia que deveria ter sido considerada pelo gestor por forma a corrigir o erro.

---

[83] Adaptado de Bacon (2008).

7. Um complemento: análise técnica *versus* análise fundamental

Na sequência da discussão das estratégias de gestão ativa e de gestão passiva, importa referir, ainda que a breve trecho, o que se entende por *análise técnica* e por *análise fundamental* e descrever, de modo sucinto, os procedimentos a ambas associados. Desde logo, a análise técnica foca a sua atenção no preço dos ativos, ao passo que a análise fundamental releva o valor das empresas.

Os analistas financeiros repartem-se, normalmente, entre as duas correntes, ou seja, entre analistas técnicos – ou "grafistas" – e fundamentalistas.

Os analistas técnicos advogam que, examinando os preços passados dos ativos, poderemos prognosticar as cotações futuras, através da deteção de padrões de comportamento no mercado, independentemente da empresa, do setor ou da envolvente macroeconómica em apreço.

Já os fundamentalistas tentam prever o potencial de crescimento de uma empresa no contexto do respetivo setor, avaliando a situação económica e financeira da mesma, por intermédio dos principais documentos financeiros (balanços, demonstrações de resultados, demonstrações dos fluxos de caixa e demonstrações de origens e de aplicações de fundos, entre outros) e de informação relativa à qualidade da gestão, aos pontos fortes e aos pontos fracos do negócio, aos concorrentes mais diretos e, em termos globais, a todos os elementos que possam afetar o valor presente ou futuro da empresa.

7.1. A análise técnica

A *análise técnica* tem raízes históricas difusas, muito embora a literatura considere o jornalista norte-americano Charles Dow (1851-1902) como o pioneiro neste domínio.

Esta corrente sustenta-se na informação histórica das cotações e tem como propósito fundamental a extração de sinais sobre o comportamento futuro das mesmas. A análise técnica parte, assim, da convicção de que os movimentos no mercado obedecem a padrões recorrentes – tal como a vida em sociedade se desenrola de acordo com determinados ciclos – os quais, consequentemente, se repetirão.

As oscilações em torno da cotação dos títulos assumem um caráter não aleatório, ao mesmo tempo que resultam não apenas de fatores económicos, mas também das emoções dos investidores que atuam no mercado. O analista técnico deverá, desta feita, detetar o momento em que os preços se irão movimentar e, bem assim, determinar o momento indicado para entrar ou sair do mercado.

Em termos instrumentais, a análise técnica assenta na construção de gráficos, a partir das séries temporais das cotações. Nesses gráficos, representam-se as *tendências* de mercado, as quais envolvem horizontes temporais diferentes: uma *tendência* primária corresponde a um período que vai de 1 a 10 anos; uma *tendência* secundária decorre entre 2 a 6 meses; uma *tendência* terciária desenrola-se entre 10 a 30 dias; uma *tendência* de 4º nível desenvolve-se entre 2 a 4 dias; uma *tendência* de 5º nível ocorre entre 2 a 4 horas; por último, uma *tendência* de 6º nível pode ser observada em cada 10 a 30 minutos.

Não obstante, no âmbito de cada tendência pode registar-se um movimento de sentido contrário, necessariamente com uma amplitude temporal menor, que se designa por **correção**.

Por seu turno, as **diretrizes** correspondem às linhas retas que unem as cotações mínimas numa tendência para a alta e as cotações máximas numa tendência para a baixa.

Canais – obtidos a partir de uma linha reta que une as pontas das cotações –, **suportes** – nível de preços no qual é suposto terminar um movimento para a baixa – e **resistências** – nível de preços no qual é suposto terminar um movimento para a alta – são outros conceitos comummente empregues no âmbito da análise técnica.

No que concerne aos gráficos, estes obedecem a uma tipologia muito diversificada, cuja apresentação e discussão extravasa os objetivos do presente trabalho[84].

Em termos práticos, ao analista técnico interessará saber se um determinado ativo se encontra *overbought* – situação em que a cotação do ativo aumentou de tal forma, que se considera ter atingido o seu limite máximo – ou se esse ativo se encontra *oversold* – caso em que a cotação do ativo desceu drasticamente, para um nível menor que o seu valor real, o que resulta, normalmente, de uma reação exagerada do mercado (*market overreaction*). Na primeira hipótese, o analista técnico deverá recomendar a compra do ativo, pois é seu entendimento que este não valorizará mais; enquanto isso, na segunda possibilidade, o analista técnico recomendará a compra do ativo, a um preço menor que o respetivo valor intrínseco.

Alguns autores, mormente os mais puristas, não se coíbem de apontar o matiz pouco científico da análise técnica, por ser fortemente baseada em padrões geométricos e visuais, apelidando-a, jocosamente, de *voodoo finance*[85].

7.2. A análise fundamental

A análise fundamental corresponde ao estudo de toda a informação disponível no mercado sobre determinada empresa, tendo em vista o apuramento do seu

---

[84] Sublinhe-se, aliás, o teor bastante sumário dos conceitos apresentados. Para maiores aprofundamentos em torno da análise técnica, recomenda-se a consulta de Edwards, Magee e Bassetti (2011).
[85] A este propósito, cfr. Lo, Mamasky e Wang (2000).

preço justo. De acordo com Bodie, Kane e Marcus (2002), a análise fundamental identifica-se com a determinação do valor atual de todos os fluxos financeiros que os acionistas possam receber por cada ação. Deste modo, deve atender-se aos lucros e dividendos esperados, às expectativas económicas, bem como à avaliação do risco da empresa.

Em termos práticos, facilmente se compreende que, se um ativo tiver no mercado um valor inferior ao obtido por intermédio da análise fundamental, os fundamentalistas recomendarão a compra desse ativo; ao invés, se um ativo tiver no mercado um valor superior ao inferido pela análise fundamental, os fundamentalistas optarão pela sua venda.

Importa, porém, esclarecer quais são os procedimentos a considerar no âmbito deste tipo de análise, isto é, quais são os aspetos que concorrem para o cálculo do valor fundamental de um ativo financeiro.

Desde logo, o analista fundamental principiará por examinar o setor e o mercado em que a empresa se insere, bem como o modo como essa empresa se coloca no que concerne à respetiva envolvente e aos concorrentes mais diretos. De outro modo, é necessário atender à **envolvente macroeconómica**, tomando, para o efeito, uma panóplia de indicadores, entre os quais destacamos: evolução do PIB; evolução do nível geral de preços; evolução das taxas de câmbio (mais sensível nas empresas importadoras, exportadoras ou com fortes investimentos no estrangeiro); evolução das taxas de juro (necessária para a determinação dos custos de financiamento, bem como do custo de oportunidade do investimento). Para além da envolvente macroeconómica, devem ser atendidos os aspetos atinentes ao **setor** onde a empresa opera, nomeadamente à legislação aplicável, à concorrência (real e latente), aos fornecedores, aos clientes, aos novos produtos, etc.

Num segundo passo, o analista deve deter-se, de modo cuidado, na **informação proveniente das demonstrações financeiras**, perscrutando, simultaneamente, a evolução histórica dos vários indicadores financeiros[86] – que apontaremos de seguida – e o impacto que as políticas de gestão prosseguidas e as condições de mercado têm tido em termos de rendibilidade.

Revela-se, ainda, adequado que o analista intente uma leitura prospetiva, de modo a que, com base na informação histórica, se possam perspetivar comportamentos futuros, comparar as diversas empresas e aferir a valia do investimento a realizar.

---

[86] Os indicadores propostos constroem-se atendendo à análise e evolução da estrutura do balanço, à análise e evolução da estrutura de capitais (endividamento *versus* capitais próprios), ao montante de investimento realizado, bem como à evolução das principais rubricas de atividade (clientes, existências e fornecedores, entre outros).

Apontamos, de seguida, alguns dos indicadores[87, 88] comummente utilizados no contexto da análise fundamental.

a. EPS (*Earnings per Share*)
O EPS corresponde ao resultado líquido por ação, ou seja, obtém-se através da *ratio* entre os resultados líquidos de uma empresa e o número de ações que titulam o respetivo capital social. Logo

$$\text{EPS} = \frac{\text{Resultados líquidos}}{\text{Número de ações}} \qquad (4.1)$$

Este indicador traduz, assim, o lucro estimado atribuível a cada ação, pelo que informa a propósito da rendibilidade de uma empresa.

b. P/E ou PER (*Price to Earnings Ratio*)
Este indicador resulta do confronto entre a cotação por ação (*price*) e o resultado líquido por ação (*earnings per share*). Temos, assim, que

$$\text{P/E ou PER} = \frac{\text{Cotação}}{\text{EPS}} \qquad (4.2)$$

Trata-se de uma medida simples de aplicar, largamente usada nos mercados, que indica, *grosso modo*, o número de anos necessários à recuperação do investimento. Desta feita, quanto mais baixo for o PER de uma empresa, mais atrativos se revelarão os seus ativos, uma vez que tal indicia um tempo menor de recuperação do investimento realizado. Na prática, recorre-se ao PER de empresas concorrentes, que evidenciem níveis de risco operacional e financeiro idênticos aos da empresa em apreço. Por vezes, são também utilizadas médias relativas à indústria em que a empresa se insere.

Não obstante a facilidade de aplicação e o uso amiudado deste indicador, devem acautelar-se os seguintes aspetos: *i*) por um lado, um PER estimado tendo por base os dados de empresas similares pode não ser fidedigno, principalmente num mercado de reduzida dimensão como é o caso do mercado bolsista nacional; *ii*) por outro lado, registam-se dificuldades na obtenção do PER de empresas que apresentem grandes variações nos resultados, de empresas com atividades cícli-

---

[87] A maioria destes indicadores é correntemente conhecida pela sigla que resulta da expressão anglo--saxónica, procedimento este que, após uma breve apresentação inicial de cada indicador, reteremos ao longo do texto.
[88] Elenco meramente indicativo e não exaustivo.

cas, de empresas com prejuízos explicáveis por intermédio de fatores extraordinários e ainda de empresas muito jovens, cujos resultados podem não refletir o seu potencial de crescimento.

Por norma, o PER de um investimento deverá ser tendencialmente decrescente, isto é, este indicador deverá ser menor para os anos subsequentes, o que revela o crescimento continuado dos resultados por ação ao longo do tempo e a progressiva rapidez na recuperação do capital aplicado nessa ação.

c. CFPS (*Cash Flow per Share*)

O CFPS obtém-se por intermédio do quociente entre o *cash flow* total da empresa e o número de ações que compõem o respetivo capital social, logo

$$\text{CFPS} = \frac{\text{Cash flow total}}{\text{N.º de ações}} \qquad (4.3)$$

Analistas e investidores tendem a considerar este indicador mais fiável que o EPS, na medida em que este último é mais suscetível de manipulação; de facto, as provisões e as amortizações são contempladas para efeitos de determinação dos resultados, não sendo, contudo, consideradas no cálculo dos *cash flows*.

Em termos genéricos, o CFPS constitui um indicador adequado para a avaliação da solidez financeira de uma empresa e para a sustentabilidade do seu modelo de negócio.

d. PCF (*Price to cash flow*)

Este indicador equivale ao quociente entre o valor da cotação e o *cash flow* por ação, donde

$$\text{PCF} = \frac{\text{Cotação}}{\text{Cash flow por ação}} \qquad (4.4a)$$

De outro modo,

$$\text{PCF} = \frac{\text{Cotação}}{\text{CFPS}} \qquad (4.4b)$$

Tal como já referimos no ponto anterior, este indicador permite ultrapassar algumas das dificuldades evidenciadas tanto pelo EPS como pelo PER, pois não conta com o valor das provisões e das amortizações na sua determinação. Revela-se, assim, mais adequado na realização de comparações internacionais de empresas pertencentes ao mesmo setor de atividade.

Teoricamente, quanto menor for o valor assumido pelo PCF, mais atrativo será o investimento na empresa em questão. Porém, o recurso a indicadores isolados deve ser evitado; de facto, a prossecução de uma política de amortizações mais agressiva pode penalizar o EPS e o PER, sem, contudo, afetar o verdadeiro valor da empresa.

e. PBV (*Price-to-Book Value*)

O PBV mede a relação entre a cotação de uma ação e o respetivo valor contabilístico (*book value per share* ou situação líquida por ação). Logo podemos definir que

$$\text{PBV} = \frac{\text{Cotação}}{\text{Valor contabilístico por ação}} \quad (4.5)$$

À semelhança do que sucede com outros indicadores, também o PBV varia em função do setor de atividade das empresas.

Este indicador revela o número de vezes que o investidor que adquire ações de determinada empresa paga pelo valor dos capitais próprios da mesma, ou seja, revela quantas vezes a cotação se situa acima do valor patrimonial da empresa. Normalmente, quanto mais elevada for a rendibilidade dos capitais próprios da empresa, maior será o seu PBV.

Porém, se este indicador apresentar um valor reduzido, tal significa que a empresa se encontra subavaliada. Se esse valor for menor que a unidade, então o mercado atribui à empresa um valor menor que o próprio valor patrimonial.

Se partirmos de um valor menor que a unidade, a subida do PBV poderá iniciar um sinal de alerta para os investidores. Com efeito, se a empresa estiver a registar prejuízos, se a situação líquida decrescer de ano para ano e se a cotação se mantiver constante, então o PBV subirá, podendo atingir a unidade ou até valores superiores, o que poderá apenas resultar dos prejuízos incorridos.

f. *Dividend yield*

O *dividend yield* indica a percentagem do montante de dividendos distribuídos por cada ação relativamente à respetiva cotação, ou seja,

$$\textit{Dividend yield} = \frac{\text{Dividendo por ação}}{\text{Cotação}} \quad (4.6)$$

Assim, na ausência de quaisquer ganhos de capital, o *dividend yield* equivale ao retorno sobre o investimento. De outro modo, o *dividend yield* mede a quantidade de *cash flow* que o acionista irá receber por cada unidade de capital investido.

Tomemos o exemplo de duas empresas, que pagam ambas dividendos anuais no montante de 1 euro por ação. Porém, as ações da empresa ABC estão a ser negociadas a 20 euros, enquanto as da empresa XYZ estão cotadas a 40 euros. Tal significa que o *dividend yield* da empresa ABC é de 5%, sendo o da empresa XYZ de apenas 2,5%. Se todos os restantes fatores forem equivalentes, um investidor que aplica o seu capital na perspetiva de aumentar os seus rendimentos optará pela empresa ABC.

Um investidor de médio prazo, com um perfil conservador, poderá preferir investir em empresas estáveis e com perspetivas de valorização do preço menos atrativas do que outras possibilidades existentes no mercado, desde que essas empresas paguem dividendos que representem uma taxa de remuneração efetiva superior, por exemplo, à dos depósitos a prazo ou das obrigações.

g. *Payout ratio*

Este indicador corresponde à percentagem de resultados líquidos da empresa distribuída aos acionistas sob a forma de dividendos. Temos, então, que

$$Payout\ ratio = \frac{Dividendos}{Resultados\ Líquidos} \quad (4.7)$$

h. EV/*Sales* (*Enterprise Value versus Sales*)

Trata-se de uma medida que confronta o valor da empresa[89] com as respetivas vendas, logo

$$EV/Sales = \frac{Valor\ da\ empresa}{Vendas} \quad (4.8)$$

Este indicador é uma extensão do *Price-to-Sales* (P/S), o qual resulta do confronto entre a capitalização bolsista e as vendas, em vez do valor da empresa e as vendas. O EV/*Sales* é, no entanto, tido como mais preciso que o P/S, dadas as componentes que concorrem para o cálculo do EV.

Geralmente, quanto menor for o EV/*Sales*, mais atrativo se revela o investimento, na medida em que a empresa em apreço se encontra subavaliada. Todavia, nem sempre um EV/*Sales* elevado indica algo de negativo, pois pode apenas traduzir que os investidores têm expectativas muito elevadas relativamente às vendas futuras da empresa. Ao invés, um EV/Sales mais reduzido pode indicar que

---

[89] **Valor da empresa** = Capitalização Bolsista (nº de ações × cotação) + Dívida + Interesses Minoritários + Ações preferenciais − Caixa e Equivalentes − Ativos Extraoperacionais.

as perspetivas relativamente à evolução das vendas futuras não são particularmente favoráveis. Importa, sobretudo, complementar a apreciação dessa empresa, recorrendo a outros indicadores.

i. EV/EBITDA (*Enterprise Value versus* EBIBTA)
O EV/EBITDA resulta da comparação entre o valor da empresa e os EBIDTA[90], ou seja,

$$\text{EV/EBITDA} = \frac{\text{Valor da empresa}}{\text{EBITDA}} \quad (4.9)$$

Este é um dos indicadores mais utilizados em finanças, mormente quando se trata de comparar os níveis de valorização dentro de um mesmo setor. O EV//EBITDA evidencia vantagem sobre o PER, ao considerar o valor da empresa em numerador (em vez da cotação) – o qual se revela neutro em relação à estrutura de capital da empresa –, e os EDIBTA em denominador (em lugar do resultado por ação), desatendendo, assim, aos aspetos decorrentes das políticas fiscais e de amortização.

j. Métodos dos *cash flows* descontados (DCF – *Discounted cash flows*)
Os métodos baseados nos *cash flows* descontados, tal como a própria designação sugere, baseiam-se na atualização dos rendimentos futuros, atendendo ao efeito da inflação e ao custo de oportunidade do capital.

Estes métodos pretendem determinar o valor da empresa enquanto entidade dinâmica e têm subjacente o princípio de que esse valor corresponde ao valor atual dos rendimentos que a respetiva atividade venha a libertar no futuro (*free cash flows*), atualizados a uma taxa de custo de capital que reflita o nível da inflação, a remuneração real nos mercados financeiros e o prémio de risco associado à atividade em questão. Estes métodos envolvem a possibilidade de determinar, de modo bastante simplificado, a valia de uma oportunidade de investimento.

Tomando dados históricos e atendendo ao conhecimento geral da empresa, prognostica-se a evolução de todos os indicadores financeiros, de modo a determinar quais os fluxos financeiros que irão ser gerados no futuro (*cash flows* livres ou *free cash flows*). Estas previsões são realizadas para um horizonte temporal

---

[90] Trata-se da sigla anglo-saxónica para **Lucros antes de Juros, Impostos, Depreciações e Amortizações** (*Earnings before Interest, Taxes, Depreciations and Amortizations*).
Os EBITDA podem ser obtidos a partir do Resultado Operacional (EDIBT – *Earnings before Interest and Taxes*), somando as Amortizações, as Provisões e as Perdas não Recorrentes que afetem o Resultado Operacional e subtraindo os Ganhos não Recorrentes que afetem o Resultado Operacional.

geralmente longo, sendo as perpetuidades calculadas com base no valor esperado da taxa de crescimento de longo prazo (*g*). Por sua vez, os *free cash flows* são descontados a uma taxa média ponderada de remuneração dos capitais investidos (WACC – *Weighted Average Cost of Capital*, que corresponde à taxa de atualização *i*).

Em termos genéricos, os métodos dos *cash flows* descontados permitem comparar, de modo simples, a rendibilidade real de uma empresa com a rendibilidade mínima exigida pelos investidores, de modo a remunerar o capital investido. Estes processos permitem, assim, aferir o valor da empresa para o investidor.

Os métodos dos *cash flows* descontados envolvem diversas possibilidades, principalmente no que se refere à complexidade dos cálculos, bem como à própria determinação da taxa de desconto. Uma dessas possibilidades é a que descrevemos de seguida.

$$\text{Valor da Avaliação} = \sum_{t=1}^{n} \frac{CF_t}{(1+i)^t} + \frac{VR_n}{(1+i)^n} \qquad (4.10)$$

sendo que

$$VR_n = \frac{CF_n \times (1+g)}{(i-g)} \qquad (4.11)$$

Nas expressões anteriores, as siglas assumem os seguintes significados:

CF – *cash flow* no ano *t*;
i – taxa de atualização (WACC);
t – número de anos futuros;
VR – valor residual no final da previsão;
g – taxa de crescimento de longo prazo;
n – horizonte temporal considerado.

Por seu turno, a taxa de atualização (WACC) pode ser obtida da seguinte forma:

$$WACC = \frac{E}{V} \times R_e + \frac{D}{V} \times R_d \times (1 - T_c) \qquad (4.12)$$

em que

E = valor de mercado do capital próprio da empresa;
D = valor de mercado da dívida da dívida da empresa;

$V = E + D$

$\dfrac{E}{V}$ = percentagem do financiamento que corresponde a capital próprio;

$\dfrac{D}{V}$ = percentagem do financiamento que corresponde a capital alheio;

R_e = custo do capital próprio, ou seja, a rendibilidade exigida pelo acionista;

R_d = custo do capital alheio, ou seja, o custo do financiamento;

T_c = taxa de imposto sobre os rendimentos das sociedades.

k. Parâmetro beta

O parâmtero beta, para além de ser entendido como uma medida de risco, é ainda um dos indicadores a contemplar no âmbito da análise fundamental.

Tendo sido alvo da nossa atenção nos pontos 1.5, 1.6 e 1.7 do Capítulo anterior, limitamo-nos a sublinhar os aspetos essenciais atinentes a este parâmetro.

Recordamos, desde logo, que o parâmetro beta resulta do confronto entre a covariância da rendibilidade esperada do ativo da empresa e a rendibilidade do mercado e a variância desse mercado, ou seja, $\beta_i = \dfrac{\sigma_{iM}}{\sigma_M^2}$.

Este indicador traduz, assim, o risco de mercado de um ativo (carteira) e, bem assim, da própria empresa emitente desse ativo. Tal como vimos anteriormente, o parâmetro beta só poderá ser determinado através de dados históricos, tanto em termos diretos como indiretos.

Quando a empresa em apreço se inserir num setor de atividade que seja palco de frequentes transformações, o horizonte temporal de referência deve ser pouco dilatado. A propósito dos betas sectoriais, é de referir que estes tendem a compensar os erros eventualmente observados na estimativa dos betas de cada empresa.

l. Prémio de risco

O prémio de risco é determinado tendo por base valores esperados; com efeito, não existe um prémio de risco único no mercado, devendo este ser ajustado em função das expectativas de rendibilidade e de risco de cada investidor.

No entanto, ao incluirmos o prémio de risco no elenco de indicadores a reter no âmbito da análise fundamental, pretendemos, sobretudo, alertar para a necessidade de efetuar ajustamentos às médias referentes a períodos longos de tempo, devido ao denominado **viés de sobrevivência** (*survivorship bias*). Este conceito decorre do facto de alguns gestores não adotarem as melhores práticas em termos de avaliação de *performance*, por não comunicarem toda a informação relevante, principalmente a que se refere a períodos mais longos, distorcendo, assim, o cálculo dos índices de desempenho[91].

Acresce, ainda, que certos *portfolios*, principalmente os constituídos há mais tempo, dão importância a setores que deixaram de ser relevantes para a economia (como, por exemplo, as vias férreas ou a indústria pesada) e contemplam, de modo escasso, os novos setores (como, por exemplo, a Internet ou a biotecnologia).

Tal como argumenta Sabal (2008), historicamente, o prémio de risco do índice da Bolsa de Nova Iorque tem sido objeto de numerosas estimações. No entanto, as médias de períodos de tempo extensos (1926-1996, por exemplo) devem ajustar-se devido ao denominado viés de sobrevivência.

Os valores projetados para o prémio de risco podem calcular-se com base no valor atual de uma perpetuidade com crescimento, de acordo com a expressão

$$\text{Valor atual} = \frac{\text{Perpetuidade}}{r-g} \qquad (4.13)$$

sendo que o valor atual corresponde, por exemplo, ao índice PSI 20, a perpetuidade é uma estimativa do analista, g é uma estimativa da taxa de crescimento da economia e r é a incógnita desejada, ou seja, o rendimento projetado.

Alguns estudos, realizados para outros países que não os EUA, permitiram detetar diferenças substanciais entre os prémios de risco estimados. Todavia, foi possível constatar empiricamente que boa parte dessas diferenças se podem explicar pelas distintas estruturas industriais de cada país (Roll, 1992). Acresce, no entanto, que, dada a dificuldade em obter prémios de risco credíveis, opta-se, muitas vezes, pelo recurso ao prémio de risco dos EUA, justamente pelo facto de estes terem uma estrutura industrial diversificada.

m. Preço-alvo (*price target*)

O *price target* é o preço que se considera justo para uma ação, num determinado momento do tempo. Os *price targets* dos títulos determinam as recomendações de **comprar**, **acumular**, **manter**, **reduzir** ou **vender** (exceto em situações especiais, como, por exemplo, no caso de uma OPA ou de uma OPV).

O *price target* obtém-se por intermédio do método dos *cash flows* descontados, complementado pela análise dos principais indicadores de mercado referentes à ação.

---

[91] O que vem reforçar a necessidade de adoção de normas padronizadas de divulgação de resultados. A este propósito, veja-se o Capítulo 6.

8. Diversidade de estratégias

Ao encerrarmos o presente Capítulo, cumpre salientar que um dos aspetos mais marcantes no âmbito da gestão de carteiras é o da coexistência de várias filosofias de investimento, as quais se sustentam em entendimentos contrários sobre os mercados. Para além disso, *a mesma filosofia pode gerar múltiplas estratégias de investimento*.

A opção por determinada estratégia de investimento – ou, bem assim, por uma combinação entre várias estratégias – depende sempre dos objetivos e do perfil do investidor, onde ponderam fatores como a idade, a formação, a tolerância ao risco e o estrato socioeconómico, assim como da própria conjuntura e do horizonte temporal pretendido.

Em termos genéricos, quanto maior for o risco que um investidor pretenda suportar, mais agressivo será o seu *portfolio*, sendo, por isso mesmo, essencialmente composto por ações, em detrimento de obrigações e de outros títulos de rendimento fixo. Já os investidores mais avessos ao risco, optarão por carteiras menos agressivas, onde ponderarão os ativos de baixo risco.

Apresentamos, de seguida, dois exemplos, relativos, respetivamente, à composição da carteira de um investidor conservador e à composição da carteira de um investidor moderadamente agressivo.

Figura 19.a – Composição do *portfolio* de um investidor conservador

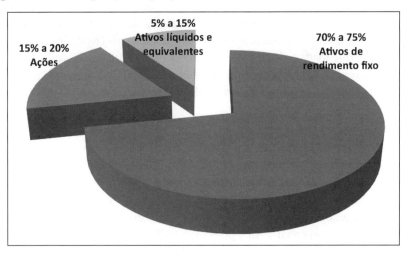

O principal objetivo de um investidor conservador é o de proteger o valor do seu investimento. Estes investidores têm, como já se referiu, baixa tolerância ao risco e um horizonte temporal reduzido, elegendo como objetivos primordiais a

obtenção de uma rendibilidade superior à dos depósitos a prazo e a preservação do capital investido. O peso das ações no investimento é, assim, reduzido, não excedendo, em regra, 20% do total de capital investido.

Figura 19.b – Composição do *portfolio* de um investidor moderadamente agressivo

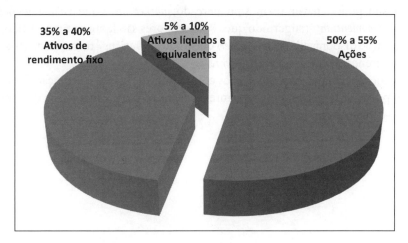

Já as carteiras moderadamente agressivas destinam-se, preferencialmente, aos investidores que têm uma tolerância média ao risco, promovendo o equilíbrio entre o crescimento do capital investido e a rendibilidade obtida. Estas carteiras são, entretanto, balanceadas através da diversificação do investimento, dados o nível de risco tolerado e o nível de rendibilidade esperada.

Os investidores conduzem estratégias de investimento diferentes porque apresentam *grosso modo* perfis de risco distintos e horizontes temporais de investimento também diferentes.

Por exemplo, os *value investors* passivos compram ações de empresas que creem subavaliadas, as quais poderão manter durante anos até que o mercado proceda à correção do valor correspondente. Por outro lado, os investidores que transacionam no mercado, em simultâneo com a divulgação dos resultados das empresas, poderão ser detentores das respetivas ações apenas durante alguns dias. Além disso, devemos atender ao caso dos arbitragistas que, uma vez confrontados com preços desiguais, para o mesmo ativo, em dois mercados diferentes, comprarão o ativo ao preço mais baixo e vendê-lo-ão no mercado onde se encontra cotado pelo valor mais elevado, parificando o preço, em ambos os mercados, num escasso lapso de tempo.

A ideia de que os investidores sobrevalorizam os ativos cujos preços crescem de forma consistente e e subestimam o valor de ativos existentes pode, porém, revelar-se através de várias estratégias de investimento diferentes, passando de uma estratégia passiva, onde se compram ações com baixo P/E, e dando lugar a uma estratégia mais ativa, comprando os títulos para depois os liquidar com ganhos consideráveis.

Assim, poderá haver, no mesmo mercado, *market timers* que estão a negociar no *price momentum*[92] (sugerindo que os investidores são lentos a tirar partido da informação disponível) e *market timers* que estão *contrarians*[93] no mercado (baseados na crença de que o mercado *over react*).

A coexistência de entendimentos contraditórios quanto à evolução do mercado pode ser benéfica, determinante da realização de transações e da consecução do equilíbrio.

---

[92] *Momentum*, em termos genéricos, refere-se à continuação da tendência de preços que se observa no mercado. Assim, neste tipo de estratégia, o investidor tem a convicção de que a um grande aumento no preço de um título se sucede a realização de ganhos adicionais, ao mesmo tempo que considera que se observarão perdas adicionais no caso dos títulos em declínio.

[93] Como o próprio nome indica, um investidor *contrarian* adota um estilo de investimento que vai contra as tendências prevalecentes do mercado, comprando os ativos que têm um fraco desempenho e liquidando-os quando esse desempenho melhorar. Este tipo de investidor acredita que os restantes investidores afirmam que o mercado está a subir somente quando os próprios já tiverem investido todos os seus recursos e não detiverem qualquer poder aquisitivo. Neste ponto, o mercado está no auge. Por outro lado, quando os restantes investidores previrem uma recessão, estes já venderam todas as suas aplicações, pelo que o mercado estará no seu limite inferior, sendo de prenunciar, necessariamente, uma tendência de subida.

Capítulo 5
Avaliação do Desempenho

Uma vez realizado o investimento de acordo com os princípios discutidos no Capítulo anterior, importa avaliar em que medida os seus objetivos foram ou não atingidos; de outro modo, cumpre determinar a rendibilidade associada aos ativos que compõem uma dada carteira. A avaliação do desempenho revela-se, assim, um ponto crucial no âmbito da gestão de *portfolios*, pois permite monitorizar e/ou corrigir as estratégias previamente prosseguidas.

Atendendo a que uma parcela crescente dos capitais investidos vem sendo confiada a gestores profissionais, a qualidade dos serviços por estes prestados é escrutinada pelos investidores através da avaliação da *performance* das carteiras geridas pelos mesmos. A ideia básica subjacente à avaliação do desempenho dos gestores consiste em aferir se os retornos dos respetivos investimentos superam ou não a rendibilidade da carteira cópia do mercado.

Somos, porém, confrontados com múltiplas hipóteses no que concerne ao cálculo das rendibilidades. Um dos propósitos deste Capítulo é, justamente, o de percorrer os diversos indicadores empregues na prática dos mercados. Para além disso, no contexto da avaliação do desempenho das carteiras de investimento, afigura-se pertinente a comparação dos benefícios obtidos (retornos) com os benefícios proporcionados por um investimento com as mesmas características, ao invés da mera comparação entre o retorno total associado a duas alternativas de investimento.

Neste ponto, surgem, então, duas questões importantes, recorrentes no âmbito da teoria financeira e às quais procuraremos atender ao longo deste Capítulo:
- qual o referencial a ter em conta no processo comparativo da rendibilidade associada a um determinado investimento;
- como ajustar a rendibilidade proporcionada por um investimento ao risco que lhe está subjacente.

1. Avaliação de desempenho: algumas considerações prévias

Nas últimas décadas, a criação de medidas de avaliação do desempenho das carteiras tornou-se um tópico essencial no mercado financeiro, tanto para os gestores de investimentos, como para os investidores em geral e para todos aqueles que, de alguma forma, lidam com o mundo das finanças.

Até 1950, a avaliação do desempenho era efetuada tendo unicamente por base a rendibilidade dos investimentos. Até então, gestores e investidores tinham clara noção da relevância do risco, muito embora não dispusessem de nenhuma forma clara e simples de o determinar. Tal como já referimos no Capítulo 2, foi Markowitz que, em 1952, desenvolveu a ideia de que os investidores deveriam ser compensados em função dos riscos suportados, ao mesmo tempo que facultou um cenário de medição do risco. Já na década de 60 do século passado, após o desenvolvimento observado ao nível da Teoria da Carteira e do CAPM, o risco passou a ser parte integrante do processo de avaliação da *performance*.

Em 1965, Treynor foi pioneiro no desenvolvimento de uma medida composta de avaliação do desempenho das carteiras. Este autor avaliou o risco da carteira tendo por base o seu risco de mercado, ou seja, por intermédio do parâmetro beta, o que lhe permitiu determinar o prémio de risco de mercado; mais tarde, em 1966, Sharpe desenvolveu um índice composto, semelhante à medida de Treynor, embora recorrendo ao risco total do investimento, isto é, tomando o desvio padrão em vez do parâmetro beta. Em 1967, o índice de Sharpe foi aplicado na avaliação do desempenho de carteiras completamente diversificadas.

Por seu turno, um ano mais tarde, Jensen construiu uma medida de avaliação do desempenho com base na *security market line* (SML), a qual corresponde à diferença entre a taxa de retorno esperada para o investimento e o retorno esperado de uma carteira de referência (*benchmark portfolio*) colocada sobre a SML (mormente a carteira cópia do mercado).

A partir destas medidas – as denominadas *medidas clássicas* – os autores têm intentado definir processos alternativos de avaliação que se ajustem, de modo mais adequado, às variações dos mercados. Porém, o consenso está longe de ser atingido na comunidade científica relativamente a quais são, na verdade, os melhores indicadores a empregar. Por exemplo, o estudo conduzido por Le Sourd (2007) reconhece a existência de cerca de 50 diferentes medidas de avaliação.

1.1. Critérios a observar pelas medidas de avaliação de desempenho

Não obstante a diversidade de medidas de avaliação do desempenho que observámos precedentemente, é de reter que estas representam um papel nodal no âmbito do relacionamento entre investidores e gestores dos ativos. A escolha das medidas de avaliação a adotar deve ser entendida como parte integrante do próprio processo de decisão de investimento e não como um procedimento autónomo e independente.

Desde logo, as medidas de avaliação do desempenho devem responder claramente a três questões, a saber: *i)* como é definida a rendibilidade dos ativos? *ii)* por que é que carteira é avaliada desse modo? *iii)* como poderemos aumentar a *performance*?

A este propósito, o Bank Administration Institute recomenda que:

1) As medidas de avaliação de desempenho devem ser baseadas nos valores dos ativos medidos ao preço de mercado e não ao preço inicial;
2) As medidas de rendibilidade adotadas devem ser do tipo *time-weighted* (ponderadas no tempo)[94];
3) Os retornos devem ser totais, isto é, devem incluir os rendimentos obtidos, as variações do valor do mercado e as mais-valias não realizadas;
4) As medidas de avaliação devem incluir o risco e a rendibilidade.

Em função do exposto, facilmente se conclui que a avaliação de desempenho de carteiras de investimento requer a ponderação da respetiva taxa de rendibilidade (histórica) pelo nível de risco assumido pelo gestor da carteira. Tal ponderação é veiculada através de critérios de avaliação que atendam ao binómio risco-rendibilidade, os quais são designados *por indicadores de avaliação da performance*.

Por nós, entendemos que a escolha de uma medida de avaliação deve atender à *facilidade de aplicação* – mormente no que se refere à disponibilidade da informação requerida –, bem como à *pertinência* e à *compreensibilidade dos elementos* em causa.

1.2. A interpretação dos indicadores e a necessidade de padronização

Tomemos o caso de um investidor que, no início do ano $n-1$, aplicou 100.000 € numa carteira cuja composição reproduz a estrutrura do índice de referência de um certo mercado de ações. Nesse ano, o índice de referência acumulou uma variação negativa de 42,56%; por conseguinte, no final de esse ano, o capital investido já não corresponde a 100.000 €, mas apenas a 57.440 €.

Ciente do que estava a suceder[95] e das avultadas perdas que sofria, o investidor recordou que o seu horizonte temporal de investimento era o de longo

---

[94] Desenvolveremos adiante este conceito.
[95] Note-se que o índice de referência é divulgado diariamente, no final de cada sessão de bolsa.

prazo, pelo que optou por manter o capital investido, na expectativa de aumento da cotação das ações. Com efeito, o valor da sua carteira, no final de $n-1$, correspondia a pouco mais de metade do que investira no início. O investidor considerou, então, que se vendesse as ações e aplicasse a quantia resultante da venda em produtos de menor risco, tal poderia retardar a recuperação do capital investido.

Essa recuperação ocorreu, de facto, nos primeiros meses do ano seguinte, com o índice de referência a acumular uma variação positiva de 41,78%. Ao percecionar essa variação, o investidor ficou convicto de que havia recuperado praticamente todo o seu capital. Porém, o gestor do investimento recomendou-lhe alguma cautela na leitura dos números.

De facto, o capital investido estava reduzido, no final de $n-1$, a 57.440 €. A recuperação que se observou posteriormente recaiu apenas sobre este capital e não sobre o montante inicialmente investido. Ou seja, após a variação positiva do mercado, a carteira do investidor vale 57.440 € × 1,4178 = 81.438,43 €. O índice de referência terá que continuar a registar acréscimos de cerca de mais 22,79%, de modo a que o investidor possa recuperar, na íntegra, o capital investido. Se atendermos, ainda, a que, entre o momento da realização do investimento e o momento presente, a rendibilidadae dos ativos de rendimento fixo ascendeu a 6%, o investidor só recuperará o seu capital quando a bolsa tiver acumulado uma variação de 84,54%[96].

O exemplo descrito vem corroborar o entendimento de Esteves (2003, p. 128) quando refere que, apesar da relevância do cálculo das rendibilidades enquanto meio de fundamentação da decisão dos investidores, estas medidas são, por si só, portadoras de deficiências e de limitações, que tanto académicos como operadores financeiros têm procurado colmatar ao longo do tempo. O mesmo autor acrescenta que, todos os dias, os investidores são confrontados com a divulgação das taxas de rendibilidade dos diversos fundos de investimento, normalmente bastante atrativas. Porém, os investidores nem sempre entendem o significado destas medidas, nem o modo como são calculadas, o que inviabiliza a comparação efetiva e racional entre as várias alternativas e investimento existentes no mercado.

Desde logo, um dos problemas fundamentais que se coloca no presente contexto é o do cálculo das rendibilidades médias e o modo como as entradas e as saídas de *cash flows* afetam essa determinação.

---

[96] Valor que se obtém através de $\frac{106.000\,€}{57.440\,€} - 1$, correspondendo os 106.000 € ao capital investido corrigido pelo custo de oportunidade da taxa de juro.

AVALIAÇÃO DO DESEMPENHO

Neste estudo[97], o autor recorre a vários exemplos que ilustram o seu raciocínio e que passamos a expor sucintamnente.

1) Dois fundos, com o mesmo capital inicial, registaram entregas e resgates de idêntico valor e obtiveram as mesmas taxas de rendibilidade, ao longo de um período de três anos. Porém, no final desse período, um dos fundos apresentava um valor capitalizado maior do que o outro. Tal parece contrariar o que se referiu relativamente à igualdade entre as rendibilidades dos dois fundos. Ambos os factos são, contudo, possíveis e explicáveis através da descoincidência entre as entradas e saídas de capitais registadas pelos dois fundos. Com efeito, o segundo com menor valor capitalizado teve relativamente mais capital sob gestão no ano em que o mercado registou piores resultados, tendo, ao invés, relativamente menos capital nos anos de melhor *performance*. O gestor deste fundo não deverá, contudo, ser alvo de penalizações, uma vez comparado com o seu colega do outro fundo, dado que as entradas e saídas de capital se devem, em muitos casos, a razões de ordem comercial.

2) Dois fundos, com o mesmo montante de capital investido no momento inicial e com entregas idênticas de capital, ao longo de três anos, registaram, porém, rendibilidades diferentes durante esse período. Um dos fundos evidenciou uma rendibilidade constante de 10%, em cada um dos anos decorridos; enquanto isso, o outro fundo registou uma rendibilidade de 5% nos dois primeiros anos e de 20% no último ano. O gestor do primeiro fundo poderá anunciar que obteve rendibilidades superiores, tendo por referência os dois primeiros anos; por sua vez, o gestor do segundo fundo comunicará ao mercado que "bateu" o primeiro, tendo em atenção o retorno obtido no último ano. Ambas as afirmações estão correctas, o que colocará dificuldades acrescidas ao investidor, na medida em que deverá optar por um fundo que proporcionou um retorno estável ao longo do tempo ou por um fundo que conseguiu atingir um retorno bastante elevado num só ano.

3) Consideramos, uma vez mais, dois fundos, com capital inicial de idêntico montante e com entregas realizadas, ao longo de três anos, também iguais. Contudo, um deles evidenciou uma rendibilidade constante de 5%. O outro fundo registou perdas de 5% nos dois primeiros anos, ao passo que, no último, se observou um retorno de 20%. Em termos de média simples, a rendibilidade do segundo fundo é de 3,33%, menos do que a do primeiro, muito embora apresente um valor capitalizado superior.

---

[97] Para maior informação relativa aos exemplos, consultar Esteves (2003).

A propósito dos exemplos que descreveu, Esteves (2003, p. 130) assevera: «Estes pequenos exemplos ilustram alguma da "confusão" que pode surgir na mente dos investidores, ao tentar comparar alternativas de investimento, se não estiver definido para os Fundos de Investimento, com rigor, um conjunto de regras sobre os montantes em gestão, a forma de cálculo de rendibilidades e, sobretudo, a informação que tem de ser divulgada a respeito das suas *performances*, sejam boas ou más».

Assim sendo, no intuito de evitar interpretações dúbias ou erróneas por parte dos investidores, a existência de múltiplas formas de calcular e, sobretudo, de apresentar a rendibilidade dos investimentos coloca a necessidade de padronização desses procedimentos[98].

2. A rendibilidade enquanto medida de avaliação de desempenho[99]
2.1. Rendibilidade simples (*simple return*)

Os resultados inerentes ao trabalho desenvolvido pelo gestor de carteiras podem ser facilmente avaliados através da denominada **ratio de rendibilidade**, que designamos por *r* e a qual reflete a diferença entre o valor de um *portfolio* no início e no termo de certo período em apreço. Assim, poderemos estabelecer que

$$r = \frac{V_E - V_S}{V_S} \quad (5.1)$$

Nesta equação, V_E representa o valor da carteira no final do período considerado (*end value*), enquanto V_S identifica, necessariamente, o valor na carteira no início desse período (*start value*). Pretendemos, assim, aferir se houve ou não alteração da riqueza, durante esse lapso de tempo.

O recurso a esta medida de avaliação revela-se particularmente indicado nos casos em que não se observem depósitos ou levantamentos de fundos, ou seja, quando não se registem *cash flows* externos.

Consideramos, de seguida, um exemplo muito simples.

Exemplo 15: Calculamos a rendibilidade de uma carteira que, no início de um certo período de tempo, se encontrava avaliada em 100.000 €, correspondendo, no termo desse período, a 115.000 €.

---

[98] Voltaremos a este tópico no Capítulo 6, a propósito das normas GIPS.
[99] Até final do presente Capítulo, seguimos, de perto, a sistematização proposta por Bacon (2008).

A *ratio* de rendibilidade será, então, dada por

$$r = \frac{115.000\ € - 100.000\ €}{100.000\ €} = 15\%$$

A expressão definida em (5.1) pode ser reescrita do seguinte modo:

$$r = \frac{V_E}{V_S} - \frac{V_S}{V_S} = \frac{V_E}{V_S} - 1 \qquad (5.2)$$

De acordo com os dados do exemplo

$$r = \frac{115.000\ €}{100.000\ €} - 1 = 15\%$$

Mais ainda, a equação (5.2) permite estabelecer que

$$1 + r = \frac{V_E}{V_S} \qquad (5.3)$$

Esta formalização vem possibilitar a consideração de uma série composta por n subperíodos de rendibilidade no âmbito de um certo período de tempo necessariamente mais vasto. Deste modo, se definirmos V_t como o valor do *portfolio* no final de cada período *t*, vem que

$$\frac{V_1}{V_S} \times \frac{V_2}{V_1} \times \frac{V_3}{V_2} \times \ldots \times \frac{V_{n-1}}{V_{n-2}} \times \frac{V_E}{V_{n-1}} = \frac{V_E}{V_S} = 1 + r \qquad (5.4)$$

Substituindo a expressão (5.3) na expressão (5.4), obtém-se

$$(1 + r_1) \times (1 + r_2) \times (1 + r_3) \times \ldots \times (1 + r_n) = (1 + r) \qquad (5.5)$$

Este processo de composição da rendibilidade de uma carteira de ativos, tendo por base uma série de subperíodos, denomina-se por *método geométrico* ou *método de ligação em cadeia*. Vejamos um outro exemplo.

Exemplo 16: Calcular a rendibilidade de um *portfolio*, considerando os vários subperíodos que constam da tabela seguinte.

CARTEIRAS DE INVESTIMENTO

		Valor de mercado (em 10^3 €)	Retorno (%)
Valor inicial (*start value*)	V_S	100	
Fim do subperíodo 1	V_1	113	13
Fim do subperíodo 2	V_2	115	1,77
Fim do subperíodo 3	V_3	95	−17,39
Valor final (*end value*)	V_E	108	13,68

Atendendo a (5.4), teremos que

$$\frac{113}{100} \times \frac{115}{113} \times \frac{95}{115} \times \frac{108}{95} = 1{,}08$$

Por sua vez, de acordo com (5.5), vem

$$(1+13\%) \times (1+1{,}77\%) \times (1-17{,}39\%) \times (1+13{,}68\%) = (1+8\%)$$

Ambas as formalizações conduzem, necessariamente, ao mesmo resultado, ou seja, $r = 8\%$.

O recurso à rendibilidade simples enquanto medida de avaliação de resultados pressupõe, contudo, que a única fonte de variação do valor da carteira decorre dos elementos que a constituem. No entanto, o valor da carteira pode também alterar-se na sequência da realização de depósitos ou de levantamentos de fundos.

Tomamos, de novo, uma carteira cujo valor, no início de um certo ano, é de 100.000 € ($V_S = 100$). Suponhamos que no final do terceiro mês desse ano, ocorreu um levantamento (C_t) no montante de 40.000 € (logo $t = 90$ dias e $C_t = 40$), sendo, ainda, que o valor da carteira no final do ano é de 65.000 € ($V_E = 65$).

A variação do valor da carteira ao longo do ano é dada por

$$V_E + C_t - V_S = 65 + 40 - 100 = 5$$

Neste caso, a rendibilidade não pode, contudo, ser obtida através da mera *ratio* entre o valor da carteira no final do período e o respetivo valor inicial, uma vez que, durante largo período de tempo (desde o quarto mês até final do ano), esteve investida uma quantia bastante menor que esse valor inicial.

Em situações desta natureza, recomenda-se o recurso a medidas de avaliação alternativas, que permitam captar os efeitos decorrentes das entradas e das saídas de fundos e, bem assim, ultrapassar as limitações evidenciadas pelo cálculo da rendibilidade simples. Entre esses métodos, encontram-se as **taxas de rendibilidade ponderadas pelos capitais investidos** (*money-weighted returns*, também designadas na literatura financeira por *dollar-weighted returns* ou, muito simplesmente, MWR) e as **taxas de rendibilidade ponderadas pelo tempo** (*time-weighted returns* ou TWR).

Cada uma destas possibilidades reparte-se por diversos indicadores, os quais discutimos de seguida.

2.2. Taxas de rendibilidade ponderadas pelos capitais investidos (*money-weighted returns*)

Os métodos que descrevemos de seguida incorporam tanto a dimensão como o *timing* dos fluxos financeiros, revelando-se, por isso mesmo, medidas eficazes na avaliação do retorno associado a um certo investimento.

2.2.1. Taxa interna de rendibilidade

A **taxa interna de rendibilidade** ou, na terminologia anglo-saxónica, *internal rate of return*, donde resultam, respetivamente, as siglas TIR e IRR, é uma medida clássica de retorno da tipologia *money-weighted*. De facto, este indicador tem sido utilizado, ao longo de várias décadas, nos domínios da economia, da contabilidade e, sobretudo, nas finanças, com o propósito de avaliar o retorno de um capital investido num certo projeto, bem como os riscos que pendem sobre a vida futura desse projeto.

Grosso modo, a TIR corresponde à taxa de desconto a aplicar aos *cash flows* gerados, no futuro, por um dado investimento, sendo frequentemente empregue na seleção de projetos. Este indicador pode ser entendido como a taxa de retorno a auferir, ao longo do tempo, sobre certo capital investido, ou seja, equivalente ao retorno efetivo do investimento.

Considerando, necessariamente, idêntico risco de execução, revelam-se, por norma, mais atrativas as oportunidades de investimento que apresentem as taxas internas de rendibilidade mais elevadas. Embora a taxa real de rendibilidade de um projeto difira normalmente da TIR estimada, um projeto com uma TIR elevada apresenta opções mais elevadas de crescimento.

A TIR de um determinado investimento pode também ser comparada com as taxas de retorno dos valores mobiliários transacionados no mercado. Se um investidor não conseguir encontrar qualquer projeto cuja TIR exceda os retornos gerados no mercado financeiro, então deverá canalizar o seu capital para esse mercado, obtendo uma rendibilidade maior, sem tomar riscos desnecessários.

• Taxa interna de rendibilidade simples (*simple internal rate of return*)

Para um único período de tempo, a TIR, na sua aceção mais simples, corresponde à taxa *r* que satisfaz a equação seguinte, com C a designar o montante de *cash flows* externos:

$$V_E = V_S \times (1+r) + C \times (1+r)^{0,5} \qquad (5.6)$$

Nesta formalização, pressupomos que todos os *cash flows* externos são recebidos no ponto médio do período em apreço. Por conseguinte, o cálculo da TIR simples requer apenas o conhecimento dos valores de mercado da carteira – inicial e final –, bem como do total de *cash flows* externos, tal como corrobora o exemplo seguinte.

Exemplo 17: O valor de uma carteira no início de um certo período era de 86.300 €. No final desse período, esse valor ascendia a 125.200 €. Sabendo que se observou um reforço do investimento no montante de 28.700 €, determine a taxa interna de rendibilidade observada nesse lapso de tempo.

A TIR simples é, desta sorte, a taxa *r* que satisfaz a seguinte condição:

$$125.200\ € = 86.300\ € \times (1+r) + 28.700\ € \times (1+r)^{0,5}$$

Se estabelecermos que $x = (1+r)^{0,5}$ e se simplificarmos a expressão, teremos que $86,3x^2 + 28,7x - 125,2 = 0$. Recorrendo à fórmula que permite encontrar o par de soluções de uma equação do 2º grau, $x = \dfrac{-b \pm \sqrt{b^2 - 4ac}}{2a}$, vem

$$x = \frac{-28,7 \pm \sqrt{(28,7)^2 - 4 \times 86,3 \times (-125,2)}}{2 \times 86,3} \Leftrightarrow$$

$$\Leftrightarrow x = \frac{-28,7 \pm \sqrt{823,69 + 43.219,04}}{172,6} \Leftrightarrow = \frac{-28,7 \pm 209,8636}{172,6}$$

Consideramos apenas o resultado positivo, donde $x = 1,049615295$, pelo que $(1+r)^{0,5} = 1,049615295$, logo $r = 10,169\%$.

• Taxa interna de rendibilidade modificada (*modified internal rate of return*)

O pressuposto veiculado no ponto anterior conduz, necessariamente, a uma estimativa enviesada da rendibilidade real de uma carteira. Porém, esse pressuposto poderá ser modificado, através do ajustamento dos valores dos *cash flows* externos, tendo por base a fração de tempo correspondente ao período em que cada um desses montantes se encontra investido. Assim, a TIR modificada equivale à taxa *r* que satisfaz a seguinte condição:

$$V_E = V_S \times (1+r) + \sum_{t=1}^{T} C_t \times (1+r)^{W_t} \tag{5.7}$$

Mais uma vez, C_t representa o *cash flow* externo do dia t; enquanto isso, W_t traduz o coeficiente de ponderação a ser aplicado em cada dia *t* ao respetivo *cash flow* e que definimos como sendo

$$W_t = \frac{TD - D_t}{TD}$$

TD identifica o número total de dias incluídos no período do investimento, sendo que D_t representa o número de dias decorridos desde o início desse período até ao dia *t* correspondente (incluindo fins de semana e feriados).

Retomamos o exemplo apresentado na secção anterior. Contudo, o cálculo da TIR modificada, para além da informação aí contemplada, implica o conhecimento da amplitude do período em avaliação (TD), bem como a data correspondente aos *cash flows* externos (D_t).

Exemplo 18: Atendendo ao exemplo anterior, pretendemos, agora calcular a taxa interna de rendibilidade modificada, sabendo que o início do período corresponde ao dia 31 de março de um certo ano, que o fim do período coincide com o dia 30 de abril do mesmo ano e que o reforço do investimento ocorreu no dia 8 de abril.

Neste caso, vem que TD = 30 dias, sendo, ainda, que D_t = 8; logo $W_t = \frac{22}{30}$. Por conseguinte, vem

$$125{,}20 \; \text{€} = 86{,}30 \; \text{€} \times (1+r) + 28{,}70 \; \text{€} \times (1+r)^{22/30}$$

Obteremos que *r* = 0,095 = 9,5%[100]

---

[100] Neste caso, não pudemos atender ao mesmo expediente de cálculo que no exemplo anterior, dada a própria formalização da expressão, tendo a taxa *r* sido obtida através das funções financeiras do Excel.

Ocorre sublinhar que o cálculo da TIR – simples ou modificada – é entendido como um indicador do tipo *money-weighted* pela razão que cada unidade monetária apresenta a mesma taxa de rendibilidade efetiva, independentemente do momento do tempo em que foi investida. Assim, as diversas quantias investidas ponderarão a rendibilidade final em função do respetivo montante, pelo que este tipo de metodologia se revela adequado para situações em que o investimento assume valores elevados.

Designamos a taxa de rendibilidade que satisfaz a equação (5.7) por *taxa interna de rendibilidade modificada* de modo a que se diferencie da *taxa interna de rendibilidade simples*, calculável por intermédio de (5.6). Com efeito, a *taxa intena de rendibilidade modificada* é também identificada na literatura financeira como *taxa interna de rendibilidade standard*, razão que levou Bacon (2008, p. 9) a advertir, certeiramente, que «os estudantes de finanças vão encontrar na palavra "modificada" algo de intrigante e de desnecessário».

Para além disso, se pretendermos determinar a TIR anual[101] – em vez da TIR cumulativa, atinente a todo o período de avaliação –, teremos que

$$V_E = V_S \times (1+r)^Y + \sum_{t=1}^{T} C_t \times (1+r)^{W_t^Y} \tag{5.8}$$

Nesta expressão, r representa a TIR anualizada, sendo que Y indica o número de períodos de tempo expressos em anos; enquanto isso, $W_t^Y = Y - Y_t$, ou seja, traduz o período de aplicação do *cash flow* externo, com Y_t a representar o período de tempo, expresso em anos, que decorre desde o início do período de avaliação.

A título de exemplo, no caso de um período de 3 anos, em que o *cash flow* externo se reporta ao 81.º dia do 2.º ano, teremos que $W_t^Y = Y - Y_t = 3 - 1\frac{81}{365} = 1\frac{284}{365}$.

2.2.2. Método Dietz simples (*original Dietz method*)[102]

Trata-se de uma metodologia de avaliação muito simplificada, que resulta da *ratio* entre o total dos ganhos proporcionados por uma certa carteira e a média do

---

[101] Isto se considerarmos que o período de avaliação é maior que o ano, o que não sucedeu no exemplo 18, onde o período em apreço correspondia a um mês.
É, ainda, de sublinhar que esta metodologia se estende com facilidade a outros períodos de tempo que não o ano, permitindo a obtenção da respetiva rendibilidade equivalente.

[102] Este indicador, tal como o que trataremos em 2.2.4., deve a sua designação a Peter Dietz e remonta a 1966, tendo sido inicialmente construído com o propósito de ser aplicado ao setor dos fundos de pensões. A este propósito, veja-se P. Dietz, *Pension Funds: Measuring Investment Performance*, publicado pela Free Press no ano em referência.

capital investido. A média do capital investido corresponde ao valor inicial acrescido de 50% do montante do *cash flow* externo, o que implica pressupor que esse *cash flow* se reporta ao ponto médio do período considerado. Assim sendo, teremos que

$$r = \frac{V_E - V_S - C}{V_S + \dfrac{C}{2}} \tag{5.9}$$

No numerador, temos, então, os ganhos de investimento do *portfolio*, ao passo que, no denominador, surge o valor inicial da carteira acrescido de metade do *cash flow* externo.

À semelhança do que sucede para o cálculo da TIR simples, também a aplicação do *original Dietz method* pressupõe o conhecimento apenas dos valores de mercado final e inicial, bem como do montante do *cash flow* externo.

Exemplo 19: Retomamos os dados do exemplo 17 e calculamos a rendibilidade de acordo com o *original Dietz method*.

Aplicamos, diretamente a expressão definida por intermédio de (5.9), logo

$$r = \frac{125.200\ \text{€} - 86.300\ \text{€} - 28.700\ \text{€}}{86.300\ \text{€} + \dfrac{28.700\ \text{€}}{2}} = 10,134\%$$

Este método aporta algumas **vantagens**, mas também evidencia, necessariamente, algumas **limitações**.

Desde logo, o *original Dietz* é de aplicação bastante simples, ao mesmo tempo que faculta uma aproximação à verdadeira taxa de rendibilidade.

Porém, assume uma taxa de retorno do *portfolio* constante ao longo do tempo, desatendendo, assim, à volatilidade do mercado. Ora este fator é, justamente, o que mais influencia a precisão do cálculo da rendibilidade. Para além disso, e tal como se observou previamente, cada fluxo de caixa é ponderado no pressuposto de que o mesmo ocorreu no momento médio do período de tempo considerado. Logo a rendibilidade pode surgir distorcida caso esses fluxos ocorram em outros momentos do tempo, o que se tornará mais evidente se o respetivo montante for muito elevado.

Consideremos mais um exemplo, desta feita com uma taxa negativa.

Exemplo 20: O valor de uma carteira no início de um certo período era de 125.000 €. No final desse período, esse valor era de 112.800 €. Sabendo que se observou um reforço do investimento no montante de 23.650 €, determine: *i)* a taxa interna de rendibilidade simples; *ii)* a taxa de rendibilidade calculada de acordo com o *original Dietz method*.

i) De acordo com (5.6) e atendendo aos valores do problema, vem que

$$112.800 \text{ €} = 125.000 \text{ €} \times (1+r) + 23.650 \text{ €} \times (1+r)^{0,5}$$

Se, tal como no exemplo 17, estabelecermos que $x = (1+r)^{0,5}$ e se simplificarmos a expressão, teremos que $125x^2 + 23,65x - 112,8 = 0$. Recorrendo à fórmula que permite encontrar o par de soluções de uma equação do 2.º grau,

$$x = \frac{-b \pm \sqrt{b^2 - 4ac}}{2a}, \text{ vem}$$

$$x = \frac{-23,65 \pm \sqrt{(23,65)^2 - 4 \times 125 \times (-112,8)}}{2 \times 125} \Leftrightarrow$$

$$\Leftrightarrow x = \frac{-23,65 \pm \sqrt{559,3225 + 56.400}}{250} \Leftrightarrow$$

$$\Leftrightarrow x = \frac{-23,65 \pm 238,6615}{250}$$

Consideramos apenas o resultado positivo, donde $x = 0,860046$, pelo que $(1+r)^{0,5} = 0,860046$, logo $1 + r = 0,739679 \Leftrightarrow r \cong -26,032\%$.

ii) No que se refere ao *original Dietz method*, atendendo a (5.9), vem que

$$r = \frac{112.800 \text{ €} - 125.000 \text{ €} - 23.650 \text{ €}}{125.000 \text{ €} + \frac{23.650 \text{ €}}{2}} = -26,2\%$$

2.2.3. Método ICAA (ICAA *method*)
Trata-se de uma extensão do método Dietz simples, proposta pela Investment Counsel Association of America[103] e de acordo com a qual

---

[103] Trata-se de uma instituição sem fins lucrativos, estabelecida em 1937, que congrega profissionais da área da consultoria financeira.

$$r = \frac{V_E' - V_S - C' + I}{V_S + \dfrac{C'}{2}} \qquad (5.10)$$

sendo que

I representa o total de rendimento da carteira, composto por dividendos, juros ou pagamentos de cupão;

V_E' corresponde ao valor de mercado no fim do período, incluindo qualquer rendimento reinvestido;

C' indica o *cash flow* externo, incluindo qualquer rendimento reinvestido.

Este novo indicador pretende, sobretudo, contemplar no cálculo da rendibilidade os rendimentos associados à carteira e, bem assim, a possibilidade de os mesmos poderem ser reinvestidos.

Exemplo 21: Calculamos a rendibilidade de acordo com o método avançado pela ICAA, tendo por base os elementos referentes ao exemplo 19 e pressupondo que a carteira proporcionou um rendimento de 110 €, dos quais foram reinvestidos 65 €.

A rendibilidade obtida de acordo com o método proposto pela ICAA resulta da aplicação de (5.10), donde

$$r = \frac{125.200\,€ - 86.300\,€ - (28.700\,€ + 65\,€) + 110\,€}{86.300\,€ + \dfrac{(28.700\,€ + 65\,€)}{2}} = 10,1756\%$$

Contudo, o rendimento propiciado pela carteira pode, eventualmente, não se encontrar disponível para reinvestimento imediato. O numerador encontra-se devidamente ajustado através da inclusão do rendimento reinvestido na definição de *cash flow* externo. Por sua vez, embora o montante médio de capital aumente devido ao reinvestimento de rendimentos, no denominador não se observa qualquer ajustamento negativo pelo valor do rendimento não reinvestido.

Do ponto de vista dos gestores, se o rendimento não estiver disponível para ser reinvestido deve ser tratado como um fluxo de caixa negativo, pelo que a expressão para calcular a rendibilidade deve ser a seguinte:

$$r = \frac{V_E - V_S - C + I}{V_S + \dfrac{(C - I)}{2}} \qquad (5.11)$$

Na expressão anterior, assume-se que todo o rendimento associado ao *portfolio* não se encontra disponível para que possa ser, a qualquer momento, reinvestido pelo respetivo gestor, sendo antes transferido para uma outra conta para pagamento posterior ou podendo, em alternativa, ser pago diretamente ao cliente. Este valor não é, evidentemente, incluído no valor final V_E. Logo, neste método, o rendimento é perspetivado como um *cash flow* negativo.

Como o rendimento de um *portfolio* assume valores, em regra, positivos, este indicador tem a particularidade de reduzir a média do capital aplicado. Por conseguinte, o decréscimo da expressão do denominador permite alavancar a rendibilidade da carteira. A expressão definida em (5.11) só deverá, então, ser aplicada se o rendimento do *portfolio* for absolutamente insuscetível de ser aplicado em novos investimentos.

Exemplo 22: Retomamos os dados do exemplo anterior e recalculamos a rendibilidade de acordo com o método proposto ICAA, considerando que os rendimentos da carteira não são suscetíveis de reinvestimento.

$$r = \frac{125.200\,€ - 86.300\,€ - 28.700\,€ + 110\,€}{86.300\,€ + \dfrac{(28.700\,€ - 110\,€)}{2}} = 10{,}25\%$$

Como era expectável, a consideração do não investimento dos rendimentos da carteira conduz à obtenção de uma taxa de rendibilidade superior (alavancada).

O método proposto pela ICAA é largamente aplicado na determinação da rendibilidade associada a uma certa categoria de ativos (por exemplo, ativos provenientes de determinado setor de atividade) integrantes de uma carteira.

2.2.4. Método Dietz modificado (*modified Dietz method*)

Esta metodologia de avaliação intenta ultrapassar algumas das dificuldades evidenciadas pelo *original Dietz method*. Desde logo, a assunção de que todos os *cash flows* se reportam ao momento médio do período em apreço, comporta um entendimento demasiado grosseiro da realidade. Desta sorte, a *ratio* previamente proposta foi redefinida no sentido de incorporar o "peso do dia", ou seja, a quantidade de tempo que cada um dos *cash flows* externos é mantido em carteira, daí resultando a seguinte expressão:

$$r = \frac{V_E - V_S - C}{V_S + \sum C_t \times W_t} \tag{5.12}$$

Como sabemos, C corresponde ao total de *cash flows* externos registados no período; enquanto isso, C_t representa o *cash flow* externo referente ao período t e W_t o coeficiente de ponderação aplicado aos *cash flows* externos do dia t. Memore-se, ainda, que $W_t = \dfrac{TD - D_t}{TD}$, com TD a indicar o número de dias que compõem o período em questão e D_t a assinalar o número de dias decorridos desde o início do período até ao dia t (considerando fins de semana e feriados).

Note-se, porém, que na determinação de D_t deve atender-se se o *cash flow* é recebido no início ou no termo do dia a que o mesmo se reporta. Se esse *cash flow* for recebido no início do dia, este último deve ser incluído em D_t, já que é expectável que o gestor tome qualquer decisão de investimento relativa a esse montante. Por seu turno, se o *cash flow* for recebido no final do dia, o gestor não disporá de tempo útil para adoção de quaisquer decisões, as quais remeterá para o dia seguinte. Não se revela, portanto, razoável incluir esse dia na ponderação[104].

Exemplo 23: Atendemos, agora, aos elementos referidos no exemplo 18 e determinamos a rendibilidade correspondente, de acordo com o *modified Dietz method*.

Verificamos, desde logo, que estamos em presença de um mês composto por 30 dias (mês de abril).

Se assumirmos que o *cash flow* externo foi recebido **no início** do dia 8, vem que

$$r = \dfrac{125.200\ \text{€} - 86.300\ \text{€} - 28.700\ \text{€}}{86.300\ \text{€} + 28.700\ \text{€} \times \dfrac{30 - 7}{30}} = 9{,}418\%$$

---

[104] Para um *cash flow* recebido no início do dia 22 de um mês composto por 31 dias, vem que o coeficiente de ponderação é igual a $\dfrac{31 - 21}{31}$; já se o *cash flow* for recebido no final desse dia, o coeficiente de ponderação é dado por $\dfrac{31 - 22}{31}$. No primeiro caso, o período de investimento será de 10 dias, sendo apenas de 9 dias no segundo caso.

Por sua vez, se assumirmos que o *cash flow* externo foi recebido **no final** do dia 8, vem que

$$r = \frac{125.200\,€ - 86.300\,€ - 28.700\,€}{86.300\,€ + 28.700\,€ \times \dfrac{30-8}{30}} = 9{,}5\%$$

A rendibilidade obtida na segunda possibilidade é necessariamente superior, uma vez que o investidor obteve o mesmo resultado final que na primeira hipótese, tendo o *cash flow* externo sido investido por menos um dia.

2.3. Taxas de rendibilidade ponderadas pelo tempo (*time-weighted returns*)

As dificuldades inerentes ao cálculo da rendibilidade obtida por uma carteira de investimento, durante um certo período de tempo, resultam, em grande medida, da possibilidade de ocorrerem variações do montante de capital investido, ao longo desse mesmo período. Revela-se, por isso, indicado, o recurso a uma metodologia de avaliação em que as flutuações no montante investido não condicionem o respetivo retorno, sob pena de a rendibilidade de um certo investimento poder ser manipulada através de entradas e saídas estratégicas de capital[105]. As metodologias do tipo *time-weighted return* (também conhecidas como métricas TWR) permitem superar estas dificuldades, ao eliminarem os efeitos decorrentes de eventuais entradas e/ou saídas de capital. Assim, as métricas TWR permitem medir o desempenho de uma carteira ao longo do tempo, independentemente do montante investido.

Para além disso, as taxas de rendibilidade ponderadas pelo tempo são medidas compostas da taxa de crescimento de uma carteira. São, por isso, também designadas por *retornos médios geométricos*, sendo o reinvestimento tido em consideração uma vez que se emprega o total da média geométrica[106].

Pressupõe-se, ainda, que todos os rendimentos são reinvestidos na carteira e que são utilizados os mesmos períodos de tempo para efeitos comparativos. Ao calcularmos a taxa de rendibilidade ponderada pelo tempo, o efeito dos fluxos de capital é eliminado, supondo-se um investimento único, no início de um certo período, e medindo-se o crescimento ou as perdas observadas no valor de mercado, no final desse período.

---

[105] No limite, consideremos um investimento cujo valor, na data de avaliação se aproxima de zero. A realização de uma entrada de montante igual ao inicial permite transformar uma rendibilidade de −100% em −50%.

[106] O mesmo não sucede se considerarmos o total da média aritmética, como teremos ocasião de ver adiante.

As métricas TWR permitem comparar o valor da carteira ao longo de um período de tempo selecionado, ou seja, a ênfase coloca-se sobre o retorno alcançado ao longo de um período de tempo. Ademais, estas metodologias são frequentemente empregues no cálculo dos retornos obtidos pelos gestores de diversos investimentos.

2.3.1. Rendibilidade real ou clássica (*true* ou *classical time-weighted return*)

Nesta metodologia, o retorno é determinado para cada subperíodo correspondente ao lapso de tempo entre dois *cash flows* externos, recorrendo a *rationes* de rendibilidade simples.

Os retornos correspondentes a esses subperíodos, uma vez encadeados, permitem o cálculo do indicador final, nos seguintes termos:

$$\frac{V_1 - C_1}{V_S} \times \frac{V_2 - C_2}{V_1} \times \frac{V_3 - C_3}{V_2} \times \ldots \times \frac{V_{n-1} - C_{n-1}}{V_{n-2}} \times \frac{V_E - C_n}{V_{n-1}} = 1 + r \quad (5.13)$$

com V_t a corresponder ao valor do *portfolio* no momento logo após o registo de C_t. Para além disso, podemos estabelecer que

$$\frac{V_t - C_t}{V_{t-1}} = 1 + r_t \quad (5.14)$$

Esta expressão permite obter a *ratio* de riqueza imediatamente anterior ao recebimento dos *cash flows* externos.

Atendendo a (5.14), a expressão anterior pode ser reescrita do seguinte modo:

$$(1 + r_1) \times (1 + r_2) \times (1 + r_3) \times \ldots \times (1 + r_n) = (1 + r)$$

a qual coincide com a formalização já avançada em (5.5), no contexto do cálculo das rendibilidades ponderadas pelos capitais.

Sucede, porém, que a formalização avançada por intermédio de (5.13) assenta no pressuposto de que os fluxos financeiros só se encontrarão disponíveis para investimento no final do dia. Se, pelo contrário, considerarmos que os *cash flows* poderão ser aplicados desde o início do dia, a expressão deverá ser reescrita da seguinte forma:

$$\frac{V_1}{V_S + C_1} \times \frac{V_2}{V_1 + C_2} \times \frac{V_3}{V_2 + C_3} \times \ldots \times \frac{V_{n-1}}{V_{n-2} + C_{n-1}} \times \frac{V_E}{V_{n-1} + C_n} = 1 + r \quad (5.15)$$

Alternativamente, poder-se-á supor que o fluxo de caixa estará disponível para investimento ao meio-dia e usar uma ponderação *half-weight*, donde

$$\frac{V_1 - \frac{C_1}{2}}{V_S + \frac{C_1}{2}} \times \frac{V_2 - \frac{C_2}{2}}{V_1 + \frac{C_2}{2}} \times \ldots \times \frac{V_E - \frac{C_n}{2}}{V_{n-1} + \frac{C_n}{2}} = 1 + r \qquad (5.16)$$

sendo, ainda, que

$$r_t = \frac{V_t - V_{t-1} - C_t}{V_{t-1} + \frac{C_t}{2}} = \frac{V_t - \frac{C_t}{2}}{V_{t-1} + \frac{C_t}{2}} - 1 \qquad (5.17)$$

A expressão formalizada em (5.16) corresponde a uma metodologia híbrida, que comtempla, em simultâneo, as métricas *time* e *money-weighted return*, para cada dia individualmente considerado, não podendo, por isso mesmo, ser entendida como uma verdadeira taxa de retorno *time-weighted*.

Exemplo 24: Reconsideramos os elementos facultados por intermédio dos exemplos 17 e 18. Para o efeito, atendemos, ainda, a que o valor do *portfolio*, no início do dia 8 de abril, era de 85.100 €, ascendendo a 112.370 € no final desse dia. Pretendemos calcular a rendibilidade *time-weight*, considerando que:
i) o *cash flow* se encontra disponível para investimento apenas no final do dia;
ii) o *cash flow* se encontra disponível para investimento desde o início do dia;
iii) o *cash flow* fica disponível para investimento a meio do dia.

Por uma questão de facilidade, sistematizamos toda a informação numa tabela.

Valor do *porfolio* em 31 de março	86.300 €
Valor do *portfolio* em 30 de abril	125.200 €
Cash flow em 8 de abril	28.700 €
Valor do *porfolio* no início de 8 de abril	85.100 €
Valor do *porfolio* no final de 8 de abril	112.300 €

As rendibilidades solicitadas em *i)*, *ii)* e *iii)* poderão ser obtidas, respetivamente, por intermédio de (5.13), de (5.15) e de (5.16). Assim sendo, vem que

i) $1 + r = \dfrac{112.300\ € - 28.700\ €}{86.300\ €} \times \dfrac{125.200\ €}{112.300\ €} \Leftrightarrow r = 8\%$

ii) $1 + r = \dfrac{85.100\ €}{86.300\ €} \times \dfrac{125.200\ €}{85.100\ € + 28.700\ €} \Leftrightarrow r = 8{,}49\%$

iii) $1 + r = \dfrac{85.100\ €}{86.300\ €} \times \dfrac{112.300\ € - \dfrac{28.700\ €}{2}}{85.100\ € + \dfrac{28.700\ €}{2}} \times \dfrac{125.200\ €}{112.300\ €} \Leftrightarrow r = 8{,}28\%$

2.3.2. Método do preço unitário (*unit price method*)

O *unit price method* corresponde a uma variante da *true time-weighted return*, embora seja de aplicação mais simples, como observaremos de seguida.

Este método sustenta-se no uso do preço unitário padronizado (ou *net asset value – NAV*), o qual se calcula imediatamente antes de cada *cash flow* externo, dividindo o valor de mercado pelo número de unidades previamente detido. As unidades são, então, somadas ou subtraídas no *portfolio* ao *unit price*, consoante se trate de uma compra ou de uma venda dessas unidades, correspondendo ao tempo do *cash flow*. Deste modo, o *unit price* é, efetivamente, um valor de mercado padronizado.

Considerando que NAV_i designa o valor dos ativos líquidos por unidade da carteira, no final de cada período *i*, teremos que

$$\dfrac{NAV_1}{NAV_S} \times \dfrac{NAV_2}{NAV_1} \times \dfrac{NAV_3}{NAV_2} \times \ldots \times \dfrac{NAV_{n-1}}{NAV_{n-2}} \times \dfrac{NAV_E}{NAV_{n-1}} = \dfrac{NAV_E}{NAV_S} = 1 + r \qquad (5.18)$$

A expressão anterior põe em evidência a simplicidade e a rapidez de cálculo associadas a este método; com efeito, para determinarmos a *ratio* de rendibilidade entre dois momentos, necessitamos apenas de conhecer os valores unitários referentes aos momentos inicial e final.

Por vezes, na definição do valor inicial do *portfolio*, recorre-se a um preço fictício de 1 u.m. ou de 100 u.m..

Este método tem como principal vantagem o facto de a relação entre o preço final e o preço inicial de um período fornecer sempre a taxa de retorno, independentemente do valor da carteira e, bem assim, dos fluxos de caixa observados.

Exemplo 25: Aplicamos, agora, o método do preço unitário aos elementos propostos para o exemplo anterior, os quais referenciamos na tabela seguinte.

Valor do *portfolio* no início do período	31 de março	86.300 €
Valor do *portfolio* no final do período	30 de abril	125.200 €
Cash flow no final do dia 8 de abril	8 de abril	28.700 €
Valor do *portfolio* no início do dia 8 de abril	8 de abril	85.100 €

Consideramos um valor fictício de 1 € para as unidades de participação que compõem o *portfolio* em apreço e construímos uma nova tabela.

	Valor	Preço unitário	Unidades alocadas	Unidades totais
Valor inicial	86.300 €	1,0000	86.300	86.300
Valor a 8 de abril	85.100 €	0,9861 (a)	86.300	86.300
Cash flow (8 de abril)	28.700 €	0,9861	29.105	115.405
Valor final	125.200 €	1,0849 (b)		115.405

Obs.: (a) = $\dfrac{85.100 \text{ €}}{86.300 \text{ unidades}}$ e (b) = $\dfrac{125.200 \text{ €}}{115.405 \text{ unidades}}$.

Vem, assim, que $\dfrac{NAV_E}{NAV_S} = 1 + r \Leftrightarrow \dfrac{1,0849}{1} = 1 + r \Leftrightarrow r = 8,49\%$

Este método corresponde a uma cambiante do *true* ou *classical time-weighted return*, conduzindo sempre ao mesmo resultado, tal como se verifica por intermédio da comparação entre este valor de $r = 8,49\%$ e o que se obteve no exemplo 24.

2.4. Taxas de rendibilidade ponderadas pelos capitais *versus* taxas de rendibilidade ponderadas pelo tempo

Uma vez descritas as duas tipologias de métodos, cumpre colocá-las em confronto e ponderar as vantagens e os inconvenientes que lhes estão associados.

Desde logo, entre as vantagens associadas às métricas *time-weighted*, elegemos:

- Estas métricas permitem aos investidores conhecer se estão a obter uma rendibilidade constante, período a período. Caso não se esteja a gerar um

retorno consistente, tal significa que a taxa interna de retorno vai cair. É importante, para o investidor, manter uma rendibilidade consistente ao longo do tempo, pois o valor da moeda desvaloriza, devido aos efeitos da inflação.
- As taxas de rendibilidade ponderadas pelos capitais investidos revelam-se indicadas na comparação do desempenho dos investimentos no longo prazo, independentemente do montante desse investimento, ou quando ocorrem entradas ou saídas de capital. Por exemplo, a TIR é largamente empregue na comparação na rendibilidade de um certo *portfolio* com o retorno de um índice de mercado.

Porém, as taxas de rendibilidade ponderadas pelos capitais investidos não são adequadas para determinar as alterações no retorno da carteira entre duas datas consecutivas dentro de um determinado período, ao mesmo tempo que são indicadores difíceis de calcular e de entender pela maioria dos investidores.

Por seu turno, no que concerne às vantagens associadas às métricas *time-weighted*, apontamos:
- Estas métricas permitem aos investidores a determinação das respetivas taxas de retorno, independentemente de quando o capital é investido ou independentemente de se registarem acréscimos ou decréscimos no montante aplicado. É por esta razão que merece a preferência dos gestores de fundos de investimento e dos investidores não privados, uma vez que ambos têm controlo limitado sobre o montante de recursos colocados sob gestão.
- As taxas de rendibilidade ponderadas pelo tempo são particularmente indicadas nas situações em que a propriedade do investimento seja partilhada, pois permitem que a participação nesse investimento seja atribuída com base no valor dos ativos e nos *cash flows* externos observados ao longo do tempo.

No entanto, as taxas de rendibilidade ponderadas pelo tempo não consideram há quanto tempo o capital foi investido, logo quando foi investido. Já os métodos *money-weighted* permitem acompanhar o desempenho do investimento ao longo do tempo, como é o caso da TIR. Para além disso, as métricas *time-weighted* não são adequadas para comparar o desempenho de investimentos de carteiras diferentes.

Discutimos o seguinte exemplo, que espelha alguns dos aspetos apontados.

CARTEIRAS DE INVESTIMENTO

Exemplo 26: Considere o caso hipotético de um investidor que comprou 500 ações da empresa XYZ, no dia 1 de janeiro de 2009, a 8 € cada e que, no final de dezembro desse mesmo ano, o seu valor ascendeu a 10 €. Nessa data, o investidor adquiriu mais 2.000 ações, as quais se cotaram, em dezembro de 2010, nos 9,30 €.

Pretende-se:

a) Calcular a rendibilidade do investimento realizado no primeiro ano, a rendibilidade do investimento realizado no segundo ano, a rendibilidade para a totalidade do período do investimento e a *time-weighted rate of return* para a totalidade do período do investimento.

b) Tecer os comentários aos resultados obtidos considerados pertinentes.

Começamos por determinar as medidas de avaliação apontadas em a).

A **rendibilidade para o primeiro período do investimento** corresponderá à *simple rate of return*, donde

$$1 + r = \frac{V_E}{V_S} \Leftrightarrow 1 + r = \frac{500 \times 10\,€}{500 \times 8\,€} \Leftrightarrow r = 25\%$$

A rendibilidade do investidor para o período em apreço é, então, de 25%.

No **segundo período do investimento**, a *simple rate of return* será dada por

$$1 + r = \frac{V_E}{V_S} \Leftrightarrow 1 + r = \frac{2.000 \times 9,30\,€}{2.000 \times 10\,€} \Leftrightarrow r = -7\%$$

Por seu turno, **a rendibilidade para o período total de investimento** resultará do confronto entre entre os valores finais do investimento e a totalidade do investimento realizado, logo

$$1 + r = \frac{V_E}{V_S} \Leftrightarrow 1 + r = \frac{500 \times 10\,€ + 2.000 \times 9,30\,€}{500 \times 8\,€ + 2.000 \times 10\,€} \Leftrightarrow r = -1,67\%$$

Já a **rendibilidade time-weighted** para os dois períodos de investimento é de

$$(1 + r) = (1 + 25\%)(1 - 7\%) \Leftrightarrow r = 16,25\%$$

b) Desde logo, convém precisar a elevada rendibilidade obtida no primeiro período terá levado o investidor a adquirir mais ações. No entanto, estas novas ações, para além de adquiridas a um preço mais elevado, não tiveram o mesmo comportamento que as que foram compradas no início de 2009, impondo perdas ao investidor.

Em termos globais, o investidor aplicou 24.000 € (4.000 € em janeiro de 2009 e 20.000 € em janeiro de 2010); enquanto isso, registou uma perda de 400 € (pois ganhou 1.000 € no primeiro ano, mas perdeu 1.400 € no segundo).

De notar, sobretudo, que este indicador não tem em consideração o *timing* do *cash flow*, ao assumir que todo o dinheiro é investido no início do período.

Se considerarmos o *timing* do investimento e recorrermos à média geométrica (ou método de ligação em cadeia), a rendibilidade para os dois anos passa a ser de 16,25%.

Este tipo de cálculo é perfeitamente legítimo e, na verdade, bastante recorrente em termos práticos.

Em síntese, teremos que:

- Se observou uma rendibilidade de 25%, em 2009, e de −7%, em 2010;
- Em 2009, o investidor apenas aplicou 4.000 €, enquanto esse valor ascendeu a 20.000 €, em 2010;
- Em termos monetários, realizou 1.000 € em 2009 e perdeu 1.400 € em 2010, o que determina uma perda global de 400 €;
- No entanto, agora para os 2 anos, a rendibilidade calculada de acordo com a métrica *time-weighted* é de 16,25%.

Parece incompreensível que, muito embora o investidor tenha perdido dinheiro, continue a evidenciar uma rendibilidade positiva.

Com efeito, este método é sobretudo utilizado na avaliação de desempenho dos investidores profissionais, uma vez que estes não pretendem ser responsabilizados pelas más decisões, em termos de *timing* de investimento, pelos seus clientes. Porém, o investidor individual terá dificuldade em entender a informação que lhe é facultada pelo gestor, ou seja, a obtenção de um retorno positivo quando, na verdade, sabe que perdeu dinheiro.

Tal não sucede nas metodologias ***money-weighted returns***, pois tomam em consideração o montante de capital investido nos diferentes períodos e, em seguida, calculam uma taxa de retorno ponderada por esses fatores.

De modo a tornarmos mais inteligível a comparação entre os dois métodos anteriormente discutidos, recorremos a uma tabela, adaptada de www.dailyvest.com[107], onde se sintetizam as suas características e se assinalam as principais diferenças entre ambos.

---

[107] *Site* acedido em 27 de fevereiro de 2012.

Tabela 3 – Métricas *money-weigthed versus* métricas *time-weighted*

Taxas de rendibilidade ponderadas pelos capitais investidos [*Money(dollar)-weighted rates of return* – DWRR]	Taxas de rendibilidade ponderadas pelo tempo [*Time-weighted rates of return* – TWRR][108]
Definição:	Definição:
A TIR (ou IRR) é a métrica mais utilizada na prática e corresponde à taxa de desconto que torna equivalentes o custo de um investimento e os *cash flows* gerados por esse investimento. Assim, a TIR reflete o desempenho real do capital investido ao longo do tempo.	As métricas *time-weighted* medem o retorno produzido por um investimento ao longo do tempo, independentemente das entradas os saídas de capital. Aferem, assim, a taxa de crescimento do investimento, ao longo de um período de tempo específico.
Maiores diferenças:	Maiores didferenças:
1) Estes métodos refletem as entradas e saídas de capital, bem como o desempenho dos ativos escolhidos pelo investidor e que compõem a carteira de investimento. As taxas ponderadas pelo capital dependem fortemente da observação de fluxos de caixa de grande montante (de entrada ou de saída) e, muito principalmente, do momento do tempo em que estes possam ocorrer. 2) A TIR (IRR) não divide o período de tempo em apreço em subperíodos iguais; em vez disso, permite obter uma taxa de retorno constante para todo o período examinado.	1) As rendibilidades calculadas de acordo com as métricas *time-weighted* não são afetadas pela frequência ou pela dimensão das entradas e saídas de capital. O retorno para cada período é calculado tendo por base o capital em carteira no início desse período. 2) Estes métodos dividem o tempo para o qual o retorno vai ser calculado em subperíodos iguais. Estes subperíodos permitem determinar uma taxa final de retorno, por intermédio de uma ligação geométrica entre os respetivos retornos. Tal elimina as eventuais distorções causadas pela verificação de fluxos de caixa de grande montante.

Em termos genéricos, podemos afirmar que enquanto os métodos *time-weighted* avaliam o desempenho dos gestores dos investimentos – ou dos investidores individuais, se for o caso –, os métodos *money-weighted* medem a *performance* do próprio investimento.

---

[108] Atendendo às recomendações decorrentes das normas GIPS, que teremos ocasião de discutir no último Capítulo, as metodologias *time-weighted* são empregues na avaliação do desempenho dos gestores de fundos públicos, uma vez que elimina a frequência e o montante dos fluxos de caixa e isola a parte do retorno de uma carteira que pode ser imputado unicamente às ações do gestor. Esta recomendação deve-se, ainda, ao facto de os gestores dos fundos públicos não controlarem, em via de regra, as entradas e saídas de capital. Tal não obsta, porém, que estes métodos possam ser aplicados por gestores de fundos privados e, bem assim, por investidores individuais.

Passamos a discutir um outro exemplo, no qual os dois métodos se encontram vertidos.

Exemplo 27: O valor de uma carteira, no início de um certo período, cifrava-se nos 5.000 €, tendo ascendido, no final desse período, a 10.000 €. Nesse momento, ocorreu uma entrada de capital no montante de 15.000 €. No final desse novo período, o valor da carteira era de 13.000 €.

Em função destes elementos, pretendemos calcular a taxa de rendibilidade recorrendo ao método *time-weighted* e ao método *money-weighted*, bem como comparar os resultados obtidos.

A *time-weighted rate of return* será dada por

$$r = \frac{25.000\ € - 15.000\ €}{5.000\ €} \times \frac{13.000\ €}{25.000\ €} - 1 = 4\%$$

Por sua vez, a *money-weighted rate of return* será dada por

$$r = \frac{13.000\ € - 5.000\ € - 15.000\ €}{5.000\ € + \dfrac{15.000\ €}{2}} \times \frac{13.000\ €}{25.000\ €} = -29{,}12\%$$

O investidor sofreu uma perda global de 7.000 € (de +5.000 € no primeiro período e de –12.000 € no segundo). Ainda assim, a taxa de rendibilidade *time-weighted* é positiva. Esta perda reflete-se, porém, na taxa de rendibilidade *money-weighted*, que corresponde a –29,12% da média de capital investido. Recorde-se que a variação negativa no valor da carteira se reporta ao segundo período, quanto é investido o maior montante de capital. A diferença obtida entre ambos os métodos deve-se, assim, ao *timing* do *cash flow*.

A taxa de rendibilidade ponderada pelo capital investido ao longo de um único período de medição reflectirá sempre o montante ganho, bem como as perdas do período.

Já a taxa de rendibilidade ponderada pelo tempo ajusta-se ao fluxo de caixa e aos pesos de cada período de tempo, sendo, por isso, indicada para comparar o desempenho de gestores de carteiras com diferentes padrões de *cash flows*, permitindo ainda avaliar o desempenho que teria sido observado caso esses *cash flows* não tivessem ocorrido.

Com efeito, a taxa de rendibilidade baseada em *time-weighted* mede o desempenho dos gestores, ajustado pelos *cash flows*, e a taxa de rendibilidade baseada em *money-weighted* mede a *performance* dos ativos investidos pelo cliente, refletindo o impacto desses *cash flows*.

2.5. A escolha da metodologia de avaliação de desempenho

Em presença das diferenças apontadas entre ambos os métodos, permanece *a questão de saber quais as circunstâncias em que cada um deles deve ser aplicado*.

A maioria dos analistas do desempenho prefere recorrer aos métodos *time-weighted*, uma vez que estes últimos ponderam cada período de tempo de modo idêntico, sem atender ao montante investido. Por norma, os gestores de investimentos não exercem qualquer controlo sobre as entradas e saídas de capital, pelo que se revela pertinente o recurso a uma medida de avaliação que não seja condicionada pelo calendário dos fluxos de caixa.

Tal como sustenta Bacon (2008), a escolha da metodologia a adotar depende dos requisitos do cliente, do grau de precisão exigido, do tipo de ativos e da respetiva liquidez, bem como dos fatores de custo envolvidos. O método *time-weighted* neutraliza o impacto dos *cash flows*, sendo, com efeito, mais adequado se se pretender comparar o desempenho de diversos gestores e publicar índices comerciais. Por outro lado, se nos propusermos apenas conhecer o desempenho dos ativos, sem atender a quaisquer comparações, então o método *money-weighted* será o mais indicado.

Como se patenteou no exemplo anterior, a rendibilidade baseada em *time-weighted* não depende da quantidade de dinheiro investido, permitindo inclusivamente obter uma taxa positiva de retorno ao longo de um período em que o cliente pode até ter perdido dinheiro. Este aspeto torna-se, muitas vezes, dificilmente inteligível para a maioria dos investidores. Neste caso, o cliente perdeu dinheiro por ter aumentado o montante investido no início de um período de fraco desempenho nos mercados.

A confiança na precisão de avaliação de ativos é a chave na determinação do método a utilizar. Se a avaliação ocorrer numa base mensal, então, o método Dietz modificado pode ser o mais eficaz. A liquidez dos ativos é outro fator determinante para escolher o método a usar. Se as ações são ilíquidas pode ser difícil estabelecer uma avaliação precisa no momento em que se registam os *cash flows* e, neste caso, qualquer métrica *time-weighted* pode ser fiável.

Porém, o emprego da *true time-weighted rate of return* encerra uma enorme limitação. De facto, a carteira deve ser avaliada sempre que se observe um fluxo de caixa, o que se torna deveras dispendioso para certos gestores de ativos, mormente os de menor dimensão. Este aspeto introduz um novo ponto de reflexão no nosso trabalho, a saber o de quão precisa e regular deve ser a avaliação do *portfolio*.

Desta feita, os gestores de ativos devem ponderar entre os benefícios decorrentes de uma avaliação mais precisa e frequente e os custos que lhe estão associados, bem como refletir em torno dos efeitos resultantes de eventuais erros de avaliação.

O exemplo seguinte pretende, justamente, ilustrar o impacto de um erro de avaliação no cálculo do retorno.

Exemplo 28: Retomamos os elementos apresentados no exemplo 24, os quais, por sua vez, já haviam sido aplicados em exemplos anteriores. Suponhamos, agora, que, por razões de simplificação, se considerou que o valor da carteira, no final do dia 8 de abril, era o que havia sido observado num dos dias anteriores, sendo de 107.500 €. Calcule a *true time-weighted rate of return*, atendendo a este novo valor.

Substituindo os dados do exemplo na expressão definida em (5.13), vem que

$$1 + r = \frac{107.500 \text{ €} - 28.700 \text{ €}}{86.300 \text{ €}} \times \frac{125.200 \text{ €}}{107.500 \text{ €}} \Leftrightarrow r = 6,34\%$$

A taxa de rendibilidade assim obtida difere da taxa de 8% que calculámos no exemplo 24.

Os investidores, muito principalmente os investidores institucionais – como é o caso dos fundos de pensões – requerem, cada vez mais, a disponibilização de informação rigorosa e frequente, numa base diária, de modo a poderem monitorizar convenientemente as suas decisões de investimento.

A indústria financeira tem vindo, assim, a optar gradualmente pelo cálculo diário das rendibilidades, procedimento este que vem sendo assumido como padrão por parte dos operadores. Porém, em termos de análise estatística, o cálculo diário introduz mais "ruído" do que riqueza de informação. Com efeito, quanto menor o prazo do investimento maior a propensão para o surgimento dos denominados *noisy signals*, ou seja, de informação que apenas confunde o investidor no seu processo de tomada de decisão. Estes sinais dissipar-se-ão à medida que aumenta o período do investimento[109].

Porém, em termos de análise dos retornos, revela-se conveniente a realização de cálculos diários, por forma a garantir a precisão das rendibilidades de longo prazo[110].

---

[109] A propósito dos efeitos do "ruído" nos mercados financeiros, cfr. Shleifer e Summers (1990).
[110] Retemos aqui o entendimento de Bacon (2008), de acordo com o qual a análise diária da *performance* não é pertinente *per se*, principalmente no contexto de investimentos de longo prazo. Não obstante, o cálculo das rendibilidades diárias garante a qualidade da informação referente a períodos mais longos.

Existem outras medidas de avaliação do desempenho, mormente metodologias híbridas, que combinam medidas baseadas em *time-weighted* e em *money--weighted*. Por serem menos utilizadas em termos práticos, não serão alvo de atenção no presente texto.

Cumpre, por fim, sublinhar que nenhuma das medidas apontadas é infalível, tal como testemunham as crises financeiras, registadas nas duas últimas décadas do século XX, os escândalos financeiros ocorridos nos EUA, em 2003, e a mais recente crise financeira, a qual ficou conhecida na literatura como crise do *subprime*.

2.6. Rendibilidades anualizadas

Quando dispomos de informação relativa à rendibilidade observada durante um vasto período de tempo, torna-se conveniente reportarmos essa informação a uma base temporal comum, ou seja, a um período de tempo padronizado.

Em termos práticos, o período de referência mais comum é, sem dúvida, o *ano*, já que a este período se reportam todas as informações económicas e financeiras mais relevantes.

Acresce que a ***média anual da rendibilidade***, observada ao longo de vários períodos, pode ser determinada ***aritmeticamente*** ou ***geometricamente***.

• Média aritmética ou rendibilidade média

Se designarmos por r_A a rendibilidade média observada ao longo de n anos, teremos que

$$r_A = \frac{f}{n}\sum_{i=1}^{n} r_i \qquad (5.19)$$

• Média geométrica ou rendibilidade anualizada

Sendo r_G a rendibilidade anualizada, vem que

$$r_G = \left[\prod_{i=1}^{n}(1+r_i)\right]^{\frac{f}{n}} - 1 \qquad (5.20)$$

Em ambas as expressões, n aponta o número de períodos em apreço. Muito embora a situação mais comum seja a consideração de períodos anuais, f indica-nos o número de períodos que equivalem a um ano, na eventualidade de n se encontrar expresso noutra unidade de tempo ($f = 12$, se n estiver expresso em meses; $f = 4$, se n se encontrar expresso em trimestres; etc.).

Exemplo 29: Considere a tabela seguinte, onde constam as rendibilidades anuais evidenciadas por um certo *portfolio*, entre 2004 e 2009.

Anos	Rendibilidade anual (r_i)
2009	+ 7,8%
2008	− 2,3%
2007	+ 16,7%
2006	+ 22,5%
2005	+ 0,8%
2004	− 7,2%

Determine a rendibilidade média (r_A) e a rendibilidade anualizada (r_G).

Aplicando as expressões previamente definidas, vem que

$$r_A = \frac{1}{6} \times (-7,2\% + 0,8\% + 22,5\% + 16,5\% - 2,3\% + 7,8\%) = \frac{38,3\%}{6} = 6,38(3)\%$$

e

$$r_G = \left[(1-7,2\%)(1+0,8\%)(1+22,5\%)(1+16,5\%)(1-2,3\%)(1+7,8\%)\right]^{\frac{1}{6}} - 1 \Leftrightarrow$$

$$\Leftrightarrow r_G = (0,928 \times 1,008 \times 1,225 \times 1,165 \times 0,977 \times 1,078)^{\frac{1}{6}} - 1 \Leftrightarrow r_G = 5,8434\%$$

3. A comparação com um índice de referência: *benchmarking*

O cálculo da rendibilidade de uma carteira corresponde apenas ao primeiro passo no processo de avaliação do desempenho. Uma vez determinada essa rendibilidade, há que compará-la com um padrão de referência adequado, ou seja, a um *benchmark*.

O *benchmark* utilizado deve obedecer às seguintes características fundamentais:

- Deve ser **apropriado**, compatível com os ensejos do cliente e com a estratégia de investimento previamente definida. Com efeito, a qualidade da avaliação do desempenho de uma carteira dependerá da escolha do *benchmark*.
- Deve ser **acessível**, isto é, o gestor deve ter acesso a todas informações relativas à rendibilidade do *benchmark* no início do período de análise.
- Deve ser **independente**, na medida em que todos os cálculos subjacentes devem ser efetuados por uma terceira entidade – além do gestor e do

cliente – de forma a assegurar uma comparabilidade justa e isenta (recordemos que ploriferam os modos de apresentação das rendibilidades, que podem variar em função dos objetivos pretendidos).
- Deve ser **claro** e **preciso**, não deixando margem a quaisquer ambiguidades. Para além disso, deve ser empregue apenas uma medida de referência, ou seja, esta não deve variar constantemente.

No âmbito dos fundos de investimento, o *benchmark* corresponde a um índice de referência, definido pelo gestor, o qual permite monitorizar a rendibilidade do investimento. A seleção do *benchmark* decorre do tipo de estratégia prosseguida e da composição do fundo, devendo o índice de referência obedecer a idêntica composição de ativos. Por exemplo, alguns fundos de ações, que prossigam uma estratégia de gestão passiva, poderão optar pelo PSI 20 como *benchmark*. Enquanto isso, fundos de ações, que prossigam uma estratégia de gestão ativa, procurarão atingir patamares de rendibilidade superiores.

Muitas vezes, o *benchmark* de um fundo resulta da junção de vários índices, justamente devido à coexistência de estratégias de investimento e à diversificação em termos de composição das carteiras.

3.1. Construção de índices de referência

Um *índice* – ou índice bolsista – é um método de avaliação – no todo ou em parte – de um determinado mercado financeiro. A ideia basilar subjacente à constituição de um índice é a de concentrar, numa só medida, a evolução das cotações de um conjunto de ativos. Desta sorte, os índices permitem aferir, de forma simples, acerca do desempenho dos mercados, funcionando, ainda, enquanto padrão de referência na avaliação da *performance* dos investidores, dos gestores e dos próprios fundos de investimento.

À semelhança do que se apontou para o caso das medidas de rendibilidade, em que sublinhámos a importância de conhecer o modo de construção de cada medida, também aqui se afigura oportuno questionar qual o peso relativo a conferir a cada um dos ativos que concorrem para a formação do índice. Com efeito, de modo a concentrar a avaliação do desempenho de um conjunto de títulos num só indicador, é necessário atribuir uma ponderação à variação de cada um desses títulos. A forma mais comum é a que decorre da consideração da capitalização bolsista, a qual, por vezes, surge corrigida por um fator de *free-float*[111].

---

[111] É este o procedimento que se observa no mercado nacional, no caso do PSI 20, como tivemos ocasião de referir logo no Capítulo 1.

O *free-float* corresponde à quantidade de ações livres que se encontrem cotadas em bolsa e que não pertençam a acionistas estáveis. De outro modo, o *free-float* indica a parcela de capital que pode facilmente "mudar de mãos". Entre nós, por exemplo, quaisquer ações da Sonae que sejam controladas por Belmiro de Azevedo não são consideradas para efeitos de determinação do respetivo *free-float*, sendo apenas relevantes as que se encontrem dispersas em bolsa.

Em alguns índices, a ponderação é dada simplesmente pela cotação de cada ativo. Entre eles, o mais conhecido é o índice Dow Jones. Enquanto isso, existem índices do tipo *equal weighted*, ou seja, índices em que todos os ativos são ponderados de igual modo.

3.2. Fundos de índice

Como vimos anteriormente, no mercado de capitais recorre-se, por norma, a um índice bolsista, o qual funciona como *proxy* desse mercado. O propósito subjacente a este procedimento é o de avaliar o desempenho relativamente ao comportamento do mercado e não em termos absolutos. Facilmente se entende que ganhar $x\%$ no âmbito de um determinado investimento terá significados diferentes se o mercado também valorizar $x\%$, se o mercado valorizar $(x + y)\%$ ou ainda se o mercado descer $(x + z)\%$.

Cada gestor estabelecerá qual o *benchmark* que lhe permitirá avaliar o desempenho do seu investimento, de acordo com os objetivos previamente estabelecidos. Por exemplo, o gestor de um fundo de ações exclusivamente nacionais poderá escolher o índice PSI 20 como índice de referência. Enquanto isso, um fundo americano escolherá como *benchmark* o S&P 500 ou o índice Dow Jones. Já um fundo de obrigações optará, por exemplo, por uma curva de taxas de juro com diferentes maturidades. Deste modo, aferir-se-á qual a parcela de desempenho que se reporta exclusivamente à gestão do fundo e qual a que decorre apenas da evolução do mercado.

Sucede que a maioria dos fundos "perde" para o mercado, isto é, tende a manifestar uma *performance* pior que a do mercado. Com efeito, os índices correspondem a uma amostra do mercado, no sentido em que integram apenas um certo número de fundos. Para além disso, todos os fundos se encontram sujeitos aos denominados custos de fricção – custos de compra e de venda, *spreads*, etc. – bem como a várias comissões – de gestão, de custódia[112], etc.

---

[112] O serviço de custódia de títulos, prestado por uma determinada instituição aos investidores, compreende a guarda e o exercício de direitos associados a esses títulos.

É neste contexto que deve ser entendido o surgimento dos *fundos de índice* (*index funds*). Estes fundos visam exclusivamente reproduzir a estrutura do *benchmark*, pelo que adotam uma estratégia de gestão passiva. Estes fundos poderão "bater" os seus pares que prosseguem uma estratégia de gestão ativa, uma vez que realizam menos transações e, como tal, suportam custos menores.

O objetivo da constituição de fundos de índice é, pois, o da aproximação do retorno do fundo ao retorno daquele que lhe serve de referência. O fundo de índice poderá mesmo atingir a mesma rendibilidade que o índice de referência se recorrer a produtos derivados ou a *equity swaps*. A diferença entre o desempenho do *benchmark* e o do fundo de índice designa-se por **tracking error**, conceito este que exploraremos adiante.

A constituição de fundos de índice encerra algumas *vantagens*, as quais passamos a assinalar:

- **Menores custos** – ao dispensarem o exercício de uma estratégia de gestão ativa, estes fundos necessitam de uma estrutura de pessoal mais ligeira e, como tal, com menores custos. As poupanças assim realizadas beneficiam os subscritores, através da cobrança de comissões de gestão significativamente mais baixas.
- **Menor *turnover*** – um fundo de índice só realizará transações quando se observarem alterações ao nível da composição do fundo, donde resultam menores custos de transação.
- **Fiscalidade mais vantajosa** – o facto de se realizarem relativamente menos transações conduz, geralmente, ao reconhecimento menos frequente de ganhos e, por conseguinte, a menos tributação.
- **Melhor desempenho** – em média, o mercado "bate" 80% dos gestores ativos. Os fundos de índice tendem a acompanhar o mercado muito de perto e assim "bater" a generalidade dos gestores ativos.

Contudo, os fundos de índice contemplam também algumas *limitações*, mormente:

- **Remove-se a possibilidade de obtenção de retornos anormais** – ao acompanhar o mercado, o fundo de índice nunca "baterá" o mercado de forma extraordinária ou consistente.
- ***Tracking error*** – o desempenho do fundo de índice pode afastar-se do desempenho do índice de referência.

3.3. Rendibilidade supranormal (*excess return* – ER)

Um procedimento comum em termos de avaliação do desempenho é o da comparação entre e rendibilidade obtida por um certo investimento e a rendibilidade atingida pelo respetivo padrão de referência. Tal corresponde à determinação do ***excess return***[113], que definimos como a diferença entre a rendibilidade de um *portfolio* e a rendibilidade do seu *benchmark*, sem custos de transação. O *excess return* corresponde, assim, ao aumento do valor da carteira em comparação com o que teria sido atingido, caso se investisse no *benchmark*.

O *excess return* pode ser entendido como uma **medida aritmética** ou como uma **medida geométrica**.

Se recorrermos a uma **medida aritmética**, o *excess return* pode traduzir-se como o diferencial de rendibilidade obtida relativamente ao índice teórico ou de referência, expresso em termos de percentagem do capital hipoteticamente investido no *benchmark*.

Se ER_a representa o *excess return*, enquanto medida aritmética, teremos que

$$ER_a = r - b \tag{5.21}$$

Facilmente se reconhece que, na expressão anterior, r e b identificam, respetivamente, o retorno do investimento e o retorno do *benchmark*.

Por seu turno, se atendermos a uma **medida geométrica**, o *excesso return* representa o diferencial de rendibilidade obtida relativamente ao índice teórico ou de referência, expresso em termos de percentagem do valor final do fundo teórico ou do referencial. Sendo o *retorno supranormal geométrico*, vem que

$$ER_g = \frac{1+r}{1+b} - 1 \tag{5.22}$$

com r e b a assumirem idênticos significados aos patentes em (5.21).

Exemplo 30: Consideremos um investimento cujo valor inicial era de 1.000.000 €. No final do período de avaliação, o seu valor ascendeu a 1.050.000 €.

Sabendo que o índice de referência (ou *portfolio* teórico) registou um retorno de 3,8%, calcule o *excess return* do investimento, aplicando tanto a forma aritmética como a forma geométrica.

---

[113] O *excess return* ou *retorno supranormal* não deve ser confundido com o *abnormal return* ou *retorno anormal*, dado que este último corresponde à diferença entre a rendibilidade efetivamente observada e a rendibilidade esperada para um certo investimento.

Desde logo, podemos determinar a rendibilidade simples do investimento, recorrendo à expressão definida em (5.1), donde

$$r = \frac{V_E - V_S}{V_S} = \frac{1.050.000\ € - 1.000.000\ €}{1.000.000\ €} = \frac{50.000\ €}{1.000.000\ €} = 5\%$$

Assumimos, necessariamente, que o *portfolio* teórico tem um valor inicial idêntico, pelo que o respetivo valor final será de 1.038.000 €.

O valor acrescentadao pelo investimento para lá da rendibilidade do *portfolio* teórico é de 1.050.000 € – 1.038.000 €.

Ao recorrermos à *forma aritmética*, somos confrontados com duas possibilidades:

i) Aplicação direta da expressão formalizada para ER_a, donde

$$ER_a = r - b = 5\% - 3,8\% = 1,2\%$$

ii) Cálculo da *ratio*, expressa em percentagem, entre o valor acrescentado pelo investimento, relativamente ao possível investimento no *benchmark*, e o valor inicial do eventual investimento nesse *portfolio* de referência, logo

$$ER_a = \frac{12.000\ €}{1.000.000\ €} = 1,2\%$$

Por seu turno, no que concerne à *forma geométrica*, deparar-nos-emos também com duas possibilidades:

i) Aplicação direta da expressão formalizada para ER_a, donde

$$ER_g = \frac{1+r}{1+b} - 1 = \frac{1+5\%}{1+3,8\%} - 1 = 1,156\%$$

ii) Cálculo da *ratio* entre o acréscimo de rendibilidade obtida no investimento relativamente ao eventual investimento no *benchmark* e o valor final desse *benchmark*, pelo que surge

$$ER_g = \frac{1.050.000\ € - 1.038.000\ €}{1.038.000\ €} = \frac{12.000\ €}{1.038.000\ €} = 1,156\%$$

No caso em apreço, o *excess return* resultante da aplicação da forma aritmética é mais elevado que o que se obtém por intermédio da forma geométrica. Existem, porém, três argumentos que recomendam o emprego da forma geométrica em detrimento da forma aritmética, a saber: *i) proporcionalidade*; *ii) convertibilidade*; *iii) composto de rendibilidades*.

Desde logo, se reescrevermos a expressão estabelecida em (5.22), teremos que

$$\frac{1+r}{1+b} - 1 = \frac{1+r}{1+b} - \frac{1+b}{1+b} = \frac{r-b}{1+b}$$

o que evidencia **a existência de uma relação entre a forma aritmética e a forma geométrica**, dado que o numerador corresponde a ER_a.

Esta relação permite concluir que, nos mercados em ascenção/crescimento, a medida aritmética apresenta sempre um valor superior ao da medida geométrica; enquanto isso, nos mercados em queda, é a medida geométrica que evidencia maiores valores para o *excess return*. Assim se explica que os gestores prefiram a medida aritmética, que lhes permite tirar partido das condições de mercado quando estas se apresentem favoráveis.

Explicitamos cada um dos argumentos apresentados por intermédio de um exemplo.

Exemplo 31: Consideremos um *portfolio* cujos valores inicial e final são, respetivamente, de 750.000 € e de 600.000 €. Tomemos, também, um fundo de investimento teórico, que funcionará como *benchmark*, com idêntico valor inicial e com um valor final correspondente a 450.000 €. Pretendemos calcular o *excess return*, através da forma aritmética e da forma geométrica.

Desde logo, recorrendo, de novo, a (5.1), determinamos a rendibilidade simples do investimento e do *benchmark* (respetivamente, r e b).

$$r = \frac{V_E - V_S}{V_S} = \frac{600.000\ € - 750.000\ €}{750.000\ €} = \frac{-150.000\ €}{750.000\ €} = -20\%$$

$$b = \frac{V_E - V_S}{V_S} = \frac{450.000\ € - 750.000\ €}{750.000\ €} = \frac{-300.000\ €}{750.000\ €} = -40\%$$

O *excess return*, calculado de acordo com a forma aritmética, virá:

$$ER_a = r - b = -20\% - (-40\%) = +20\%$$

Por seu turno, se determinarmos o *excess return* através da forma geométrica obteremos:

$$ER_g = \frac{1+r}{1+b} - 1 = \frac{1-20\%}{1-40\%} - 1 = \frac{0,8}{0,6} - 1 = +33,3(3)\%$$

Cumprindo o critério de **proporcionalidade** anteriormente apontado, a medida geométrica mostra, de forma correta, que o *portfolio* obteve uma rendibilidade que excede em 33,3% aquela que se obteria caso o capital tivesse sido investido no *benchmark*.

No entanto, o argumento que mais pondera no recurso à forma geométrica é o da **convertibilidade** em diferentes moedas. Tomemos o seguinte exemplo.

Exemplo 32: Recordamos os dados apresentados no exemplo 30. Para além disso, consideramos que a taxa de câmbio, no início do período, é de 1 € = $ 1, enquanto no final do período é de 1 € = $ 1,12. Pretendemos calcular o *excess return* do investimento, aplicando as duas formas conhecidas, na possibilidade de a carteira se encontrar expressa em moeda estrangeira (no caso, em dólares).

O valor inicial, em moeda estrangeira, tanto do *portfolio* como do *benchmark*, é de $ 1.000.000. Por seu turno, o valor final do *portfolio* é de 1.050.000 € × $ 1,12 = = $ 1.176.000, enquanto o valor final do *benchmark* é de 1.038.000 € × $ 1,12 = = $ 1.162.560.

Se calcularmos a rendibilidade simples, em moeda estrangeira, tanto para o *portfolio* como para o investimento de referência, vem que

$$r = \frac{V_E - V_S}{V_S} = \frac{\$1.176.000 - \$1.000.000}{\$1.000.000} = \frac{\$176.000}{\$1.000.000} = 17,6\%$$

$$b = \frac{V_E - V_S}{V_S} = \frac{\$1.162.560 € - \$1.000.000}{\$1.000.000} = \frac{\$162.560}{\$1.000.000} = 16,256\%$$

O *excess return*, de acordo com a forma aritmética, será igual a

$$ER_a = r - b = 17,6\% - 16,256\% = 1,344\%$$

ou ainda

$$ER_a = \frac{\$176.000 - \$162.560}{\$1.000.000} = \frac{\$13.440}{\$1.000.000} = 1,344\%$$

Em termos geométricos, vem que

$$ER_g = \frac{1+r}{1+b} - 1 = \frac{1+17,6\%}{1+16,256\%} - 1 = 1,156\%$$

AVALIAÇÃO DO DESEMPENHO

ou ainda

$$ER_g = \frac{\$1.176.000 - \$1.162.560}{\$1.162.560} = \frac{\$13.440}{\$1.162.560} = 1,156\%$$

Observamos, assim que o *excess return* aumenta quando se encontra expresso em moeda estrangeira (passa de 1,2% para 1,344%) isto na eventualidade de ser determinado na forma aritmética; enquanto isso, o *excess return* mantém-se se for calculado em termos geométricos, independentemente da moeda de conversão.

Ademais, tal como foi discutido aquando do estudo das rendibilidades *time-weighted*, também o retorno do *benchmark* pode ser determinado através do encadeamento dos retornos desse *benchmark* referentes a n subperíodos. Assim,

$$(1+b) = (1+b_1) \times (1+b_2) \times \ldots \times (1+b_{n-1}) \times (1+b_n) \tag{5.23}$$

Se designarmos, agora, por *g* o *excess return* de um investimento, calculado na forma geométrica, também este poderá ser obtido através de uma **medida composta** dos *excess returns* g_i, relativos a cada um dos n subperíodos que compõem o período em apreço. Deste modo,

$$(1+g) = (1+g_1) \times (1+g_2) \times \ldots \times (1+g_{n-1}) \times (1+g_n) \tag{5.24}$$

ou, bem assim,

$$(1+g) = \frac{(1+r)}{(1+b)} = \frac{(1+r_1)}{(1+b_1)} \times \frac{(1+r_2)}{(1+b_2)} \times \ldots \times \frac{(1+r_{n-1})}{(1+b_{n-1})} \times \frac{(1+r_n)}{(1+b_n)} \tag{5.25}$$

Observemos mais um exemplo.

Exemplo 33: Reconsideramos as rendibilidades obtidas no exemplo 30, tanto para o investimento como para o fundo de referência. Desta sorte, *r* = 5% e *b* = 3,8%. Supomos, ainda, que estas rendibilidades se reportam a períodos trimestrais e que as mesmas se repetiram ao longo de 4 trimestres consecutivos. Determinamos o *excess return* observado anualmente, recorrendo tanto à medida aritmética como à medida geométrica.

A rendibilidade do *portfolio* é dada por

$$r = (1+5\%) \times (1+5\%) \times (1+5\%) \times (1+5\%) - 1 = 21,55\%$$

Já a rendibilidade do *benchmark* é dada por

$$b = (1+3,8\%) \times (1+3,8\%) \times (1+3,8\%) \times (1+3,8\%) - 1 = 16,089\%$$

Ao calcularmos o *excess return*, em termos aritméticos, para a totalidade dos 4 trimestres, vem que

$$ER_a = r - b = 21,55\% - 16,089\% = 5,461\%$$

Não existe qualquer relação entre o *excess return* aritmético observado para cada um dos trimestres e o *excess return* total, uma vez que

$$1,2\% + 1,2\% + 1,2\% + 1,2\% \neq 5,461\%$$

e também

$$1,012 \times 1,012 \times 1,012 \times 1,012 - 1 \neq 5,461\%$$

Porém, o *excess return* geométrico, para o período total, obtém-se através de

$$ER_g = \frac{1+r}{1+b} - 1 = \frac{1+21,55\%}{1+16,089\%} - 1 = 4,7\%$$

Compondo, para cada período finito, o *excess return* obtido em termos geométricos, virá, então,

$$g = (1+1,156\%) \times (1+1,156\%) \times (1+1,156\%) \times (1+1,156\%) - 1 = 4,7\%$$

Ou seja, só a aplicação da forma geométrica conduz à obtenção do mesmo *excess return*, quer este se reporte a um período mais vasto, quer seja determinado através de um composto das medidas de *excess return* correspondentes aos n subperíodos.

4. A rendibilidade ajustada ao risco

As medidas de avaliação de desempenho ajustadas ao risco são utilizadas, fundamentalmente, na classificação e na ordenação das várias possibilidades de investimento existentes no mercado. Deste modo, estas medidas funcionam como um indicador para os investidores/gestores, permitindo-lhes a hierarquização das suas escolhas.

Tal pressupõe, desde logo, que a primeira possibilidade selecionada é a melhor entre as demais. Sucede, porém, que os métodos de classificação diferem em razão das diversas alternativas de mensuração da rendibilidade e do risco. Com efeito, a justificação inerente a uma certa classificação baseia-se na lógica relativa aos critérios subjacentes a essa mesma classificação. Por exemplo, uma classificação baseada no retorno médio geométrico ordena as possibilidades de investimento de acordo com o aumento de riqueza do investidor[114]. Enquanto isso, as medidas de desempenho ajustadas ao risco supõem que os investidores são avessos ao risco, requerendo uma compensação adicional pelo facto de se lhe terem submetido. Daqui resulta que a escolha da medida de desempemho adequada poderá revelar, pelo menos parcialmente, a função utilidade do investidor.

No que concerne à quantificação do risco para posterior ajustamento da rendibilidade, existem diversas medidas largamente difundidas na literatura, entre as quais elegemos, *grosso modo*, as cincos seguintes, a desenvolver ao longo do presente Capítulo:

- Parâmetro alfa – medida de risco em relação ao comportamento do mercado ou de um índice de referência;
- Parâmetro beta – medida de volatilidade ou do risco sistemático, relativamente ao mercado ou a um índice de referência;
- *R-squared* – medida da percentagem dos movimentos de um investimento que são atribuíveis aos movimentos do seu índice de referência;
- Desvio padrão – medida de quanto o retorno de um investimento se afasta da média ponderada (normal) dos retornos;
- Índice de Sharpe – medida do retorno de um investimento que permite imputar esse retorno ao acerto das decisões de investimento ou ao resultado do prémio de risco.

Cada tipo de medida é único no modo de mensuração do risco. Quando se comparam dois ou mais investimentos potenciais, o investidor deverá sempre atender às mesmas medidas de risco, de modo a obter padrões consistentes de avaliação da *performance*.

4.1. Medidas de avaliação de risco

Tal como referimos oportunamente, o risco pode ser definido como a probabilidade do retorno real de um investimento diferir do retorno esperado. Tal inclui

---

[114] O recurso a esta medida pode ser motivado pela suposição de que os investidores pretendem maximizar a riqueza futura, sem atender aos riscos inerentes, avaliados através da volatilidade.

a possibilidade de o investidor perder, no todo ou em parte, o montante inicialmente investido.

Como também já apontámos, o risco é, geralmente, medido através do desvio padrão das rendibilidades históricas ou dos retornos médios associados a um investimento específico.

Um dos aspetos basilares em finanças é o da relação que se estabelece entre risco e retorno. Quanto maior for o risco que um investidor está disposto a assumir, maior será o respetivo potencial de retorno. Com efeito, os investidores tendem a ser avessos ao risco, isto é, quando confrontados com dois investimentos com rendibilidades esperadas semelhantes (mas com diferentes níveis de risco), optarão pelo investimento de menor risco. Desta sorte, os investidores apenas incorrerão em riscos adicionais caso sejam devidamente compensados através da consecução de retornos mais elevados.

Neste contexto, revela-se, ainda, pertinente a distinção entre **gestão de risco** (*risk management*) e **controlo de risco** (*risk control*). Os gestores de carteiras são gestores de risco, na medida em que assumem riscos na expectativa de obtenção de retornos mais elevados. Por sua vez, os *risk controllers* intentam a monitorização e a eliminação do risco. Os objetivos de ambos afiguram-se antagónicos e conflituantes, o que vem reforçar a necessidade da adoção de medidas que coloquem em confronto a rendibilidade e o risco assumido.

4.1.1. Medidas *ex post* e medidas *ex ante*

O risco pode ser calculado de duas formas fundamentais: **retrospetivamente** (risco *ex post* ou risco histórico) ou **prospetivamente** (risco *ex ante* ou risco prospetivo).

O primeiro tipo de cálculo realiza-se após a ocorrência dos eventos e responde basicamente à questão de saber qual o risco que o *portfolio* teve no passado. Por seu turno, o segundo tipo de cálculo corresponde a uma estimativa ou previsão do risco futuro da carteira.

Ambos os tipos de cálculo diferem de forma substancial. No presente contexto, focamos a nossa atenção no risco histórico, dado que a avaliação da *performance* é, também ela, baseada em elementos passados.

4.1.2. Variabilidade (volatilidade)

A variabilidade dos retornos de um ativo ou de um certo índice de referência pode ser aferida por intermédio de uma medida estatística de dispersão, por norma, pelo desvio padrão ou pela variância.

Tal como já apontámos amiudadamente, quanto maior for a volatilidade maior será o risco. De outro modo, a volatilidade refere-se à probabilidade de variação da cotação dos ativos relativamente a um valor seguro.

Figura 20 – Probabilidade de variação do retorno dos ativos

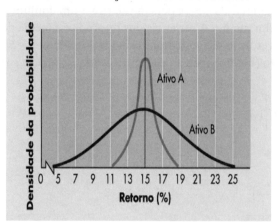

Maior volatilidade significa, ainda, que o valor de segurança pode potencialmente dispersar-se por um amplo intervalo de valores, conforme se ilustra na figura anterior[115].

4.1.3. Desvio absoluto médio (*mean absolute deviation*)

Esta medida corresponde à média dos desvios absolutos dos retornos observados relativamente ao respetivo retorno médio. Se atendermos à simples média aritmética dos desvios, verificaremos que alguns desses desvios assumem um valor positivo enquanto outros assumem um valor negativo, sendo que a soma de ambos se anula necessariamente. Ao considerarmos o valor absoluto das diferenças, obteremos apenas valores positivos.

De acordo com o exposto, vem que

$$\text{Desvio absoluto médio} = \frac{\sum_{i=1}^{n} |r_i - \overline{r}|}{n} \qquad (5.26)$$

onde

n = número de observações;

r_i = retorno do mês *i*;

$\overline{r}$ = média do retorno.

---

[115] Adaptada de Gitman (2004).

4.1.4. Variância

Trata-se de uma medida de dispersão relativa a um conjunto de pontos em torno do seu valor médio. A variância dos retornos é a média do quadrado dos desvios desses retornos em relação à sua média, donde se $\mu = E(X)$ representar o valor esperado (médio) para a variável aleatória X, então a sua variância será dada por

$$\text{var}(X) = E\left[(X - \mu)^2\right] \tag{5.27a}$$

ou ainda

$$\sigma^2 = \frac{\sum_{i=1}^{n}(r_i - \bar{r})^2}{n} \tag{5.27b}$$

com σ^2 a designar a variância e n, r_i e $\bar{r}$ a assumirem os mesmos significados que no ponto anterior.

4.1.5. Desvio padrão

Trata-se de mais uma medida da dispersão de um conjunto de dados a partir da sua média. Quanto mais afastados os dados, maior o valor obtido e, consequentemente, maior o nível de risco. O desvio padrão pode ser obtido através da raiz quadrada da variância, logo

$$\sigma = \sqrt{\frac{\sum_{i=1}^{n}(r_i - \bar{r})^2}{n}} \tag{5.28}$$

Em finanças empresariais, o desvio padrão é aplicado à taxa anual de retorno de um investimento para medir a sua volatilidade. O desvio padrão é também conhecido como volatilidade histórica, sendo, não obstante, utilizado pelos investidores como um meio de projetar a volatilidade esperada.

De salientar que esta medida de risco pode ser anualizada. Representando σ^A o desvio padrão anualizado, teremos que

$$\sigma^A = \sqrt{t} \times \sigma \tag{5.29}$$

onde t representa o número de observações ocorridas ao longo de um ano ($t = 12$ em caso de meses, $t = 2$ em caso de semestres ou $t = \frac{1}{2}$ tratando-se de um biénio).

Desta feita, anualizamos um desvio padrão mensal multiplicando por $\sqrt{12}$, um desvio padrão semestral multiplicando por $\sqrt{2}$ ou um desvio padrão bienal multiplicando por $\sqrt{\dfrac{1}{2}}$.

Exemplo 34: Calculamos o desvio padrão dos *portfolios* A e B, ambos compostos por 3 ativos e para os quais r_i e P_i identificam, respetivamente, a rendibilidade desses títulos e o seu peso em cada um dos investimentos:

Para o ***portfolio* A**:

i	r_i	P_i
1	11%	25%
2	14%	50%
3	17%	25%

Para o ***portfolio* B**:

i	r_i	P_i
1	7%	25%
2	15%	50%
3	23%	25%

Facilmente se conclui que $\bar{r}_A = 14\%$ e que $\bar{r}_B = 15\%$. Atendendo à formalização proposta para σ, colocamos em duas tabelas a informação relevante para o respetivo cálculo.

***Portfolio* A:**

i	r_i	P_i	$\bar{r}$	$(r_i-\bar{r})$	$(r_i-\bar{r})^2$	$P_i \times (r_i-\bar{r})^2$
1	11%	25%	14%	−3%	9%	2,25%
2	14%	50%	14%	0%	0%	0%
3	17%	25%	14%	3%	9%	2,25%

***Portfolio* B:**

i	r_i	P_i	$\bar{r}$	$(r_i-\bar{r})$	$(r_i-\bar{r})^2$	$P_i \times (r_i-\bar{r})^2$
1	7%	25%	15%	−8%	64%	16%
2	15%	50%	15%	0%	0%	0%
3	23%	25%	15%	8%	64%	16%

Porém, a expressão que formalizámos por intermédio de (5.28) aplica-se apenas ao caso em que os títulos têm idêntico peso no investimento, o que não sucede no caso presente. Devemos, então, atender ao peso relativo de cada um dos títulos em ambas as carteiras, ou seja, a P_i. Desta sorte, teremos que

$$\sigma_A = \sqrt{\sum_{i=1}^{3}\left(r_i - \overline{r}\right)^2 \times P_i} = \sqrt{4,5\%} = 21,21\%$$

e ainda que

$$\sigma_B = \sqrt{\sum_{i=1}^{3}\left(r_i - \overline{r}\right)^2 \times P_i} = \sqrt{32\%} = 56,57\%$$

Tomemos um novo exemplo.

Exemplo 35: Calculamos o desvio absoluto médio, o desvio padrão mensal e o desvio padrão anualizado para uma carteira cujas rendibilidades mensais, referentes a um período de 2 anos, se apontam na 1ª coluna do quadro seguinte. Obs.: os valores estão em percentagem.

Juntamos as restantes colunas por questões de sistematização e de facilidade de cálculos.

Rendibilidade mensal (r_i)	Desvio relativamente à média $\left(r_i - \overline{r}\right)$	Desvio absoluto $\left|r_i - \overline{r}\right|$	Quadrado do desvio $\left(r_i - \overline{r}\right)^2$
2,50	2,09	2,09	4,3681
0,10	−0,31	0,31	0,0961
−0,30	−0,71	0,71	0,5041
1,60	1,19	1,19	1,4161
−1,20	−1,61	1,61	2,5921
0,80	0,39	0,39	0,1521
−0,50	−0,91	0,91	0,8281
0,60	0,19	0,19	0,0361
1,35	0,94	0,94	0,8836
5,20	4,79	4,79	22,9441
3,80	3,39	3,39	11,4921
2,40	1,99	1,99	3,9601

(cont.)

1,70	1,29	1,29	1,6641
−6,50	−6,91	6,91	47,7481
−2,80	−3,21	3,21	10,3041
1,70	1,29	1,29	1,6641
−6,70	−7,11	7,11	50,5521
3,10	2,69	2,69	7,2361
0,15	−0,26	0,26	0,0676
0,20	−0,21	0,21	0,0441
0,50	0,09	0,09	0,0081
1,20	0,79	0,79	0,6241
−0,10	−0,51	0,51	0,2601
1,00	0,59	0,59	0,3481

A soma dos valores inscritos na terceira coluna corresponde a $\sum_{i=1}^{n}\left|r_i - \overline{r}\right|$. Logo o desvio absoluto médio será dado por

$$\frac{\sum_{i=1}^{n}\left|r_i - \overline{r}\right|}{n} = \frac{\sum_{i=1}^{24}\left|r_i - \overline{r}\right|}{24} = \frac{43,46\%}{24} = 1,81\%$$

Por sua vez, a soma dos valores que constam da quarta coluna permite obter $\sum_{i=1}^{n}\left(r_i - \overline{r}\right)^2$, que no caso, é igual a 169,7934%. Assim sendo, vem que

$$\sigma = \sqrt{\frac{\sum_{i=1}^{n}\left(r_i - \overline{r}\right)^2}{n}} = \sqrt{\frac{\sum_{i=1}^{24}\left(r_i - \overline{r}\right)^2}{24}} = \sqrt{\frac{169,7934\%}{24}} = 2,66\%$$

Por último, obtemos o desvio padrão anualizado através de (5.29), logo

$$\sigma^A = \sqrt{12} \times 2,66\% = 9,214\%$$

Exemplo 36: Repetimos os procedimentos do exemplo anterior, desta feita para um *portfolio* que funcionará como *benchmark* do exemplo anterior. Designamos por b_i a rendibilidade mensal do *benchmark* e por $\overline{b}$ a média dessas rendibilidades.

Rendibilidade mensal (b_i)	Desvio relativamente à média $(b_i - \bar{b})$	Desvio absoluto $\lvert b_i - \bar{b} \rvert$	Quadrado do desvio $(b_i - \bar{b})^2$
2,00	1,22	1,22	1,4884
0,20	-0,58	0,58	0,3364
-0,50	-1,28	1,28	1,6384
1,15	0,37	0,37	0,1369
-1,80	-2,58	2,58	6,6564
-0,10	-0,88	0,88	0,7744
0,40	-0,38	0,38	0,1444
1,30	0,52	0,52	0,2704
2,25	1,47	1,47	2,1609
4,80	4,02	4,02	16,1604
2,90	2,12	2,12	4,4944
1,70	0,92	0,92	0,8464
1,55	0,77	0,77	0,5929
-3,10	-3,88	3,88	15,0544
0,00	-0,78	0,78	0,6084
2,50	1,72	1,72	2,9584
-4,10	-4,88	4,88	23,8144
2,20	1,42	1,42	2,0164
0,25	-0,53	0,53	0,2809
0,80	0,02	0,02	0,0004
-0,40	-1,18	1,18	1,3924
1,60	0,82	0,82	0,6724
1,10	0,32	0,32	0,1024
2,00	1,22	1,22	1,4884

Mais uma vez, atendemos à soma dos desvios absolutos, neste caso a $\sum_{i=1}^{n} \lvert b_i - \bar{b} \rvert$ e que é igual a 33,88%. Assim, o desvio absoluto médio corresponderá a

$$\frac{\sum_{i=1}^{24} \lvert b_i - \bar{b} \rvert}{24} = \frac{33,88\%}{24} = 1,41\%$$

Para além disso, $\sum_{i=1}^{n}(b_i - \bar{b})^2$ é igual a 84,0896%, pelo que, adaptando (5.28), o desvio padrão do *benchmark* será dado por

$$\sigma = \sqrt{\frac{\sum_{i=1}^{n}(b_i - \bar{b})^2}{n}} = \sqrt{\frac{\sum_{i=1}^{24}(b_i - \bar{b})^2}{24}} = \sqrt{\frac{84,0896\%}{24}} = 1,87\%$$

Finalmente, calculamos o desvio padrão anualizado, sendo que

$$\sigma^A = \sqrt{12} \times 1,87\% = 6,48\%$$

4.1.6. Índice de Sharpe

O índice de Sharpe afere a qualidade da relação entre o risco de um investimento, mormente de um fundo, e a sua rendibilidade. A construção deste indicador tem subjacente a possibilidade de um gestor de fundos investir o seu capital num ativo sem risco; por conseguinte, a rendibilidade do ativo sem risco é deduzida à rendibilidade média anual. Este diferencial de rendibilidade é, então, dividido pelo risco total. Quanto maior o quociente, melhor a *performance* do investimento, pois cada unidade de risco total (desvio padrão) é recompensada com maior retorno em excesso (maior prémio de risco).

Se um investimento evidenciar um índice negativo, tal indica que o gestor apenas conseguiu obter um retorno inferior ao próprio retorno das aplicações sem risco. Neste contexto, este índice perde totalmente o seu significado.

Ao formalizarmos esta medida, que designamos abreviadamente por *SR*, vem que

$$SR = \frac{r_P - r_F}{\sigma_P} \qquad (5.30)$$

em que:

r_P é o retorno da carteira;
r_F é a taxa rendibilidade dos ativos sem risco;
σ_P é o risco da carteira (desvio padrão do retorno, normalmente anualizado).

Um investimento com uma rendibilidade de 12% e com um desvio padrão de 20%, se a taxa de juro sem risco for de 4%, apresentará um índice de Sharpe correspondente a $SR = \dfrac{12\% - 4\%}{20\%} = 0,4$.

O índice de Sharpe mede o risco de forma global e é aplicável a um grande conjunto de fundos (de rendimento variável, mistos, fundos internacionais, etc.), permitindo a realização de comparações entre vários investimentos.

Ilustramos as particularidades do índice de Sharpe recorrendo a um exemplo.

Exemplo 37: Consideremos os elementos relativos a dois fundos de investimento que constam da tabela seguinte:

Indicadores	Fundo A	Fundo B
Rendibilidade do fundo	5%	5%
Taxa do ativo sem risco	7%	7%
Desvio padrão da rendibilidade esperada	10%	5%

Calculamos o índice de Sharpe para ambos os fundos e comentamos os resultados obtidos.

De acordo com (5.30), vem que

$$SR_A = \frac{r_A - r_F}{\sigma_A} = \frac{5\% - 7\%}{10\%} = -0,2$$

$$SR_B = \frac{r_B - r_F}{\sigma_B} = \frac{5\% - 7\%}{5\%} = -0,4$$

Atendendo estritamente ao índice de Sharpe, o fundo A evidencia melhor *performance* que o fundo B; porém, ambos têm a mesma rendibilidade e o desvio padrão da rendibilidade esperada de A é mais elevado que o do fundo B. Logo o índice de Sharpe pode conduzir a conclusões erróneas quando assumir valores negativos. Embora haja autores que sustentam que, ainda assim, se devem conduzir algumas reflexões, somos de opinião que as mesmas podem ser complexas, envolvendo elementos estatisticamente difíceis de interpretar.

Tornando a (5.30), diremos que o índice de Sharpe mede o *excess return* da carteira por unidade de risco total, sendo este último medido pelo desvio padrão. Este indicador deve ser aplicado em situações em que as carteiras são pouco diversificadas podendo ser comparado com um determinado índice de referência (*benchmark*). Deste modo, quanto maior o índice de Sharpe, melhor a carteira remunerará o nível de risco total assumido.

Vejamos, de seguida, um outro exemplo.

Exemplo 38: Calculamos, de novo, o índice de Sharpe para os dois *portfolios*, bem como para o respetivo *benchmark*, de acordo com os elementos que se reportam na tabela.

Indicadores	*Portfolio* A	*Portfolio* B	*Benchmark*
Rendibilidade anualizada	15,30%	14,10%	14,70%
Risco anualizado	13,70%	9,00%	11,10%
Taxa do ativo sem risco	5,00%	5,00%	5,00%

Recorrendo a (5.30), vem que

$$Portfolio\ A \Rightarrow SR = \frac{r_A - r_F}{\sigma_A} = \frac{15,30\% - 5,00\%}{13,70\%} = 0,73$$

$$Portfolio\ B \Rightarrow SR = \frac{r_B - r_F}{\sigma_B} = \frac{14,10\% - 5,00\%}{9,00\%} = 1,01$$

$$Benchmark \Rightarrow SR = \frac{r_b - r_F}{\sigma_b} = \frac{14,70\% - 5,00\%}{11,10\%} = 0,874$$

Como podemos verificar, o *portfolio* B tem melhor desempenho ajustado ao risco do que o *portfolio* A ou mesmo que o próprio *benchmark*. Quanto ao *portfolio* A, não conseguiu sequer aproximar-se do índice de referência.

Tomemos, agora, um novo exemplo.

Exemplo 39: Com os dados do quadro, calcule o *portfolio* com melhor *performance* e diga se algum deles deixou de bater o mercado. (Não esqueça de comparar com a CML).

Indicadores	*Portfolio* A	*Portfolio* B	*Portfolio* C	*Benchmark*
Rendibilidade anualizada	14%	18%	16%	15%
Risco anualizado	16%	19,5%	19%	17,5%
Taxa do ativo sem risco	6%	6%	6%	6%

$$SR_A = \frac{r_A - r_F}{\sigma_A} = \frac{14\% - 6\%}{16\%} = 0,5$$

$$SR_B = \frac{r_B - r_F}{\sigma_B} = \frac{18\% - 6\%}{19,5\%} = 0,615$$

CARTEIRAS DE INVESTIMENTO

$$SR_C = \frac{r_C - r_F}{\sigma_C} = \frac{16\% - 6\%}{19\%} = 0{,}526$$

$$SR_{mercado} = \frac{r_b - r_F}{\sigma_b} = \frac{15\% - 6\%}{17{,}5\%} = 0{,}514$$

Recordamos que o índice de Sharpe da carteira cópia de mercado coincide com o declive da CML, uma vez que

$$E(R_P) = R_F + \frac{E(R_M) - R_F}{\sigma_M} \times \sigma_P$$

Deste modo, a aferição da rendibilidade ajustada pelo risco dos *portfolios* anteriores pode ser conduzida à luz do CAPM, através do cálculo da rendibilidade esperada para cada um dos investimentos e sua posterior comparação com a rendibilidade da carteira cópia de mercado.

$E(R_A) = 6\% + 0{,}514 \times 16\% = 14{,}224\%$

$E(R_B) = 6\% + 0{,}514 \times 19{,}5\% = 16{,}023\%$

$E(R_C) = 6\% + 0{,}514 \times 19\% = 15{,}766\%$

Dos cálculos efetuados resulta, assim, que o *portfolio* B continua a ser o que evidencia uma rendibilidade esperada mais elevada, conclusão esta que corrobora o valor relativo ao índice de Sharpe. Verificamos, também, que os *portfolios* B e C apresentam uma rendibilidade superior à do *benchmark* (carteira cópia do mercado), enquanto a carteira A não conseguiu "bater" o mercado.

4.1.7. Índice de Modigliani e Modigliani (M^2)

Trata-se de uma medida de rendibilidade ajustada ao risco proposta por Franco Modigliani e sua neta, daí a designação de M ao quadrado. Este indicador surge, muitas vezes, identificado na literatura como uma extensão do índice de Sharpe; no entanto, torna-se mais apelativo e compreensível para a maioria dos investidores por ser expresso em valores percentuais. Assim, para um certo *portfolio* P, teremos que

$$M^2 = R_P + SR \times (\sigma_M - \sigma_P) \tag{5.31a}$$

com σ_M a corresponder ao desvio padrão da rendibilidade esperada do mercado ou de um determinado *benchmark*.

Em alternativa, poderemos estabelecer que

$$M^2 = (R_P - R_F) \times \frac{\sigma_M}{\sigma_P} + R_F \tag{5.31b}$$

Exemplo 40: Retomamos os elementos que constam do exemplo 38 e calculamos o índice M^2 para as carteiras A e B.

Da aplicação de (5.31a), resulta que

Portfolio A $\Rightarrow M^2 = R_A + SR_A \times (\sigma_M - \sigma_A) = 15,30\% + 0,73 \times$
$\times (11,10\% - 13,70\%) = 13,402\%$

Portfolio B $\Rightarrow M^2 = R_B + SR_B \times (\sigma_M - \sigma_B) = 14,10\% + 1,01 \times$
$\times (11,10\% - 9,00\%) = 16,221\%$

Note-se que considerámos σ_M como sendo o risco anualizado do *benchmark*. Os resultados obtidos permitem corroborar as conclusões tiradas aquando do cálculo do índice de Sharpe, ou seja, a carteira B apresenta melhor *performance*.

4.1.8. M^2 excess return

Este medida de rendibilidade ajustada ao risco corresponde ao excesso de rendibilidade aferido pelo M^2 relativamente ao retorno obtido por um determinado *benchmark*, que designamos por *b*.

À semelhança do que sucede com o retorno supranormal que descrevemos em 3.3, também o M^2 *excess return* pode ser obtido pela *forma aritmética* ou pela *forma geométrica*.

Em **termos aritméticos**, teremos que

$$M^2 \text{ excess return} = M^2 - b \tag{5.32a}$$

Já em **termos geométricos**, virá que

$$M^2 \text{ excess return} = \frac{1 + M^2}{1 + b} - 1 \tag{5.32b}$$

De modo certeiro, Bacon (2008) sustenta que os reparos que se teceram relativamente ao cálculo da rendibilidade supranormal nas formas aritmética e geométrica se aplicam também ao presente caso, razão que leva o autor a preferir, mais uma vez, o cálculo do M^2 *excess return* através da forma geométrica.

4.1.9. Retorno diferencial (*differential return* – DR)

Trata-se de um indicador semelhante a M^2 *excess return*, exceção feita do facto de a rendibilidade do *benchmark* surgir, no caso vertente, ajustada pelo respetivo risco.

A rendibilidade do *benchmark* ajustada ao risco (b') pode ser obtida através da expressão:

$$b' = R_F + \frac{b - R_F}{\sigma_M} \times \sigma_P \qquad (5.33)$$

O retorno diferencial obtém-se, então, deduzindo a rendibilidade do *benchmark* ajustada ao risco à rendibilidade da carteira em apreço. Logo, para uma certa carteira P, vem que

$$DR = R_P - R_F - \frac{b - R_F}{\sigma_M} \times \sigma_P \qquad (5.34)$$

Exemplo 41: Atendemos, uma vez mais aos elementos que constam do exemplo 38 e ainda aos resultados obtidos no exemplo 40, os quais, por questões de sistematização, reportamos na tabela seguinte.

Indicadores	*Portfolio* A	*Portfolio* B
Rendibilidade anualizada	15,30%	14,10%
Risco anualizado	13,70%	9,00%
M^2	13,402%	16,221%

Pretendemos calcular, para ambas as carteiras, o M^2 *excess return*, calculado tanto na forma aritmética como na forma geométrica, bem como o retorno diferencial.

Desde logo recordamos que a rendibilidade do *benchmark* é de 14,70% e que a rendibilidade do ativo sem risco é de 5,00%.

O M^2 *excess return* calculado na **forma aritmética** obtém-se através de (5.32a), logo

Portfolio A ⇨ M^2 *excess return* = $M^2 - b$ = 13,042% – 14,70% = – 1,658%

Portfolio B ⇨ M^2 *excess return* = $M^2 - b$ = 16,221% – 14,70% = 1,521%

Por sua vez, na *forma geométrica*, atenderemos à expressão estabelecida em (5.32b), donde

$$\text{Portfolio A} \Rightarrow M^2 \text{ excess return} = \frac{1+M^2}{1+b} - 1 = \frac{1+13,042\%}{1+14,70\%} - 1 = -1,4455\%$$

$$\text{Portfolio B} \Rightarrow M^2 \text{ excess return} = \frac{1+M^2}{1+b} - 1 = \frac{1+16,221\%}{1+14,70\%} - 1 = 1,326\%$$

Por fim, calculamos o retorno diferencial através da aplicação de (5.34), pelo que se obtém

$$\text{Portfolio A} \Rightarrow DR = R_A - R_F - \frac{b - R_F}{\sigma_M} \times \sigma_A = 15,30\% - 5,00\%$$

$$- \frac{14,70\% - 5,00\%}{11,10\%} \times 13,70\% = -1,672\%$$

$$\text{Portfolio B} \Rightarrow DR = R_B - R_F - \frac{b - R_F}{\sigma_M} \times \sigma_B = 14,10\% - 5,00\%$$

$$- \frac{14,70\% - 5,00\%}{11,10\%} \times 9,00\% = 1,235\%$$

Note-se que todas as medidas calculadas apontaram no mesmo sentido, isto é, o *portfolio* B evidencia melhor desempenho que o *portfolio* A.

A aplicação desta última medida é, contudo, menos imediata que a de M^2 – principalmente quando se trata de comparar múltiplas carteiras – dada a necessidade de cálculo da rendibilidade ajustada ao risco do *benchmark*.

4.2. Análise de regressão
4.2.1. Equação de regressão
Em *termos genéricos*, uma equação de regressão é dada por

$$y = a + bx + \varepsilon \tag{5.35}$$

onde y corresponde à variável dependente, x identifica a variável independente, a representa a ordenada na origem, b indica o declive da reta e ε identifica o termo de erro da equação.

Na figura seguinte, representa-se uma linha de regressão linear, elaborada a partir de uma série de (x, y) observações.

Figura 20 – Linha de regressão linear

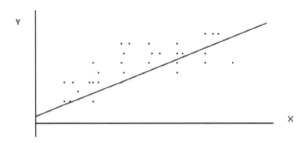

No contexto da gestão de carteiras, a equação de regressão formaliza-se do seguinte modo:

$$R_P = \alpha_R + \beta_R \times b + \varepsilon_R \quad (5.36)$$

onde R_P representa a rendibilidade de um certo *portfolio* P.

4.2.2. Alfa de regressão (α_R)

O *alfa de regressão* corresponde ao ponto onde a equação de regressão interceta o eixo vertical. De outro modo, o alfa (ou interceção) dá-nos o valor assumido por *y* quando *x* equivaler a zero. Assim, na comparação entre dois investimentos (normalmente entre um fundo e um índice de referência), o alfa representará a rendibilidade teórica do primeiro investimento quando o segundo investimento tem uma rendibilidade de zero, ou seja, indica o diferencial de rendibilidade obtido por um fundo em relação ao respetivo índice de referência.

4.2.3. Beta de regressão (β_R)

Como referimos no Capítulo 3, em termos genéricos, o parâmetro beta mede a sensibilidade da rendibilidade de um ativo (ou de uma carteira) relativamente à variação da rendibilidade do mercado. No presente contexto, o beta de regressão mede o risco de variação da rendibilidade de um fundo de investimento relativamente ao respetivo mercado, tendo por base as rendibilidades mensais do fundo e as rendibilidades equivalentes do índice de referência.

O beta de regressão equivale ao declive da equação de regressão e pode ser obtido através da expressão

$$\beta_R = \frac{\sum_{i=1}^{n}\left[\left(r_i - \bar{r}\right) \times \left(b_i - \bar{b}\right)\right]}{\sum_{i=1}^{n}\left(b_i - \bar{b}\right)^2} \quad (5.37)$$

sendo que

r_i = retorno do fundo de investimento no mês i;

$\bar{r}$ = média dos retornos do fundo de investimento;

b_i = retorno do *benchmark* no mês i;

$\bar{b}$ = média dos retornos do *benchmark*.

Tal como já referimos, um valor de beta superior à unidade revela a propensão do fundo para variar mais do que o índice de referência, durante um período em particular; ao invés, um valor de beta inferior à unidade indica que a rendibilidade do fundo regista variações relativamente menores que as observadas para o índice de referência.

4.2.4. Épsilon de regressão (ε_R)

O épsilon de regressão corresponde ao termo de erro da equação de regressão e mede a distância vertical entre as rendibilidades estimadas pela equação e o respetivo valor real.

4.2.5. *Capital Asset Pricing Model*

Em alternativa, poderemos recorrer ao CAPM e, considerando a taxa de juro sem risco, estimar a seguinte equação de regressão alternativa, a qual permitirá calcular novos parâmetros beta e alfa (alfa de Jensen, cujo significado explicitaremos em 4.2.7.):

$$r_P - r_F = \sigma + \beta \times (b - r_F) + \varepsilon \tag{5.38}$$

4.2.6. Beta

O novo beta pode ser determinado através da expressão

$$\beta = \frac{\sum_{i=1}^{n}\left(r_i - r_{Fi} - \bar{r} - \bar{r_F}\right) \times \left(b_i - r_{Fi} - \bar{b} - \bar{r_F}\right)}{\sum_{i=1}^{n}\left(b_i - r_{Fi} - \bar{b} - \bar{r_F}\right)^2} \tag{5.39}$$

onde r_{Fi} representa a rendibilidade periódica sem risco e $\bar{r_F}$ corresponde à média da taxa de rendibilidade sem risco. Os restantes parâmetros assumem os significados por nós já conhecidos.

A este propósito, Bacon (2008) afirma preferir, para o parâmetro beta, a designação de medida de volatilidade em vez de risco sistemático. Com efeito, o beta assim determinado permite aferir a volatilidade do investimento em apreço relativamente ao *portfolio* de referência.

4.2.7. Alfa de Jensen[116]

Ainda no âmbito das medidas de rendibilidade ajustadas pelo risco, Jensen (1968) propôs um modelo alternativo de avaliação do desempenho das carteiras, baseado nos contributos subjacentes ao CAPM. Com efeito, à luz deste modelo, o excesso de rendibilidade de um ativo ou de um *portfolio* relativamente à taxa de juro sem risco depende, exclusivamente, do respetivo parâmetro beta. O índice de Jensen corresponde, então, ao retorno anormal inerente a um certo investimento, mais propriamente o retorno em excesso ajustado ao risco sistemático. De outro modo, esta medida permite concluir se um certo investimento está a obter uma rendibilidade adequada ao seu risco de mercado.

O índice de Jensen pode ser calculado se: *i*) tomarmos a equação de regressão estabelecida em (5.38), *ii*) nela substituirmos o valor de beta definido através de (5.39) e *iii*) desatendermos ao valor assumido pelo termo de erro; logo

$$\alpha_P = r_P - \left[r_F + \left(r_M - r_F \right) \times \beta_P \right]$$ (5.40a)

Se considerarmos que a rendibilidade do mercado equivale à rendibilidade do *benchmark*, teremos, também, que

$$\alpha_P = r_P - \left[r_F + \left(b - r_F \right) \times \beta_P \right]$$ (5.40b)

Já se atentarmos às *rendibilidades médias*, vem que

$$\alpha_P = \overline{r_P} - \left[\overline{r_F} + \left(\overline{r_M} - \overline{r_F} \right) \times \beta_P \right]$$ (5.41a)

e ainda que

$$\alpha_P = \overline{r_P} - \left[\overline{r_F} + \left(\overline{b} - \overline{r_F} \right) \times \beta_P \right]$$ (5.41b)

Grosso modo, o alfa de Jensen permite determinar em que **medida o gestor de uma certa carteira se encontra a ganhar retornos significativos, após a mensuração do risco de mercado através do parâmetro beta.**

---

[116] Também designado na literatura por **diferencial de rendibilidade de Jensen**, ou ainda, na terminologia anglo-saxónica, por **Jensen's Performance Index** ou por **ex-post alpha**.

AVALIAÇÃO DO DESEMPENHO

Se o gestor estiver a obter um retorno justo, dado o risco sistemático em que incorre, então o alfa de Jensen será igual a zero. Já se α for positivo, estaremos em presença de um bom desempenho por parte do gestor; ao invés, um α menor que zero indica mau desempenho por parte do gestor do investimento. É neste sentido que se afirma que, em presença de um α positivo, o gestor do investimento está a "bater" o mercado, fazendo uso das suas competências, mormente através do recurso ao *stock picking*[117].

Nestes termos, *o alfa de Jensen permite testar estatisticamente se o retorno do gestor é significativamente maior ou menor do que seria determinado através do CAPM*. O alfa de Jensen permite, ainda, o estabelecimento de uma medida de desempenho que incorpore informações referentes a mais do que um período de tempo.

Exemplo 42: Consideremos as seguintes três carteiras de investimento:

Carteiras	Rendibilidade média anual	Beta
ABC	7%	0,80
DEF	12%	1,15
GHI	12%	1,25

Sabendo que a rendibilidade do ativo sem risco é de 2% e que a rendibilidade do mercado é de 6%, determinamos o alfa de Jensen para os três investimentos.

Principiamos por calcular a rendibilidade esperada dos três *portfolios*, recorrendo à SML. Vem, então, que

$E(R_{ABC}) = 2\% + (6\% - 2\%) \times 0,80 = 5,2\%$

$E(R_{DEF}) = 2\% + (6\% - 2\%) \times 1,15 = 6,6\%$

$E(R_{GHI}) = 2\% + (6\% - 2\%) \times 1,25 = 7\%$

O alfa de cada investimento corresponderá à diferença entre a rendibilidade anual média e a rendibilidade esperada, donde

$\alpha_{ABC} = 7\% - 5,2\% = 1,8\%$

---

[117] Recorde-se que o *stock picking* se reporta à atuação de analistas e de investidores que, através de uma forma sistemática de análise, procuram aferir se um determinado ativo será ou não um bom investimento. Não obstante, o *stock picking* está longe de se revelar infalível, pelo que analistas e investidores deverão sempre incluir uma margem de erro nas suas previsões.

$\alpha_{DEF} = 12\% - 6,6\% = 5,4\%$

$\alpha_{GHI} = 12\% - 7\% = 5\%$

O gestor da carteira DEF foi o que teve melhor desempenho, pois apesar de as carteiras DEF e GHI terem a mesma rendibilidade, era expectável que a rendibilidade de DEF fosse menor, uma vez que este investimento tem um risco de mercado também menor.

O alfa de Jensen corresponde também à diferença entre a rendibilidade da carteira e a rendibilidade do *benchmark*, sendo esta última obtida através do CAPM.

4.2.8. Bull beta (β^+)

Um investidor *bull* é aquele que crê no movimento ascendente do mercado, indo atuar de acordo com as suas expectativas, isto é, procurará obter ganhos através dos movimentos que conduzirão à subida das cotações. Do mesmo modo, os mercados *bull* são mercados caracterizados pelo otimismo, pela confiança crescente dos investidores e pelas perspetivas continuadas de crescimento dos resultados.

O beta para retornos de mercado positivos é, então designado por *bull beta*. Para além disso, se estimarmos uma equação de regressão considerando apenas rendibilidades de mercado positivas, poderemos aferir qual o comportamento da carteira em mercados positivos, ou seja, em *bull markets*.

4.2.9. Bear beta (β^-)

Um investidor *bear* é um investidor que possui expectativas negativas quanto à evolução futura do mercado, condicionando as suas estratégias pela convicção de que os preços irão descer. Ao invés do que sucede num mercado *bull*, um mercado *bear* é marcado pelo pessimismo e pela convicção do declínio das cotações.

Por sua vez, o beta para retornos de mercado negativos designa-se por *bear beta*.

Na sequência do exposto, cumpre dar nota da importância crescente que a temática do **sentimento de mercado** (*market sentiment*) vem merecendo no âmbito da literatura financeira.

Grosso modo, diremos que o **sentimento de mercado** corresponde à atitude geral, prevalecente entre os investidores, num determinado mercado, relativamente à evolução futura dos preços antecipados. A atitude dos investidores resulta da acumulação de elementos diversos – tanto fundamentais como técnicos –, onde ponderam os preços históricos, os relatórios económicos, bem como fatores sazonais e eventos às escalas nacional e internacional.

Se, num determinado mercado, ponderar, entre os investidores, a convicção de que as cotações irão subir, então diremos que se trata de um sentimento "de alta" ou *bullish*. Por seu turno, se a maioria dos investidores acreditar que as cotações irão descer, estarmos em presença de um sentimento "de baixa" ou *bearish*.

Os sentimentos de mercado têm vindo a ser monitorizados recorrendo a um elenco de métodos e de técnicas de índole estatística. Merece hoje consenso, na literatura financeira, o entendimento de que uma grande parte do movimento global de uma ação individual pode ser atribuída ao sentimento de mercado[118].

4.2.10. Beta *timing ratio*

O beta *timing ratio* corresponde à razão entre os *bull* betas e os *bear* betas, logo

$$\text{Beta timing ratio} = \frac{\beta^+}{\beta^-} \quad (5.42)$$

Em mercados em alta, o investidor preferirá investir em *portfolios* cujos betas sejam superiores à unidade, pois, deste modo, potenciará os ganhos; enquanto isso, em mercados em queda, os ativos ou *portfolios* com betas menores que a unidade permitirão limitar as perdas. Em todo o caso, o investidor/gestor deverá ser suficientemente hábil de modo a detetar atempadamente as tendências de variação das cotações e a prosseguir as estratégias de alocação de ativos mais adequadas.

4.2.11. Covariância

No presente contexto, a covariância indica-nos se a rendibilidade da carteira e a rendibilidade do *benchmark* se movem ou não no mesmo sentido, logo

$$\sigma_{Pb} = \frac{\sum_{i=1}^{n}\left[\left(r_{Pi} - \bar{r}\right) \times \left(b_i - \bar{b}\right)\right]}{n} \quad (5.43)$$

---

[118] Para uma ilustração da influência dos sentimentos dos investidores nas variáveis financeiras, cfr. Neves (2009).
A propósito da influência dos fatores psicológicos nos problemas económicos atuais, cfr. Akerlof e Shiller (2009).

onde n corresponde ao número de períodos observados e

r_{Pi} = rendibilidades periódicas da carteira P;

$\bar{r}$ = média das rendibilidades da carteira P;

b_i = rendibilidades periódicas do *benchmark*;

$\bar{b}$ = média das rendibilidades do *benchmark*.

Tal como já sustentámos para o caso genérico de dois ativos, nos casos em que a covariância é positiva, tal significa que as rendibilidades da carteira e do *benchmark* evoluem no mesmo sentido; porém, se a covariância for negativa, as rendibilidades da carteira e do *benchmark* variarão em sentidos opostos.

Para além disso, e como também oportunamente se referiu, uma covariância reduzida ou mesmo próxima de zero revela a inexistência de relação entre a rendibilidade da carteira e rendibilidade do *benchmark*.

4.2.12. Correlação (ρ)

O coeficiente de correlação mede a percentagem de variação da rendibilidade de uma carteira que é sistemática relativamente à variação da rendibilidade total, logo

$$\rho_{PM} = \frac{\text{Risco de Mercado}}{\text{Risco Total}} = \frac{\beta_P \times \sigma_M}{\sigma_P} \quad (5.44)$$

Na expressão anterior, consideramos, necessariamente, que o *benchmark* corresponde à carteira cópia de mercado. Rearranjando os braços da expressão, teremos, ainda, que

$$\beta_P = \frac{\sigma_P}{\sigma_M} \times \rho_{PM}$$

formalização esta que já avançámos no Capítulo 3 e que permite expressar o parâmetro beta em função do coeficiente de correlação.

Exemplo 43: Consideramos as rendibilidades mensais de uma carteira P, para um período de 2 anos, bem como as rendibilidades mensais de um certo índice de referência, as quais se apontam, respetivamente, nas colunas 1 e 3. Estes valores são os mesmos que constam dos exemplos 35 e 36. Considere-se, ainda, uma rendibilidade média mensal para o ativo sem risco de 0,2%. O nosso objetivo é o de calcular a covariância entre a carteira e o índice de re-

AVALIAÇÃO DO DESEMPENHO

ferência, a correlação entre o investimento e o índice e o alfa de Jensen da carteira P.

r_i	$(r_i - \bar{r})$	b_i	$(b_i - \bar{b})$	$(r_i - \bar{r}) \times (b_i - \bar{b})$	$(b_i - \bar{b})^2$
2,50	2,09	2,00	1,22	2,5498	1,4884
0,10	−0,31	0,20	−0,58	0,1798	0,3364
−0,30	−0,71	−0,50	−1,28	0,9088	1,6384
1,60	1,19	1,15	0,37	0,4403	0,1369
−1,20	−1,61	−1,80	−2,58	4,1538	6,6564
0,80	0,39	−0,10	−0,88	−0,3432	0,7744
−0,50	−0,91	0,40	−0,38	0,3458	0,1444
0,60	0,19	1,30	0,52	0,0988	0,2704
1,35	0,94	2,25	1,47	1,3818	2,1609
5,20	4,79	4,80	4,02	19,2558	16,1604
3,80	3,39	2,90	2,12	7,1868	4,4944
2,40	1,99	1,70	0,92	1,8308	0,8464
1,70	1,29	1,55	0,77	0,9933	0,5929
−6,50	−6,91	−3,10	−3,88	26,8108	15,0544
−2,80	−3,21	0,00	−0,78	2,5038	0,6084
1,70	1,29	2,50	1,72	2,2188	2,9584
−6,70	−7,11	−4,10	−4,88	34,6968	23,8144
3,10	2,69	2,20	1,42	3,8198	2,0164
0,15	−0,26	0,25	−0,53	0,1378	0,2809
0,20	−0,21	0,80	0,02	−0,0042	0,0004
0,50	0,09	−0,40	−1,18	−0,1062	1,3924
1,20	0,79	1,60	0,82	0,6478	0,6724
−0,10	−0,51	1,10	0,32	−0,1632	0,1024
1,00	0,59	2,00	1,22	0,7198	1,4884

Preenchemos as restantes colunas da tabela com a informação necessária para o cálculo dos indicadores solicitados, atendendo, de modo particular, aos desvios em relação à média das rendibilidades da carteira e do *benchmark* (respetivamente, colunas 2 e 4), ao produto dos desvios da carteira e dos desvios do *benchmark* (coluna 5) e ao quadrado dos desvios do *benchmark* (coluna 6).

Obtemos a **covariância** através da expressão formalizada em (5.43); dado que a soma dos elementos que constam na coluna 5 é de 110,2642, vem que

$$\sigma_{Pb} = \frac{\sum_{i=1}^{n}\left[\left(r_{Pi} - \bar{r}\right) \times \left(b_i - \bar{b}\right)\right]}{n} = \frac{110,2642\%}{24} = 4,59\%$$

Por seu turno, a **correlação** resulta da aplicação da fórmula estabelecida por intermédio de (5.44), donde

$$\rho_{PM} = \frac{\beta_P \times \sigma_M}{\sigma_P}$$

Conhecemos o desvio padrão da carteira (σ_P = 2,66%), bem como o desvio padrão do *benchmark* (σ_M = 1,87%), dado que foram calculados em exemplos anteriores. Desconhecemos, no entanto, o beta da carteira, o qual determinamos através de (5.37), tendo em atenção aos dados que constam da tabela anterior, particularmente à soma das colunas 5 e 6. Vem, assim, que

$$\beta = \frac{\sum_{i=1}^{n}\left[\left(r_i - \bar{r}\right) \times \left(b_i - \bar{b}\right)\right]}{\sum_{i=1}^{n}\left(b_i - \bar{b}\right)^2} = \frac{110,2642\%}{84,0896\%} = 1,31127$$

Retomando o cálculo de ρ_{PM}, surgirá

$$\rho_{PM} = \frac{1,31127 \times 1,87\%}{2,66\%} = 0,92$$

Em alternativa, poderemos calcular o coeficiente de correlação atendendo a que

$$\rho_{PM} = \frac{\sigma_{PM}}{\sigma_P \times \sigma_M} = \frac{4,59\%}{2,66\% \times 1,87\%} = 0,92$$

o que conduz, necessariamente, ao mesmo resultado.

Por fim, determinamos o **alfa de Jensen referente à carteira P**, sendo que

$$\alpha_P = \bar{r}_P - \left[\bar{r}_F + \left(\bar{b} - \bar{r}_F\right) \times \beta_P\right]$$

Recorrendo, mais uma vez, aos elementos contidos na tabela anterior, vem que

$$\alpha_p = 0{,}41\% - [0{,}02\% + (0{,}78\% - 0{,}2\%) \times 1{,}31127] = 0{,}41\% - 0{,}78\% =$$
$$= -0{,}37\%$$

Em termos genéricos, cumpre reter que, ao compor uma carteira, o investidor/gestor deverá procurar ativos cuja correlação tenda para –1, o que significa que esses ativos se correlacionam inversamente. Como já referimos anteriormente, ativos entre os quais se registe uma coeficiente de correlação de 1, os mesmos encontram-se perfeitamente correlacionados, ao passo que não exsitirá qualquer correlação entre eles quando o coeficiente for nulo. Porém, na prática dos mercados, a situação mais comum é aquela em que o coeficiente de correlação se coloca entre – 1 e zero ou entre zero e 1, sendo nestes intervalos que o recurso à diversificação produz resultados efetivos.

Acresce, por último referir que, por vezes, o coeficiente de correlação surge identificado por intermédio de um r minúsculo, procedimento este que dispensamos aqui, de modo a não dar azo a confusão com a rendibilidade dos investimentos, normalmente designada por r_i.

4.2.13. Coeficiente de determinação (R^2)

O *coeficiente de determinação* (R^2) corresponde ao quadrado do coeficiente de correlação de Pearson (R), variando, este último, entre –1 e 1. O coeficiente de determinação poderá, então, assumir valores entre zero e a unidade[119].

O R^2 traduz a medida em que os movimentos do fundo são atribuíveis ao mercado. O valor máximo de 1 indica que a carteira seguiu exatamente os movimentos do índice de referência. Valores progressivamente mais baixos indicam uma independência proporcionadamente maior das rendibilidades da carteira relativamente às rendibilidades do índice de referência. Teremos, deste modo, que

$$R^2 = \frac{\text{Variância sistemática}}{\text{Variância total}} \qquad (5.45)$$

---

[119] Os dois indicadores devem ser apreciados em conjunto, uma vez que um R^2 igual à unidade poderá resultar de um coeficiente de correlação tanto igual a 1 como a –1.

Este coeficiente varia, então, entre 0 e 1, sendo zero quando não existe nenhuma relação entre as flutuações das variáveis em apreço e assumindo um valor igual à unidade quando é perfeita a correlação entre essas flutuações. De atender, contudo, que não são comuns os casos de correlação perfeita – tanto negativa como positiva, resultando, em ambos os casos, um valor para R^2 igual à unidade –, dada a multiplicidade de fatores que, em termos reais, influenciam a correlação entre as variáveis.

O coeficiente de determinação é aplicado nos mais diversos contextos, quando se procuram relacionar duas ou mais variáveis. No contexto particular da gestão de carteiras, o R^2 representa a proporção da variância da rendibilidade do investimento que se encontra relacionada com a variância da rendibilidade do *benchmark*.

Trata-se, desta sorte, de uma medida de ***diversificação da carteira***. Quanto mais o valor de R^2 se aproximar da unidade, mais a variância da rendibilidade da carteira é explicada pela variância da rendibilidade do padrão de referência. Um baixo coeficiente de determinação sugere rendibilidades mais dispersas, donde poderão resultar dificuldades na obtenção de uma reta de regressão adequada, bem como maior instabilidade ao nível dos alfas e dos betas.

4.2.14. Risco sistemático

Desde cedo que a literatura financeira reconheceu o beta como medida do risco sistemático[120].

Como referimos oportunamente, o parâmetro beta mede a sensibilidade de variação da rendibilidade de um ativo ou de uma carteira em relação à variação da rendibilidade da carteira de mercado. Recordamos que os *ativos agressivos* são ativos cujo beta é maior do que um, isto é, as respetivas cotações reagem mais do que proporcionalmente às variações na cotação da carteira de mercado. Por exemplo, no caso de um ativo com um beta igual a 1,5, se o mercado registar uma subida de 10%, a cotação deste ativo registará um acréscimo igual a 1,5 × 10% = 15%, sendo ainda que, se as cotações do mercado descerem 10%, este ativo registará uma queda de 15%. Ao invés, os ativos defensivos apresentam parâmetros beta menores que a unidade, o que significa que a variação em torno das suas rendibilidades é menos que proporcional às flutuações do mercado. Sabemos, outrossim, que o risco sistemático não pode ser eliminado por via da diversificação, pelo que os investidores só aceitarão incorrer em maiores riscos se, para tanto, forem compensados com um prémio de risco adicional.

---

[120] A este propósito, cfr. Jensen (1969).

Não obstante, muitos autores[121] consideram que o parâmetro beta não é a melhor medida para o risco sistemático, pois basta que se modifique o conceito de carteira cópia de mercado para que se observem, necessariamente, alterações no nível de risco.

Na sequência desse entendimento, Bacon (2008) propõe uma medida alternativa para aferir o **risco sistemático**, correspondente, em termos genéricos, a

$$\sigma_S = \beta \times \sigma_M \tag{5.46}$$

com σ_S a designar o risco sistemático. Com efeito, se multiplicarmos o beta pelo risco de mercado, obtemos uma medida de risco sistemático calculado na mesma unidade de medida do risco total (desvio padrão).

4.2.15. Risco específico ou risco residual

O risco específico, de cujo conceito nos ocupámos previamente, pode ser representado pelo desvio padrão do termo de erro da reta de regressão, ou seja, por σ_ε. No entanto, sendo o risco sistemático e o risco específico independentes por definição, podemos recorrer ao Teorema de Pitágoras e estabelecer que

$$(Risco\ Total)^2 = (Risco\ Sistemático)^2 + (Risco\ Específico)^2 \tag{5.47a}$$

ou, bem assim,

$$\sigma^2 = \sigma_S^2 + \sigma_\varepsilon^2 \tag{5.47b}$$

Exemplo 44: Retomamos os elementos que constam dos exemplos 35 e 36 e, bem assim, do exemplo anterior. Pretendemos calcular o risco específico e o risco sistemático associados à carteira P em questão.

De modo a determinarmos o risco específico associado à carteira P, voltamos a colocar numa tabela os elementos concernentes a r_i e b_i, respetivamente nas colunas 1 e 2. Na coluna 3, calculamos os elementos relativos ao termo de erro. Para o efeito, recorremos à equação de regressão definida em (5.36), sendo que $\varepsilon_R = r_i - \alpha - \beta \times b_i$. De notar, ainda, que os valores referentes a α e a β já foram calculados no exemplo anterior, sendo que $\alpha = -0,37\%$ e $\beta = 1,31127$.

---

[121] Cfr., por todos, Bacon (2008).

CARTEIRAS DE INVESTIMENTO

r_i	b_i	ε_R $(r_i - \alpha - \beta \times b_i)$	$(r_i - \alpha - \beta \times b_i)^2$
2,50	2,00	0,2475	0,0612
0,10	0,20	0,2077	0,0432
-0,30	-0,50	0,7256	0,5265
1,60	1,15	0,4620	0,2135
-1,20	-1,80	1,5303	2,3418
0,80	-0,10	1,3011	1,6929
-0,50	0,40	-0,6545	0,4284
0,60	1,30	-0,7347	0,5397
1,35	2,25	-1,2304	1,5138
5,20	4,80	-0,7241	0,5243
3,80	2,90	0,3673	0,1349
2,40	1,70	0,5408	0,2925
1,70	1,55	0,0375	0,0014
-6,50	-3,10	-2,0651	4,2645
-2,80	0,00	-2,4300	5,9049
1,70	2,50	-1,2082	1,4597
-6,70	-4,10	-0,9538	0,9097
3,10	2,20	0,5852	0,3425
0,15	0,25	0,1922	0,0369
0,20	0,80	-0,4790	0,2295
0,50	-0,40	1,3945	1,9447
1,20	1,60	-0,5280	0,2788
-0,10	1,10	-1,1724	1,3745
1,00	2,00	-1,2525	1,5689

Calculamos o desvio padrão do termo de erro, sendo que

$$\sigma_\varepsilon = \sqrt{\frac{\sum_{i=1}^{n}(r_i - b_i \times \beta - \alpha)^2}{n}} = \sqrt{\frac{26,6286}{24}} = \sqrt{1,109525} = 1,053\%$$

Trata-se de uma informação referente a um período mensal, pelo que determinamos, de seguida, o desvio padrão do termo de erro anualizado, logo

Risco específico = $\sigma_\varepsilon^A = \sqrt{12} \times \sigma_\varepsilon = \sqrt{12} \times 1,053\% = 3,6477\%$

Por sua vez, poderemos determinar o risco sistemático atendendo à expressão definida em (5.46), ou seja, $\sigma_S = \beta \times \sigma_M$. O desvio padrão do mercado corresponde ao desvio padrão do *benchmark*, logo é igual a 1,87%, logo

$$\sigma_S = 1,31127 \times 1,87\% = 2,452\% \; \sigma_S$$

Este é o risco sistemático mensal; obteremos o valor anualizado por intermédio de

Risco sistemático = $\sigma_S^A = \sqrt{12} \times \sigma_S = \sqrt{12} \times 2,452\% = 8,493977\%$

Recorde-se que o desvio padrão mensal da carteira P é de 2,66%. Ao reportarmos este indicador para uma base anual, vem que

$$\sigma_P^A = \sqrt{12} \times \sigma_P = \sqrt{12} \times 2,66\% = 9,2145\%$$

Se substituirmos nas expressões que formalizámos em (5.47a) e em (5.47b), obter-se-á

$$(9,2145\%)^2 \cong (8,493977\%)^2 + (3,6477\%)^2$$

o que corrobora os valores obtidos neste exemplo.

4.2.16. Índice de Treynor
O índice de avaliação do desempenho proposto por Treynor (1965), à semelhança do índice de Sharpe, mede o excesso de rendibilidade relativamente ao risco.

Porém, ambos os indicadores diferem no respetivo denominador, pois enquanto o índice de Sharpe emprega o desvio padrão da rendibilidade da carteira como medida de risco – ou seja, o risco total –, o índice de Treynor recorre ao beta da carteira – logo ao risco específico.

A literatura justifica o recurso menos frequente ao índice de Treynor – comparativamente ao índice de Sharpe – na medida em que não atende ao risco específico. Contudo, se estivermos em presença de uma carteira perfeitamente diversificada, por conseguinte, sem risco específico, ambas as medidas conduzirão a resultados análogos.

Para um certo *portfolio* P, formalizamos o índice de Treynor do seguinte modo:

$$TR_P = \frac{r_P - r_F}{\beta_P} \tag{5.48}$$

O numerador identifica o prémio de risco e o denominador corresponde ao risco da carteira. O valor resultante da *ratio* representa, assim, a rendibilidade//retorno da carteira por cada unidade de risco sistemático.

Exemplo 45: Reconsideramos os dados do exemplo 39, os quais indicamos, de novo, na tabela seguinte.

Indicadores	*Portfolio* A	*Portfolio* B	*Portfolio* C	*Benchmark*
Rendibilidade anualizada	14%	18%	16%	15%
Risco anualizado	16%	19,5%	19%	17,5%
Taxa do ativo sem risco	6%	6%	6%	6%

Sabendo, ainda, que $\rho_{AM} = 0{,}5$, $\rho_{BM} = 0{,}8$ e $\rho_{CM} = 0{,}7$, calculamos o índice de Treynor para as carteiras A, B e C, bem como para o *benchmark* (carteira cópia de mercado).

Atendendo à formalização proposta para o índice de Treynor, necessitamos, desde logo, de conhecer o parâmetro beta para cada uma das carteiras. Este parâmetro poderá ser calculado através da expressão já nossa conhecida

$$\beta_P = \rho_{PM} \times \frac{\sigma_P}{\sigma_M}$$

Surge, assim, que

$$\beta_A = \rho_{AM} \times \frac{\sigma_A}{\sigma_M} = 0{,}5 \times \frac{16\%}{17{,}5\%} = 0{,}457$$

$$\beta_B = \rho_{BM} \times \frac{\sigma_B}{\sigma_M} = 0{,}8 \times \frac{19{,}5\%}{17{,}5\%} = 0{,}891$$

$$\beta_C = \rho_{CM} \times \frac{\sigma_C}{\sigma_M} = 0{,}7 \times \frac{19\%}{17{,}5\%} = 0{,}76$$

Recordamos que o parâmetro beta do *benchmark* é igual à unidade. Desta feita, no que se refere ao índice de Treynor, teremos que

$$TR_A = \frac{r_A - r_F}{\beta_A} = \frac{14\% - 6\%}{0{,}457} = 17{,}5\%$$

$$TR_B = \frac{r_B - r_F}{\beta_B} = \frac{18\% - 6\%}{0,891} = 13,468\%$$

$$TR_C = \frac{r_C - r_F}{\beta_C} = \frac{16\% - 6\%}{0,76} = 13,158\%$$

Para além disso, $TR_M = \frac{r_M - r_F}{\beta_M} = \frac{15\% - 6\%}{1} = 9\%$

À semelhança do que apontámos para o índice de Sharpe, quanto maior for a medida de Treynor, melhor será o desempenho da carteira, bem como o do respetivo gestor.

Para além disso, sem o auxílio do índice de Treynor, provavelmente apontaríamos a carteira B como sendo a que proporciona melhores resultados. No entanto, ao considerarmos os riscos que cada gestor teve de incorrer para atingir os respetivos retornos, o investimento A foi, de facto, o que apresentou o melhor resultado. Podemos, ainda, afirmar que as três carteiras conseguiram obter melhor desempenho que o mercado.

Coloca-se, desde logo, a questão de saber qual dos índices – de Sharpe ou de Treynor – se deve tomar na avaliação do desempenho das carteiras. Diremos que tal depende dos objetivos do analista e, bem assim, daquilo que este pretende aferir.

Se o analista pretender avaliar o desempenho histórico de um investimento, deverá optar pelo índice de Sharpe. Enquanto isso, se tiver como objetivo a mensuração do desempenho previsto para o futuro, o índice de Treynor revelar-se-á mais indicado. Tal fica a dever-se ao facto de o índice de Treynor considerar apenas o risco sistemático e, como tal, não atender às variações do valor do investimento ocorridas por motivos intrínsecos ou endógenos, como é o caso da escolha errada de ativos financeiros. Ao eliminar as variações transitórias e incluir apenas as oscilações de mercado, o índice de Treynor captura apenas os efeitos de caráter permanente, sendo, por isso mesmo, indicado para a realização de previsões.

Não obstante, certos autores[122] preferem o índice de Sharpe, principalmente quando se intentam determinar os efeitos resultantes de uma estratégia de gestão

---

[122] Cfr., por todos, Bodie, Kane e Marcus (2002).

ativa. Tendo por objetivo a superação de um determinado *benchmark*, o gestor pode incorrer em riscos acrescidos, pelo que se revela oportuna a inclusão do risco específico.

Permitimo-nos recordar os resultados obtidos no exemplo 45 – aplicativo do índice de Treynor – e também no exemplo 39 – aplicativo do índice de Sharpe.

No primeiro caso, obtivemos que $TR_A > TR_B > TR_C > TR_M$. No segundo caso, embora tratando-se da mesma situação, isto é, das mesmas carteiras e do mesmo *benchmark*, fomos, no entanto, conduzidos a uma ordenação diferente, já que $SR_B > SR_C > SR_M > SR_A$. Tal sucede justamente porque o índice de Sharpe avalia o desempenho das carteiras tendo por base o risco total, englobando o risco específico, enquanto o índice de Treynor avalia esse desempenho tendo por base o risco de mercado, ou seja, desconsiderando o risco específico. Por isso se afirma que o índice de Treynor deve ser empregue exclusivamente a carteiras bem diversificadas, o que coloca algumas dificuldades de utilização.

Porém, ao arrepio dos argumentos em defesa do índice de Sharpe, afirmaremos que o mesmo não é suscetível de aplicação a carteiras com rendibilidades negativas, sob pena de serem atingidas conclusões falaciosas.

Podemos atender a mais um exemplo.

Exemplo 46: Reconsideramos os elementos contidos no exemplo 42 e que repetimos na tabela seguinte.

Carteiras	Rendibilidade média anual	Beta
ABC	7%	0,80
DEF	12%	1,15
GHI	12%	1,25

Sabemos, ainda, que a rendibilidade do ativo sem risco é de 2% e que a rendibilidade do mercado é de 6%. Determinamos o índice de Treynor para as três carteiras e para a carteira cópia de mercado e comparamos com a SML, no sentido de aferir qual a carteira com melhor desempenho.

De acordo com a formalização proposta em (5.48), teremos que

$$TR_M = \frac{r_M - r_F}{\beta_M} = \frac{6\% - 2\%}{1} = 4\%$$

$$TR_{ABC} = \frac{r_{ABC} - r_F}{\beta_{ABC}} = \frac{7\% - 2\%}{0,80} = 6,25\%$$

$$TR_{DEF} = \frac{r_{DEF} - r_F}{\beta_{DEF}} = \frac{12\% - 2\%}{1,15} = 8,7\%$$

$$TR_{GHI} = \frac{r_{GHI} - r_F}{\beta_{GHI}} = \frac{12\% - 2\%}{1,25} = 8\%$$

Os valores obtidos permitem concluir que todas as carteiras "bateram" o mercado, sendo a carteira DEF a que revela maior desempenho.

Para atendermos à posição das carteiras relativamente à SML, começamos por recordar a respetiva equação, formalizada por intermédio de (3.3). Readaptando a expressão inicial, isto é, considerando a rendibilidade real em vez da rendibilidade esperada, vem que

$$R_P = R_F + (R_M - R_F) \times \beta_P$$

Logo, surge que

$$R_{ABC} = R_F + (R_M - R_F) \times \beta_{ABC} = 2\% + (6\% - 2\%) \times 0,80 = 5,2\%$$

$$R_{DEF} = R_F + (R_M - R_F) \times \beta_{DEF} = 2\% + (6\% - 2\%) \times 1,15 = 6,6\%$$

$$R_{GHI} = R_F + (R_M - R_F) \times \beta_{GHI} = 2\% + (6\% - 2\%) \times 1,25 = 7\%$$

Estas são as rendibilidades de equilíbrio das três carteiras. Verificamos que as rendibilidades reais (respetivamente 7%, 12% e 12%) claramente superam as rendibilidades de equilíbrio, pelo que as três carteiras surgirão acima da SML.

Em jeito de síntese, poderemos avançar que, de acordo com os índices estudados, as carteiras com maior retorno não são, necessariamente, as que patenteiam melhor desempenho.

4.2.17. Índice de Treynor modificado (*modified Treynor ratio* – MTR)
Este índice constitui uma alternativa ao índice de Treynor inicialmente proposto e na qual em denominador surge o risco sistemático, que poderemos representar através do desvio padrão do mercado. Logo, vem que

$$MTR = \frac{R_P - R_F}{\sigma_M} \tag{5.49}$$

O índice assim formalizado encerra a vantagem de tanto o numerador como o denominador se encontrarem expressos na mesma unidade de medida (em percentagem) e, bem assim, de ser mais consentâneo com o índice de Sharpe.

4.2.18. *Appraisal ratio*[123]

O *appraisal ratio* tem uma estrutura similar à do índice de Sharpe, já que se consubstancia numa razão entre rendibilidade e risco.

Porém, o *appraisal ratio* coloca, em numerador, o α de Jensen, na medida em que este corresponde ao *excess return* ajustado pelo risco sistemático, e, em denominador, o risco específico, em alternativa ao risco total aplicado no índice de Sharpe.

Na sequência do exposto, surge que

$$\text{Appraisal ratio} = \frac{\alpha}{\sigma_\varepsilon} \tag{5.50}$$

Por conseguinte, este indicador permite mensurar a rendibilidade ajustada pelo risco sistemático por cada unidade de risco específico tomado.

4.2.19. Índice de Jensen modificado (*modified Jensen*)

À semelhança do sucedido para o índice de Treynor, podemos atender também a uma formalização alternativa para o índice de Jensen[124], na qual a rendibilidade ajustada pelo risco sistemático (alfa de Jensen) é dividida pelo próprio risco sistemático. Ao invés de ser dividido pelo risco específico – como sucedia no *appraisal ratio* –, o alfa de Jensen é, neste indicador, dividido pelo risco sistemático. Deste modo, formalizaremos que

$$\text{Índice de Jensen Modificado} = \frac{\alpha}{\beta} \tag{5.51}$$

O índice de Jensen modificado permite, então, determinar a rendibilidade ajustada pelo risco sistemático precisamente por cada unidade desse risco sistemático.

---

[123] Optamos por manter a designação anglo-saxónica, dado que a tradução portuguesa (*ratio* de avaliação) poderá revelar-se demasiado genérica e ambígua.
[124] Cfr. Smith e Tito (1969).

4.2.20. Decomposição de Fama

A rendibilidade é, por norma, tratada de um modo integrado, sem atender às diversas componentes que concorrem para a sua formação. Fama (1972) procurou ultrapassar esta limitação, propondo um indicador que permite evidenciar cada uma das origens de determinado retorno e que ficaria conhecida por *decomposição da rendibilidade total* de Fama.

O autor partiu da noção de que a rendibilidade total resulta da taxa do ativo sem risco acrescida de um determinado *excess return*; por sua vez, este último resulta do prémio de risco e do retorno decorrente da escolha de um determinado conjunto de ativos, designado por *seletividade*.

Para além disso, como já foi sobejamente apontado, o risco associado a cada ação pode decompor-se em risco de mercado e em risco específico. Em teoria, refere-se que uma carteira perfeitamente diversificada apresenta um risco específico nulo. Porém, em termos práticos, é improvável a existência de uma carteira completamente diversificada, o que implica a permanência de uma parcela de risco específico em cada *portfolio*.

Assim, a rendibilidade total de um investimento resulta do somatório da *i*) taxa de juro sem risco, *ii*) da remuneração do risco de mercado, *iii*) remuneração do risco específico e *iv*) remuneração da seletividade.

Teremos, então, que

$$R_P = R_F + R_1 + R_2 + R_3$$

sendo que

$R_1 = \beta(R_M - R_F)$, ou seja, corresponde à remuneração do risco de mercado;

$R_2 = \left(\dfrac{\sigma_P}{\sigma_M} - \beta_P\right)(R_M - R_F)$, representando, assim, a remuneração do risco específico;

$R_3 = R_P - R_F - R_1 - R_2$, identificando a remuneração pela seletividade.

Podemos, então, calcular a medida de seletividade líquida, proposta por Fama e que designamos por S_{NET}, a qual deve ser aplicada a carteiras que não se encontrem completamente diversificadas, nas quais permaneça uma parcela de risco específico. Vem, assim, que

$$S_{NET} = R_P - \left[R_F + \dfrac{\sigma_P}{\sigma_M} \times (R_M - R_F)\right] \quad (5.52a)$$

Já uma carteira completamente diversificada é uma carteira sem risco específico, pelo que a respetiva rendibilidade corresponderá a

$$R_P = R_F + R_1 + R_3$$

o que implica que, se identificarmos, agora, a seletividade apenas por S, venha que

$$S = R_P - R_F - \beta_P \times (R_M - R_F) \qquad (5.52b)$$

Facilmente se conclui que S coincide com o α de Jensen. No entanto, importa, sobretudo, destacar que ambas as medidas se revelam de utilidade extrema, pois permitem evidenciar o verdadeiro contributo do gestor do investimento para a formação de uma dada rendibilidade.

4.2.21. Diversificação

A *diversificação* assume sempre um valor positivo, o qual traduz a medida de rendibilidade que compensa as eventuais perdas incorridas pelo gestor ao diversificar o seu investimento, tendo em vista a redução do risco específico. Designamos esta medida por beta de Fama, o qual calculamos do seguinte modo:

$$\beta_F = \frac{\sigma_P}{\sigma_M} \qquad (5.53)$$

4.3. Risco relativo

No ponto anterior, detivémo-nos na discussão das medidas de risco absoluto, no âmbito das quais a rendibilidade e o risco das carteiras e do respetivo *benchmark* são calculados separadamente e posteriormente colocados em cotejo. Ao invés, as medidas de risco relativo focalizam-se no prémio de risco de uma carteira relativamente ao seu *benchmark*. Deste modo, enquanto o risco de mercado absoluto é a volatilidade ou desvio padrão total das rendibilidades, o risco de mercado relativo corresponde à volatilidade das rendibilidades em relação às rendibilidades de um *benchmark*. O risco de mercado relativo procura, assim, aferir a possibilidade de um determinado investimento poder desviar-se do seu padrão de referência.

4.3.1. Conceito de *tracking error*

O *tracking error*[125] é uma medida de risco relativo, que indica o grau em que uma carteira se aproxima ou não do seu *benchmark*, ou seja, o *tracking error* afere a cor-

---

[125] O *tracking error* é também designado na literatura por *tracking risk* ou por *active risk*.

respondência entre a composição de uma determinada carteira e a composição do respetivo índice de referência.

Deste modo, o *tracking error* é igual ao desvio padrão da diferença entre os retornos da carteira e os retornos proporcionados pelo investimento de referência. Trata-se, assim, do desvio padrão dos retornos em excesso (e não apenas do desvio padrão das rendibilidades de cada carteira em concreto). Obtém-se, desta sorte, o risco relativo da carteira[126] comparativamente ao respetivo *benchmark*.

Em termos genéricos, o *tracking error* (ou *tracking risk*, razão por que recorreremos à sigla *TR*), é dado pelo desvio padrão da série histórica das diferenças entre o retorno da carteira (R_M) e o retorno do *benchmark* (*b*), medindo, assim, a variação da rendibilidade do fundo em torno da rendibilidade do índice de referência escolhido. Logo formalizaremos que

$$TR = \sigma\{R_M - b\} \tag{5.54a}$$

O *tracking error* pode ser obtido tanto em termos aritméticos como em termos geométricos, consoante o modo de cálculo do *excess return*.

Em **termos aritméticos**, teremos que

$$TR_a = \sqrt{\frac{\sum_{i=1}^{n}(a_i - \overline{a})^2}{n}} \tag{5.54b}$$

onde

TR_a = *tracking error* calculado pelo modo aritmético;

a_i = prémio de risco (*excess return* aritmético) do período *i*, ou seja, a diferença entre o retorno da carteira e do *benchmark*;

$\overline{a}$ = média aritmética dos prémios de risco observados nos n períodos.

Em **termos geométricos**, surge que

$$TR_g = \sqrt{\frac{\sum_{i=1}^{n}(g_i - \overline{g})^2}{n}} \tag{5.54c}$$

---

[126] Trata-se de uma variável estatística, que afere o modo como o gestor da carteira se afasta, em termos de rendibilidade obtida, do respetivo padrão de referência. Necessariamente, quanto maior for esse desvio, maior será a probabilidade de a rendibilidade do investimento em apreço se afastar da rendibilidade do seu índice (tanto para valores superiores como para valores inferiores).

sendo que

TR_g = *tracking error* calculado pelo modo geométrico;

g_i = *excess return* geométrico para o período *i*, ou seja, a taxa de variação do retorno da carteira relativamente ao retorno do *benchmark*;

$\bar{g}$ = média geométrica dos *excess returns*.

Necessariamente, quanto menor for o *tracking error* mais próxima será a relação entre a rendibilidade da carteira e a rendibilidade do respetivo investimento de referência ou do mercado[127]. Neste sentido, uma carteira que vise reproduzir a composição de um índice de referência deverá apresentar um *tracking error* próximo de zero[128].

Por seu turno, uma carteira com um elevado *tracking error* terá um desempenho bastante diverso do comportamento do investimento de referência. Qualquer investimento que apresente um *tracking error* elevado não acompanha de perto o *benchmark* e é geralmente entendido como sendo de risco mais alto.

Em alternativa, o *tracking error* pode também ser definido enquanto função do desvio padrão da carteira P e da correlação entre a rendibilidade dessa carteira e rendibilidade do *benchmark* (carteira de mercado). Estabelecemos, então, que

$$TR = \sigma_P \times (1 - \rho_{PM}) \tag{5.54d}$$

Facilmente se compreende, ainda, que uma estratégia de gestão passiva proporcionará mais facilmente a obtenção de um *tracking error* menor (e mais próximo de zero) que a prossecução de uma estratégia de gestão ativa[129].

---

[127] A este propósito, cfr. Grinold e Kahn (1999), Martellini *et al.* (2003), Alexander (2008) e Bacon (2008).

[128] O *tracking error* medido com base em dados históricos (perspetiva de *backward looking* e sem alterações no estilo de gestão da carteira) denomina-se por **tracking error realizado** ou **tracking error "ex post"**. Por seu turno, o *tracking error* calculado com base em valores previsionais (perspetiva *forward looking*) designa-se por **tracking error "ex ante"**.

A este título, Barros (2009) sustenta que os fundos ativos, ao recorrerem ao *tracking error "ex ante"* para definirem as suas políticas de investimento, se pretenderem superar, de modo consistente, os retornos do índice de referência, devem, desde logo, aceitar um *tracking error* esperado de valor elevado.

[129] Retendo, de novo, Barros (2009), os gestores, ao serem avaliados em termos relativos, tornam-se mais avessos a *active bets*, com receio de se afastarem do respetivo *benchmark*. Há ainda autores,

Importa, ainda, referir alguns dos fatores que, *grosso modo*, poderão ter influências sobre o valor assumido pelo *tracking error*, os quais passamos a mencionar:

- **Custos de transação** associados à construção e à manutenção da carteira indexada, que envolvem comissões de corretagem, *spreads* de compra e venda, etc. Estes custos são usualmente subtraídos ao retorno do fundo, o que amplificará o *tracking error*.
- **Frequência da revisão** e dos **realinhamentos da composição** dos índices, o que implicará a recomposição das carteiras, mais ou menos regularmente.
- **Ações ao nível da governação das empresas** (*corporate governance*) que colidam com a composição do investimento.
- **Eventuais discrepâncias entre os preços** empregues na valorização do fundo indexado e os preços de transação atuais.
- **Entradas e saídas de capital** (*cash flows* externos), que, como vimos anteriormente, têm impacto ao nível da rendibilidade calculada para a carteira.

A principal tarefa de um gestor de fundos consistirá, então, em estabelecer a combinação ótima entre a proximidade ao índice e os custos de replicação.

4.3.2. *Ratio* de informação (*information ratio* – IR)

À semelhança do que sucede no índice de Sharpe – onde se compara a rendibilidade absoluta e o risco absoluto (desvio padrão da rendibilidade) –, o *information ratio* permite comparar a rendibilidade relativa com o risco relativo. Desta feita, o *information ratio* resulta da razão entre o *excess return* e o *tracking error* (desvio padrão do *excess return*). Assim sendo, teremos que

$$IR = \frac{R_P - R_M}{Tracking\ Error} \tag{5.55}$$

De acordo com a expressão, concluiremos que um elevado *information ratio* pode resultar de um de três fatores: *i*) rendibilidade da carteira elevada; *ii*) rendibilidade do *benchmark* reduzida; ou *iii*) *tracking error* reduzido.

---

mormente Boulier e Dupré (2003), que consideram que o *tracking error* é utilizado em mercados financeiros desenvolvidos para controlar os desvios observados na alocação tática relativamente à alocação estratégica originalmente estipulada. Deste modo, o *tracking error* pode limitar a atuação do gestor na procura de retornos excedentes no curto e no médio prazos, em detrimento da aderência à alocação estipulada para o longo prazo do investimento.

Esta formalização permite evidenciar as semelhanças, anteriormente apontadas, entre o índice de Sharpe e o *information ratio*. Em numerador, temos, agora o *excess return*, em vez da rendibilidade absoluta, presente no índice de Sharpe; enquanto isso, em denominador, temos o risco relativo, medido pelo *tracking error*, sendo que no índice de Sharpe surge uma medida de risco absoluto, ou seja, o desvio padrão da rendibilidade da carteira.

Consideremos o seguinte caso:

Exemplo 47: O gestor A obtém uma rendibilidade de 12% e um *tracking error* de 6%. Por sua vez, o gestor B tem uma rendibilidade de 8% e um *tracking error* de 1,5%. Para uma rendibilidade do mercado de 4%, determinamos o *information ratio* de ambos os gestores.

Atendendo à expressão anteriormente formalizada, vem que

$$IR_A = \frac{R_A - R_M}{Tracking\ Error_A} = \frac{12\% - 4\%}{6\%} = 1,3(3)$$

$$IR_B = \frac{R_B - R_M}{Tracking\ Error_B} = \frac{8\% - 4\%}{1,5\%} = 2,6(6)$$

O gestor B, embora tendo obtido menor rendibilidade, atinge um *information ratio* de valor superior, o que indica que este gestor pode obter rendibilidades mais elevadas, de modo mais eficiente que outros com *information ratios* menores, através da assunção de riscos maiores (mormente através de operações de alavancagem).

Este indicador pode, ainda, ser calculado na forma anualizada, donde

$$IR = \frac{Excess\ return\ anualizado}{Tracking\ error\ anualizado} \tag{5.56}$$

Atendemos, de seguida, a um exemplo de aplicação.

Exemplo 48: Reconsideramos os elementos apresentados nos exemplos 35 e 36 e que retomámos no exemplo 43. Pretendemos calcular o *tracking error* (em termos aritméticos) e o *information ratio* relativos à carteira P.

r_i	b_i	$a_i = r_i - b_i$	$\|a_i - \bar{a}\|$	$(a_i - \bar{a})^2$
2,5	2	0,5	0,870833	0,758351
0,1	0,2	-0,1	0,270833	0,073351
-0,3	-0,5	0,2	0,570833	0,325851
1,6	1,15	0,45	0,820833	0,673767
-1,2	-1,8	0,6	0,980833	0,942517
0,8	-0,1	0,9	1,270833	1,615017
-0,5	0,4	-0,9	0,52917	0,280017
0,6	1,3	-0,7	0,32917	0,108351
1,35	2,25	-0,9	0,52917	0,280017
5,2	4,8	0,4	0,770833	0,594184
3,8	2,9	0,9	1,270833	1,615017
2,4	1,7	0,7	1,070833	1,146684
1,7	1,55	0,15	0,520833	0,271267
-6,5	-3,1	-3,4	3,02917	9,175851
-2,8	0	-2,8	2,42917	5,900851
1,7	2,5	-0,8	0,42917	0,184184
-6,7	-4,1	-2,6	2,22917	4,969184
3,1	2,2	0,9	1,270833	1,615017
0,15	0,25	-0,1	0,270833	0,073351
0,2	0,8	-0,6	0,22917	0,052517
0,5	-0,4	0,9	1,270833	1,615017
1,2	1,6	-0,4	0,02917	0,000851
-0,1	1,1	-1,2	0,82917	0,687517
1	2	-1	0,62917	0,395851

Voltamos a colocar os valores numa tabela, sendo que os elementos que constam da terceira coluna correspondem ao *excess return* aritmético. Mais ainda, na quinta coluna constam os valores relativos ao quadrado do desvio do *excess return* aritmético relativamente à média. Essa média, que é de 0,37083%, foi calculada através de uma folha de Excel, tal como os restantes valores que constam das colunas do quadro anterior.

Atendemos, ainda, a que a rendibilidade anualizada da carteira P é de 4,7855% e que a rendibilidade anualizada do *benchmark* é de 8,9495%. Dado que $\sum_{i=1}^{24}(a_i - \bar{a})^2 = 34,11293$, vem

CARTEIRAS DE INVESTIMENTO

$$TR_a = \sqrt{\frac{\sum_{i=1}^{n}(a_i - \bar{a})^2}{n}} = \sqrt{\frac{34{,}11293}{24}} = 1{,}42137$$

Por seu turno, o *tracking error* anualizado será dado por $\sqrt{12} \times 1{,}42137 = 4{,}9238$.

Finalmente, o *information ratio* será dado por

$$IR = \frac{R_P - R_M}{Tracking\ Error} = \frac{4{,}7855\% - 8{,}9495\%}{4{,}9238} = -0{,}84569\%$$

Grosso modo, o *information ratio* mede a capacidade do gestor de carteiras de gerar retornos superiores a um certo referencial, identificando, também, a consistência dos investidores. Esta medida permite avaliar em que medida e com que frequência um gestor ultrapassa os seus valores de referência. Deste modo, quanto maior for o IR, mais consistente/coerente será o gestor, sendo esta uma característica fundamental para um gestor de carteiras.

4.4. Distribuições de rendibilidade

Em termos genéricos, uma distribuição diz-se **normal** quando for elevada a probabilidade de qualquer observação se encontrar próxima da respetiva média. Tratando-se de rendibilidades, se estas forem normalmente distribuídas, tal significa que é possível recorrer à média e ao desvio padrão para descrever a distribuição dos retornos, entendimento este, aliás, que temos assumido nos exemplos anteriores.

4.4.1. Assimetria

Porém, nem todas as distribuições são distribuições normais. Existe, de facto, a possibilidade de as rendibilidades ponderarem sob o lado direito da distribuição, caso em que diremos que a distribuição é **assimétrica à direita**. Se as rendibilidades tenderem preferencialmente para o lado esquerdo da distribuição, estaremos em presença de uma distribuição **assimétrica à esquerda**.

A **assimetria** de uma distribuição pode ser medida através da expressão:

$$Assimetria = \sum \left(\frac{r_i - \bar{r}}{\sigma_P}\right)^3 \times \frac{1}{n} \qquad (5.57)$$

Necessariamente, uma distribuição normal terá uma assimetria nula. Através desta expressão, poderemos identificar a existência de *outliers* relativamente à média das rendibilidades da carteira.

4.4.2. Curtose

A *curtose* (*kurtosis*) é uma medida de dispersão que faculta informação adicional sobre o modo de distribuição das rendibilidades, mormente no que se refere à mensuração do "achatamento" da curva dessa função de distribuição.

A curtose pode ser obtida através da expressão:

$$kurtosis = \sum \left(\frac{r_i - \bar{r}}{\sigma_P} \right)^4 \times \frac{1}{n} \qquad (5.58)$$

Este indicador é **igual a 3** para o caso de uma função normalmente distribuída. Diz-se, então, que se trata de uma *função mesocúrtica*.

Por seu turno, a curtose será **maior que 3** quando a curva da função de distribuição se colocar acima da distribuição normal, assumindo, assim, valores mais concentrados e apresentando um formato afunilado. Tal significa que estamos em presença de uma *função leptocúrtica*.

Por último, se a curtose for **menor que 3**, a curva da função de distribuição é mais "achatada" que a correspondente à da distribuição normal, podendo ser designada por *função platicúrtica*.

4.4.3. *d ratio*

O *d ratio* mede a relação entre o valor total das rendibilidades menores que zero (*downside*) e o valor das rendibilidades maiores que zero (*upside*). O *d ratio* pode, então, ser formalizado do seguinte modo:

$$d\ ratio = \frac{-n_d \times \sum_{i=1}^{n} \min(r_i, 0)}{n_u \times \sum_{i=1}^{n} \max(r_i, 0)} \qquad (5.59)$$

sendo que

n_d indica o número de rendibilidades menores que zero (*downside*);

n_u corresponde ao número de rendibilidades maiores que zero (*upside*).

O *d ratio* assume valores entre zero e infinito. Quanto mais baixo o valor obtido, melhor o desempenho da carteira concernente, pois um valor de zero indica que não há rendibilidades inferiores a zero; por seu turno, um valor próximo de infinito indica um mau desempenho, pois tal significa que não há rendibilidades maiores que zero.

4.5. Outras medidas de risco

Dadas as deficiências evidenciadas pelo desvio padrão e pela variância enquanto medidas de avaliação do risco, tem-se observado a emergência de formas alternativas de mensuração[130], as quais visam, sobretudo, diferenciar entre *bons* e *maus* retornos. Bons retornos são os que se situam acima de um referencial previamente estabelecido. Concomitantemente, maus retornos serão os observados abaixo desse patamar de referência.

Nas medidas alternativas que se propõem, apenas são considerados os maus retornos para efeitos de cálculo do risco. Deste modo, atendemos a uma nova medida estatística denominada *semivariância*. De facto, enquanto o desvio padrão mede a volatilidade dos retornos, tanto acima como abaixo de um determinado padrão de referência, o *downside risk* atende exclusivamente à volatilidade indesejada, da qual resultam perdas efetivas para o investidor. Mais ainda, enquanto o desvio padrão se obtém através da variância, o recurso ao *downside risk* implica a determinação da semivariância.

A *semivariância relativa*, conceito proposto por Markowitz nos seus trabalhos que conduziram à criação da moderna teoria das carteiras, é uma medida alternativa de determinação do risco, que emprega somente as diferenças negativas relativamente à média dos retornos ou a um dado padrão de referência.

O recurso à semivariância como medida alternativa de risco encontra fundamento em algumas permissas, entre as quais destacamos:

- A semivariância atende aos objetivos do investidor como um referencial, o mesmo não sucedendo no caso da variância;
- A semivariância sustenta-se na perceção de risco do investidor, por via da consideração de um determinado patamar de referência, ao passo que o desvio padrão ou a variância apenas medem a dispersão dos retornos relativamente à média;
- A semivariância contempla a possibilidade de as distribuições de uma carteira serem simétricas ou assimétricas, sendo que o desvio padrão ou a variância assumem que todas as distribuições são simétricas, o que pode conduzir a alguns enviesamentos na apreciação. Portanto, a distribuição normal dos retornos constitui um requisito da aplicação das medidas tradicionais de risco, o mesmo não sucedendo no caso do *downside risk*, suscetível de aplicação independentemente da distribuição de frequência dos retornos.

Nas medidas alternativas de desempenho, existe, então, um ponto de referência mínimo, que designaremos por **retorno mínimo aceitável** (ou *minimal accepta-*

---

[130] Tal como sustentado por Elton e Gruber (1995, p. 50).

ble return – MAR) e que corresponde ao nível de retorno pretendido pelo investidor. Desta feita, as observações situadas para além do ponto de referência implicam que os objetivos do investidor foram alcançados e, por isso, são consideradas como tendo "boa volatilidade". Enquanto isso, as observações abaixo do ponto de referência envolvem falhas no acompanhamento dos objetivos, correspondendo a situações de "má volatilidade" ou de risco.

A inclusão deste patamar de referência permite estabelecer uma nova linha de fronteira entre as noções de volatilidade e de risco, dado que, no presente contexto, a ideia de risco se circunscreve às situações de "má volatilidade".

Na senda do exposto, atendemos, de seguida, aos conceitos de *downside risk*, de índice de Sortino e de *upside potential ratio*.

4.5.1. *Downside risk*

O *downside risk* reporta-se à parcela de risco referente a perdas, ou seja, ao risco de o retorno proporcionado por um ativo se colocar abaixo do retorno mínimo requerido[131]. Trata-se, assim, de uma medida da possibilidade do registo de perdas, na eventualidade de as condições de mercado serem adversas. De outro modo, o *downside risk* corresponde a uma estimativa de eventuais perdas.

Como já referimos, alguns autores defendem que os investidores apenas devem atender à possibilidade de observação de mau desempenho; logo o *downside risk* concerne apenas à parcela de risco que verdadeiramente interessa ao investidor.

Se designarmos o *downside risk* por σ_D, podemos formalizar que

$$\sigma_D = \sqrt{\sum_{i=1}^{n} \frac{\left[\min\left(r_i - r_T\right), 0\right]^2}{n}} \qquad (5.60)$$

onde r_T representa o retorno mínimo aceitável (enquanto objetivo) ou *minimum target return*.

Logo, o semidesvio padrão mede a variabilidade do mau desempenho, inferior a uma dada taxa mínima aceitável. Essa taxa poderá corresponder a taxa livre de risco, um valor de referência/*benchmark* ou qualquer outro padrão fixo pretendido pelo cliente.

Para efeitos de cálculo do *downside risk*, considera-se que todos os desvios positivos assumem o valor zero. Dado que os retornos positivos são tidos como nulos, no limite, poderá não haver observações inferiores à meta de retorno. Deste modo, dever-se-á sempre atender ao número de observações em presença, de modo a garantir o interesse do cálculo de σ_D.

---

[131] A este propósito, cfr. Ang, Chen e Xing (2006).

4.5.2. Índice de Sortino

Sortino e Price (1994) apontam as limitações inerentes às medidas tradicionais de risco, *maxime* as subjacentes aos índices de Treynor e de Sharpe, justamente pelo facto de estas assumirem, implicitamente, que todos os desvios relativamente à taxa de referência constituem um risco para o investidor. Os mesmos autores defendem que, a partir do momento em que se estabelece uma certa rendibilidade como objetivo (taxa de referência), o investidor apenas se sentirá efetivamente lesado se a rendibilidade real se situar aquém dessa taxa. Consequentemente, a medida de risco a adotar apenas deverá atender aos desvios negativos da rendibilidade do investimento relativamente à rendibilidade objetivo. Este entendimento permitiu a formalização do seguinte indicador, conhecido na literatura apenas como índice de Sortino, o qual pode ser obtido através da expressão:

$$\text{Índice de Sortino} = \frac{(r_P - r_T)}{\sigma_D} \qquad (5.61)$$

Embora obedecendo a uma construção similar à do índice de Sharpe, este indicador pretende, sobretudo, diferenciar entre as boas e as más rendibilidades. Com efeito, ambos os índices distinguem-se no denominador: enquanto o índice de Sortino recorre apenas aos desvios negativos, o índice de Sharpe recorre ao desvio padrão – que permite apenas aferir se existe ou não uma diferença elevada (tanto positiva como negativa) relativamente ao valor médio da rendibilidade e no pressuposto da distribuição ser simétrica.

4.5.3. M^2 para o índice de Sortino

Poderemos, ainda, determinar o M^2 para o índice de Sortino através da seguinte formalização:

$$M^2 = r_P + \frac{(r_P - r_T)}{\sigma_D} \times (\sigma_{DM} - \sigma_D) \qquad (5.62)$$

4.5.4. *Upside potential ratio* – UPR

O *upside potential ratio* é uma medida de retorno de um ativo relativamente a uma certa rendibilidade mínima aceitável, que permite determinar o potencial de crescimento desse investimento. Trata-se, assim, de uma estimativa da valorização que o ativo conseguirá obter num futuro próximo e resulta do quociente entre a semivariância (desvios positivos) e o *downside risk*.

O UPR pode ser determinado através da expressão:

$$UPR = \frac{\sum_{i=1}^{n} \max(r_i - r_T, 0) / n}{\sigma_D} \qquad (5.63)$$

AVALIAÇÃO DO DESEMPENHO

Quanto maior o UPR, maior o potencial de realização de ganhos decorrentes do investimento. À semelhança do que sucede com outros índices, o *upside potential ratio* permite hierarquizar carteiras de investimento de acordo com as expectativas de crescimento que lhes estão associadas.

Exemplo 49: Calculamos o *downside risk*, o índice de Sortino e o *upside potential ratio* para a carteira do exemplo anterior, no pressuposto de que o gestor pretende obter uma rendibilidade mensal de 0,5%.

Rendibilidade mensal r_i	Desvio relativo a valores *downside* $(r_i - r_T)$	$(r_i - r_T)^2$	Desvio relativo a valores *upside* $(r_i - r_T)$
2,5			2
0,1	-0,4	0,16	
-0,3	-0,8	0,64	
1,6			1,1
-1,2	-1,7	2,89	
0,8			0,3
-0,5	-1	1	
0,6			0,1
1,35			0,85
5,2			4,7
3,8			3,3
2,4			1,9
1,7			1,2
-6,5	7	49	
-2,8	-3,3	10,89	
1,7			1,2
-6,7	-7,2	51,84	
3,1			2,6
0,15	-0,35	0,1225	
0,2	-0,3	0,09	
0,5		0	0
1,2			0,7
-0,1	-0,6	0,36	
1			0,5

Recorremos, de novo, a uma tabela para melhor sistematização da informação. Na primeira coluna, voltamos a reportar a informação relativa às rendibilidades mensais da carteira. Na segunda coluna, calculamos os desvios negativos relativamente ao MAR e, na terceira, calculamos os quadrados desses desvios. Por fim, a quarta coluna contém os desvios positivos relativamente ao MAR.

Principiamos por determinar o *downside risk*, de acordo com a expressão estabelecida em (5.61), logo

$$\sigma_D = \sqrt{\sum_{i=1}^{n} \frac{\left[\min\left(r_i - r_T\right), 0\right]^2}{n}} = \sqrt{\frac{116,9925\%}{24}} = 2,20787\%$$

Para além disso, o *downside risk* anualizado, que identificamos por σ_D^A, pode ser obtido através de

$$\sigma_D^A = \sqrt{12} \times 2,20787\% = 7,648\%$$

Calculamos, agora, o índice de Sortino. Para o efeito, recordamos que a rendibilidade anualizada da carteira P é de 4,7855%. Para além disso, atendemos a que a rendibilidade anualizada do padrão de referência é de 6,168%. Vem, assim, que

$$\text{Índice de Sortino} = \frac{4,7855\% - 6,168\%}{7,648\%} = -0,181$$

Por último, para efeitos de cálculo do UPR, atendemos à soma dos desvios positivos, que, no caso em apreço, é igual a 20,45%. Logo, surge

$$UPR = \frac{\sum_{i=1}^{n} \max\left(r_i - r_T, 0\right) / n}{\sigma_D} = \frac{\frac{20,45\%}{24}}{7,648\%} = 0,11$$

Atendemos a um outro exemplo, desta feita alusivo à rendibilidade do *benchmark*.

Exemplo 50: Tal como no exemplo anterior, consideramos que a rendibilidade mínima mensal requerida é de 0,5% (logo a rendibilidade anual será de 6,168%).

AVALIAÇÃO DO DESEMPENHO

Rendibilidade mensal b_i	Desvio relativo a valores *downside* $(b_i - r_T)$	$(b_i - r_T)^2$
2		
0,2	-0,3	0,09
-0,5	-1	1
1,15		
-1,8	-2,3	5,29
-0,1	-0,6	0,36
0,4	-0,1	0,01
1,3		
2,25		
4,8		
2,9		
1,7		
1,55		
-3,1	-3,6	12,96
0	-0,5	0,25
2,5		
-4,1	-4,6	21,16
2,2		
0,25	-0,25	0,0625
0,8		
-0,4	-0,9	0,81
1,6		
1,1		
2		

$$\sigma_D = \sqrt{\sum_{i=1}^{n} \frac{\left[\min\left(r_i - r_T\right), 0\right]^2}{n}} = \sqrt{\frac{41,9925\%}{24}} = 1,32276\%$$

$$\sigma_D^A = \sqrt{12} \times 1,32276\% = 4,582\%$$

4.5.5. VaR (*value at risk*)

Trata-se de uma medida de risco cujo objetivo é o de determinar qual o potencial de perda associado a um determinado investimento, num horizonte temporal conhecido e para um determinado nível de confiança. Deste modo, uma estatística *value at risk* envolve, necessariamente, três componentes fundamentais: *i)* uma perda de valor (em percentagem); *ii)* um período de tempo; *iii)* um nível de confiança.

Assim, o VaR pode ser definido como a estimativa da perda máxima associada a um certo investimento, para um determinado nível de confiança e assumindo o horizonte temporal de detenção desse investimento. Horta (2000) propõe o seguinte exemplo, de modo a tornar inteligível a aceção de *value at risk*: se tomarmos uma carteira com um horizonte de investimento de 10 dias, um nível de confiança de 95% e um VaR de 50.000 €, tal significa que a perda máxima esperada para esta carteira, nos próximos 10 dias, é de 50.000 €, para um nível de confiança e pressupondo a normalidade das rendibilidades. Ou, de outro modo, existe uma probabilidade de 5% da perda máxima da carteira ser superior a 50.000 € durante os próximos 10 dias.

O VaR é, desta sorte, uma medida estatística que permite avaliar o risco inerente a cada carteira. Outras medidas estatísticas, como o índice de Treynor ou o índice de Sharpe, permitem hierarquizar carteiras de títulos em função das variáveis rendibilidade e risco, permitindo ao investidor realizar as suas escolhas e estabelecer preferências entre investimentos. Contudo, estas medidas não permitem aferir o grau de exposição que associado a cada investimento.

Ainda de acordo com Horta (2000), a determinação do *value at risk* constitui uma indicação muito útil e precisa de quão exposta se pode encontrar uma determinada carteira de investimento.

Capítulo 6
Global Investment Performance Standards (GIPS)

Tal como observámos anteriormente, a informação relativa à rendibilidade de uma carteira de ativos pode ser calculada de diversas formas, suscetíveis de conduzir a diferentes juízos. Deste modo, para podermos discernir acerca da rendibilidade de uma carteira de ativos, devemos sempre atender à metodologia de cálculo que lhe está subjacente, recorrendo, ainda, a uma base anualizada.

Este problema assume contornos mais vastos se perspetivarmos o cálculo da rendibilidade num contexto de globalização e de crescente interconexão dos mercados financeiros. Durante largo tempo, as normas subjacentes ao apuramento da rendibilidade e do risco dos investimentos eram apenas reconhecidas localmente, o que limitava a comparabilidade entre as entidades de diferentes países e, bem assim, comprometia a introdução de outras normas de dimensão internacional.

Por forma a ultrapassar esta questão, foram criadas as denominadas normas GIPS – Global Investment Performance Standards – as quais têm como principal objetivo o estabelecimento de padrões atinentes à apresentação de resultados, buscando, assim, o rigor e a comparabilidade da informação disponibilizada pelos operadores de diferentes países.

1. A necessidade de padrões internacionais
Na década de oitenta do século XX, assistiu-se, nos Estados Unidos e em alguns países da Europa Ocidental, a um clima de euforia financeira caracterizado pela desregulamentação e pela liberalização dos mercados, pelo surgimento de novos operadores financeiros e pela emergência de produtos destinados a segmentos cada vez mais amplos e diversificados de investidores[132]. Os montantes geridos

---

[132] Alguns autores sustentam que, nos anos oitenta do século XX, se assistiu, no mundo ocidental, a uma verdadeira revolução financeira. A este propósito, cfr. J. M. Quelhas (1996).

pelos fundos de investimento, bem como pelos fundos de pensões, atingiram montantes nunca antes observados, tendo começado a veicular-se a ideia da existência de uma autêntica «indústria» de captação de poupanças, conduzida por operadores financeiros especializados.

Ao nível da gestão de *portfolios* registou-se um forte acréscimo da concorrência, o que determinou que os diversos intervenientes, desde gestores e analistas financeiros a investidores e entidades supervisoras, aliassem as suas preocupações no que respeita à necessidade de adoção de normas padronizadas para o cálculo e apresentação das rendibilidades dos investimentos.

Os escândalos financeiros ocorridos nos Estados Unidos e na Europa[133] colocaram de sobreaviso os organismos de regulação, tendo-se generalizado a convicção de que a informação divulgada pelas empresas nem sempre era real, com a consequente quebra de confiança por parte dos investidores.

Na Europa, teve lugar a adoção das International Financial Reporting Standards (IFRS), as quais constituíram uma experiência decisiva no domínio da divulgação de informação em termos internacionais, enquanto nos Estados Unidos e no Canadá foram adotadas as normas, apresentadas em 1987 pela Association for Investment Management and Research (AIMR), designadas Performance Presentation Standard se normalmente identificadas pela sigla AIMR–PPS.

Contudo, a adoção de diferentes normas por parte dos diferentes países, num contexto de globalização e de crescente interconexão dos mercados financeiros, limita a comparabilidade entre entidades e carteiras. A necessidade de normas de dimensão internacional promoveu o desenvolvimento das Normas GIPS – Global Investment Performance Standards, as quais estabelecem padrões internacionalmente aceites, por permitirem a comparabilidade da informação disponibilizada pelos operadores financeiros de diferentes países.

2. O desenvolvimento das Global Investment Performance Standards (GIPS)

Em 1995, o CFA Institute[134] constituiu uma comissão – a Global Investment Performance Standards Committee – com o objetivo de desenvolver um modelo único, baseado nas anteriores normas AIMR–PPS, para apresentação, cálculo e divulgação da rendibilidade dos ativos financeiros. Este comité viria a apresentar,

---

[133] A este propósito, cfr. Roberts (1999, p. 220), onde é facultado o elenco dos escândalos financeiros ocorridos nos Estados Unidos e na Europa, no decurso das décadas de oitenta e de noventa do século XX.

[134] Em 2004, a Association for Investment Management and Research(AIMR) passou a designar-se CFA Institute (Centre for Financial Market Integrity).

em 1998, as Normas GIPS – Global Investment Performance Standards e, após um longo período de discussão pública, em que participaram mais de 4.000 interessados, foi publicada a primeira versão em abril de 1999.

Ainda em 1999, o Global Investment Performance Standards Committee deu lugar ao Investment Performance Council (IPC), tornando-se o desenvolvimento e a promoção das Normas GIPS uma tarefa conjunta, com a participação de indivíduos e de organizações de 15 países. O IPC assumiu o desenvolvimento de normas dedicadas a outras classes de ativos (por exemplo, ativos imobiliários e ativos não cotados) e tratou outros temas relacionados com a apresentação das rendibilidades. O trabalho entretanto conduzido confluiu na segunda edição das Normas GIPS, publicada em fevereiro de 2005.

A crescente expansão das Normas GIPS 2005 convergiu na adoção por 25 países de uma norma única e global, dedicada ao cálculo e apresentação da *performance* dos investimentos, sendo, sobretudo, de sublinhar que se tratou de um movimento de autorregulação, decorrente das necessidades sentidas pelos próprios operadores e não de quaisquer imposições por parte das entidades reguladoras ou de supervisão.

O êxito da adoção dessas normas resulta, sobretudo, da cooperação entre entidades especialistas no domínio financeiro[135], oriundas de diferentes setores e de diferentes países, no âmbito da «indústria» de gestão de ativos. O cumprimento das normas GIPS é perspetivado, pelas entidades gestoras de investimentos, como um passaporte que lhes permitirá aceder a um mercado mais vasto e competitivo.

Entretanto, o CFA Institute, com o objetivo de reorganizar a sua estrutura de governo, dissolveu, em 2005, o IPC e criou a Comissão Executiva GIPS (GIPS Executive Committee), órgão responsável pelas decisões relativas às normas, e o Conselho GIPS (GIPS Council), o qual promove a participação dos promotores nacionais[136] no desenvolvimento contínuo das Normas GIPS.

A Comissão Executiva das normas GIPS tem os seguintes objetivos:

- Estabelecer as melhores práticas da indústria de gestão de investimentos, no que respeita ao cálculo e à apresentação do desempenho dos investimentos, de forma a promover os interesses e a confiança dos investidores;

---

[135] Entre esses especialistas, apontamos: sociedades gestoras de fundos de investimento, sociedades gestoras de patrimónios, entidades seguradoras, sociedades gestoras de fundos de pensões, sociedades de capital de risco, sociedades de gestão imobiliária, serviços de consultoria de investimentos, etc.

[136] Em Portugal, a promoção das normas GIPS compete à Associação Portuguesa de Analistas Financeiros. A lista de todos os promotores nacionais pode ser consultada em www.gipsstandards.org.

- Pugnar pela aceitação internacional de uma norma única para o cálculo e divulgação dos resultados de investimentos, com base nos princípios de apresentação fiel e completa;
- Promover a utilização de dados coerentes e precisos relativos ao desempenho dos investimentos;
- Promover a concorrência leal entre entidades gestoras de investimentos, sem criar barreiras à entrada;
- Fomentar, em termos globais, a noção de "autorregulação" da indústria.

Tal como já referimos, ainda que seja a Comissão Executiva das Normas GIPS quem estabelece e administra as questões que lhes estão associadas, o êxito das normas é resultado da cooperação de especialistas de diferentes setores dentro da indústria de gestão de ativos.

Coordenados pelo Conselho GIPS, os promotores nacionais, dado o caráter voluntário das normas, são fundamentais para a sua efetiva implementação e fornecem apoio contínuo à adoção das normas nos respetivos países. Simultaneamente, permitem que os interesses desses países sejam incorporados nas normas GIPS. Desta feita, os promotores nacionais:

- Promovem as normas GIPS a nível local;
- Fornecem apoio, informação e comentários sobre os mercados locais que sustentem o desenvolvimento das normas GIPS;
- Apresentam à Comissão Executiva das Normas GIPS questões específicas referentes a cada país;
- Colaboram na gestão das normas GIPS através da participação no Conselho GIPS e em diversas Subcomissões.

Outro fator decisivo para a implementação das normas GIPS é a sua aceitação por parte de reguladores dos mercados de valores mobiliários, pelo que a Comissão Executiva GIPS exorta essas entidades a:

- Reconhecerem o benefício de cumprimento voluntário das normas que representam as melhores práticas internacionais;
- Considerarem a aplicação de sanções a entidades que declarem falsamente a sua conformidade com as normas GIPS, e a
- Reconhecerem e incentivarem a verificação por parte de terceiros independentes.

Em 2008, a Comissão Executiva GIPS, em colaboração com subcomités técnicos, grupos de trabalho e promotores nacionais, iniciou o processo de revisão das normas, que concluiu com a divulgação das Normas GIPS 2010. Trata-se da versão mais atual, em vigor desde o dia 1 de janeiro de 2011, que apresentaremos no ponto 5 do presente Capítulo.

3. Benefícios de adoção

O crescimento do tipo e do número de instituições financeiras, a globalização do processo de investimento e o aumento da concorrência entre entidades de gestão de investimentos justificam a necessidade de padrões para calcular e apresentar os resultados desses investimentos.

A utilização do normativo GIPS permite aos gestores e aos investidores o acesso a informação fidedigna e a comparação direta das rendibilidades históricas, obtidas à escala internacional, de forma consistente e do mesmo modo, sem necessidade de realização de qualquer tipo de ajustamento.

Os gestores de investimento que cumpram as normas asseguram aos investidores que os resultados do investimento são apresentados de forma completa e precisa. Por seu lado, os clientes beneficiam de padrões globais de desempenho, que permitem maior confiança nos resultados que lhes são apresentados.

Ainda que a adoção das normas GIPS seja de caráter voluntário, a sua utilização por um número crescente de operadores implica que, de facto, constituam um requisito de permanência no mercado internacional da gestão de investimentos. A disponibilização de informação de acordo com as normas GIPS acarreta credibilidade para as entidades gestoras, podendo, no limite, a preferência dos investidores recair sobre empresas que facultem informações numa base transparente, fiável e, sobretudo, harmonizada.

Os benefícios inerentes às normas GIPS – para além dos já apontados para os investidores e para as entidades gestoras – estendem-se aos próprios analistas financeiros, dado que as normas colocam exigências acrescidas quanto à fundamentação e à qualidade das suas recomendações.

Atualmente, as normas GIPS são aplicadas ao nível das sociedades gestoras de investimentos de mais de 30 países, sendo sinónimo, a nível internacional, das melhores práticas de governo corporativo no âmbito da «indústria» de gestão de ativos.

Entre nós, como já referido em nota, a temática da introdução e da adoção tem estado presente nos últimos anos, por intermédio da ação de diversas entidades, mormente através da Associação Portuguesa de Analistas Financeiros (APAF).

Pelo exposto, num cenário de progressiva internacionalização e globalização dos mercados, estamos em crer que a adoção das normas GIPS envolverá um número crescente de intervenientes, promovendo, assim, a credibilidade da informação e a confiança dos investidores.

Em jeito de balanço, afigura-se-nos adequado relevar, de novo, o caráter voluntário das normas, o que se, por um lado, legitima a sua adoção, por outro, responsabiliza, ainda mais, as entidades que as acolhem. As normas GIPS vieram, *grosso modo*, favorecer a concorrência entre as entidades que gerem os fundos de investimento, provendo ao investidor maior nível de confiança sobre a capacidade de gestão da sociedade gestora dos seus investimentos, por intermédio da apresentação dos resultados de um *portfolio*, de uma forma padronizada, fiável e transparente.

Por fim, permitimo-nos sublinhar que as normas já conheceram várias versões, o que atesta o caráter dinâmico e evolutivo deste tipo de ordenamento.

4. Características e requisitos das normas GIPS

De modo a cumprirem os desígnios para que foram criadas, as normas GIPS possuem determinadas características e impõem a observação de certos requisitos, entre os quais destacamos:

- As normas GIPS são normas éticas que garantem uma apresentação adequada e completa dos resultados dos investimentos. Para poderem declarar a sua adesão às GIPS, as entidades devem cumprir os requisitos obrigatórios constantes nas mesmas.
- O cumprimento dos objetivos de plena divulgação e de adequada apresentação requerem mais do que a simples consideração dos requisitos mínimos das normas GIPS. As entidades gestoras são, assim, incentivadas a divulgar elementos adicionais, designadamente as recomendações constantes nas normas, com o objetivo de alcançar melhores práticas para o cálculo e a apresentação dos resultados.
- As normas GIPS exigem que as entidades incluam todas as suas carteiras de gestão discricionária[137] em, pelo menos, um agregado, definido segundo o mandato, objetivo ou estratégia de investimento; pretende-se, assim, evitar que as entidades selecionem apenas as carteiras com melhor rendibilidade.
- As normas GIPS baseiam-se na integridade dos dados originais, os quais são a base que assegura a veracidade na apresentação das rendibilidades. A precisão dos dados originais é fundamental para a precisão da apresentação de rendibilidades. A valorização dos ativos que compõem a carteira

---

[137] A gestão discricionária é um serviço personalizado de gestão de carteiras de títulos que tem por objetivo a valorização do património de acordo com o perfil e com o mandato atribuído pelo cliente.

determina o desempenho da mesma. É essencial que estes, assim como outros dados iniciais, sejam precisos. As normas GIPS exigem que as entidades usem certos métodos de cálculo e que divulguem o histórico das rendibilidades da entidade em apreço.
- As entidades devem cumprir todas as exigências das normas GIPS, incluindo as atualizações, normas de aplicação (Guidance Statements), interpretações e esclarecimentos publicados pelo CFA Institutee pela Comissão Executiva GIPS.

5. As Normas GIPS 2010

As Normas GIPS 2010 correspondem a um preceito global de caráter voluntário, que envolvem as melhores práticas de cálculo e de apresentação dos resultados dos investimentos e que pretendem favorecer a comparabilidade entre as entidades gestoras de investimentos, independentemente da sua origem geográfica, bem como facilitar o diálogo entre estas e os seus clientes.

Historicamente, as normas GIPS centraram a sua atenção no cálculo e na apresentação das rendibilidades; contudo a compreensão e a interpretação dos resultados requerem a consideração do binómio rendibilidade/risco. Com os objetivos de alcançar uma divulgação apropriada e de proporcionar aos investidores um quadro mais completo do desempenho de uma entidade, a edição de 2010 das normas GIPS inclui novas disposições relativas ao risco do investimento.

Para além da introdução, a qual faculta uma visão geral das normas, estas são constituídas por cinco capítulos e três apêndices, designadamente:

Capítulo I.   Disposições das normas GIPS

Capítulo II. Princípios de valorização GIPS

Capítulo III. Orientações de publicidade GIPS

Capítulo IV. Verificação

Capítulo V.   Glossário de Termos

Apêndice A: Exemplos de apresentações em conformidade

Apêndice B: Exemplos de publicidade

Apêndice C: Exemplos de listas de descrição de agregados

Nas páginas seguintes, ainda que de modo não exaustivo, apresentamos, pela sua importância, os principais requisitos dos dois primeiros capítulos.

Os capítulos III e IV, não comentados na presente obra, apresentam respetivamente, orientações de publicidade para entidades que declarem o cumprimento das normas GIPS através de anúncio publicitário e recomendações relativas à necessidade de verificação independente da utilização conforme das mesmas[138].

As normas GIPS admitem, de modo expresso, que não abarcam todos os aspetos de mensuração das rendibilidades, nem cobrem as características específicas de cada classe de ativos. É, portanto, previsível que continuem a evoluir, de forma a abarcarem outras áreas relacionadas com o resultado dos investimentos.

5.1. O Capítulo I das normas GIPS
O Capítulo I, intitulado «Disposições das normas GIPS», encontra-se dividido em nove secções, as quais se repartem, por sua vez, em requisitos obrigatórios e recomendações facultativas. Para que possam declarar a conformidade com as normas GIPS, as entidades devem cumprir a totalidade dos requisitos e adotar o máximo possível de recomendações.

• **Secção 0. Princípios de conformidade**
Esta secção apresenta os princípios que uma entidade gestora deve cumprir para poder adotar as normas GIPS, divididos em dezasseis requisitos obrigatórios e quatro recomendações.

As entidades que adotem as normas GIPS devem garantir que cumprem os princípios básicos das normas (cláusula 0.A.1), bem como leis e outros regulamentos que sejam aplicáveis (cláusula 0.A.2), garantir que a informação é verdadeira e que a sua divulgação é transparente sem que induza a equívocos (cláusula 0.A.3). Para tal, devem tomar todas as medidas necessárias para garantirem que cumprem todos os requisitos das normas GIPS antes de declararem o seu cumprimento; devem, assim, estabelecer um quadro de controlo interno apropriado a todas as fases do processo (cláusula 0.A.5), desde a obtenção dos dados iniciais até à apresentação dos resultados do investimento.

Por outro lado, existem dois pontos fundamentais a que uma entidade deve atender quando adere às normas GIPS: à definição da entidade e à discricionariedade.

Através da definição da entidade, esta estabelece limites bem definidos mediante os quais os ativos totais da entidade podem ser determinados, sendo que o cumprimento desses limites constitui um requisito essencial para a conformidade com as normas (cláusula 0.A.12).

A discricionariedade da entidade estabelece os critérios que determinam quais as carteiras que devem ser incluídas num agregado.

---

[138] O texto integral das Normas GIPS pode ser consultado no *site* www.gipsstandards.org.

• **Secção 1. Dados iniciais**
A consistência dos dados utilizados no cálculo dos rendimentos é fundamental para o cumprimento efetivo das normas GIPS, uma vez que estabelece as bases para apresentar de forma completa, verdadeira e comparável o retorno dos investimentos. Esta secção apresenta sete requisitos obrigatórios e quatro recomendações.

As entidades gestoras devem manter todos os dados e informações necessárias que sirvam de suporte aos elementos que apresentam (cláusula 1.A.1). Para períodos iniciados em, ou após, 1 de janeiro de 2011, todas as carteiras devem ser valorizadas de acordo com a definição de justo valor e com os princípios de valorização GIPS, conforme disposto no Capítulo II das Normas, que apresentamos posteriormente (cláusula 1.A.2)[139].

As entidades estão obrigadas a valorizar as suas carteiras de acordo com as políticas específicas atinentes a cada agregado. As carteiras devem ser valorizadas (cláusula 1.A.3):

a. Para períodos que comecem em, ou após, 1 de janeiro de 2001, pelo menos mensalmente[140].
b. Para períodos iniciados em, ou após, 1 de janeiro de 2010, na data em que se produza um significativo fluxo de caixa. As entidades estão obrigadas a definir o que se entende por um significativo fluxo de caixa para cada agregado, para determinar em que momento devem valorizar as carteiras atribuídas ao agregado.

Para períodos iniciados em, ou após, 1 de janeiro de 2010, as entidades são obrigadas a valorizar as suas carteiras no último dia útil do mês (cláusula 1.A.4); para períodos iniciados em, ou após, 1 de janeiro de 2005, as entidades são obrigadas a contabilizar na data de contratação (cláusula 1.A.5).

• **Secção2. Metodologia de cálculo**
A presente secção integra sete requisitos obrigatórios e duas recomendações. Para atingir a comparabilidade entre as apresentações das entidades, as normas GIPS requerem que as entidades usem como métodos de cálculo apenas os que estejam vertidos por intermédio destes requisitos e destas recomendações.

---

[139] Para períodos anteriores a 1 de janeiro de 2011, as carteiras são obrigatoriamente valorizadas a preços de mercado.
[140] Para períodos anteriores a 1 de janeiro de 2001, as carteiras devem valorizar-se pelo menos trimestralmente.

As entidades estão obrigadas a recorrer a rendibilidades totais (cláusula 2.A.1) e a calcular rendibilidades ponderadas ajustadas temporalmente pelos *cash flows* externos (cláusula 2.A.2). Os *cash flows* externos devem ser tratados de acordo com a política específica de cada agregado gerido pela entidade. No mínimo (cláusula 2.A.4):

a. Para exercícios que comecem em, ou após, 1 de janeiro de 2001, as entidades têm que calcular as rendibilidades da carteira com uma periodicidade mensal.

b. Para exercícios que comecem em, ou após, 1 de janeiro de 2001, as entidades têm que calcular a rendibilidade da carteira ajustada pelos *cash flows* externos ponderados diariamente.

As entidades estão obrigadas a apurar rendibilidades deduzidas dos custos de transação incorridos durante o período, não podendo utilizar custos de transação estimados (cláusula 2.A.4).

As rendibilidades de agregados devem calcular-se ponderando o património das carteiras individuais ou através de um método que permita refletir o património inicial do período e os *cash flows* externos (cláusula 2.A.6). Os rendimentos de agregados devem calcular-se (cláusula 2.A.7):

a. Para exercícios que comecem em, ou após, 1 de janeiro de 2006, pelo menos trimestralmente.

b. Para exercícios que comecem em, ou após, 1 de janeiro de 2010, pelo menos mensalmente.

• **Secção 3. Construção de agregados**
Esta secção, composta por dez requisitos obrigatórios e por duas recomendações, refere-se à construção de agregados ou compósitos.

Um agregado é um conjunto de uma ou mais carteiras administradas sob um objetivo ou uma estratégia de investimento semelhante. O rendimento combinado corresponde à média das rendibilidades, ponderada pelo volume de ativos de todas as carteiras pertencentes ao agregado. A criação de agregados bem definidos é essencial para uma apresentação fiel e coerente – bem como para a comparabilidade – dos rendimentos dos investimentos ao longo do tempo e entre as instituições.

Todas as carteiras atuais de gestão discricionária retribuída devem ser incluídas, pelo menos, em um agregado. Por sua vez, as carteiras não discricionárias não podem ser incluídas em agregados da entidade (cláusula 3.A.1).

Os agregados devem incluir unicamente ativos reais geridos pela entidade (cláusula 3.A.2) e não carteiras modelo ou carteiras simuladas com rendimentos reais (cláusula 3.A.3).

Os agregados devem ser definidos de acordo com o mandato, objetivo ou estratégia de investimento, devendo a respetiva definição ser facultada, caso haja solicitações nesse sentido. Os agregados devem incluir todas as carteiras que cumpram essas definições, não podendo ser aplicadas, de modo retroativo, alterações na definição do agregado (cláusula 3.A.4).

Os agregados devem incluir novas carteiras de forma pontual e consistente (cláusula 3.A.5), sendo que as carteiras rescindidas devem permanecer no historial do agregado até ao último período de medição completa (cláusula 3.A.6).

Os *portfolios* não podem, também, passar de um agregado para outro, salvo por modificações documentadas do mandato, objetivo ou estratégia de investimento, devendo permanecer os rendimentos históricos da carteira no agregado original (cláusula 3.A.7).

Concomitantemente, se a entidade gestora estabelecer um nível mínimo de ativos para que as carteiras sejam incluídas em determinado agregado, este não pode incluir carteiras com património inferior, não podendo aplicar, de forma retroativa, alterações ao nível de património definido para o agregado (cláusula 3.A.9).

• **Secção 4. Informação Relevante**

A informação relevante permite que as entidades forneçam elementos adicionais sobre os dados incluídos na apresentação dos resultados, o que proporciona ao leitor o contexto próprio para compreender o desempenho divulgado. Esta secção das normas GIPS é composta por trinta e cinco requisitos obrigatórios e oito recomendações.

Para cumprir as normas GIPS, as entidades devem fornecer algumas informações em todas as apresentações relativas à rentabilidade e às políticas por si adotadas. Embora algumas divulgações sejam necessárias para todas as entidades, outras são específicas em determinadas circunstâncias e não se reportam a todas as situações, não sendo, por isso, necessário indicar aspetos que não sejam aplicáveis.

Uma manifestação fundamental para qualquer entidade é a própria declaração de que cumpre as normas GIPS (cláusula 4.A.1). De forma genérica, as entidades gestoras estão obrigadas a:

a. Fornecer a definição que se reteve para determinar os seus ativos totais e o cumprimento das normas (cláusula 4.A.2 e 4.A.35);
b. Incluir a descrição do agregado (cláusula 4.A.3) e mencionar qual a data da sua criação (cláusula 4.A.10), além da indicação do património mínimo (cláusula 4.A.19);
c. Facultar a descrição da carteira utilizada para estabelecer comparações (cláusula 4.A.4) – bem como justificar a sua ausência (cláusula 4.A.29) – modificações (cláusula 4.A.30) ou constituição (cláusula 4.A.31);

d. Indicar as comissões aplicáveis (cláusulas 4.A.5, 4.A.6, 4.A.9 e 4.A.24);
e. Mencionar qual a moeda em que estão expressos os resultados (cláusula 4.A.7);
f. Informar sobre a medida de dispersão utilizada (cláusula 4.A.8), sobre o uso de dados não observáveis e subjetivos (cláusula 4.A.27) e sobre a hierarquia de valorização utilizada no agregado, se substancialmente diferente da recomendada nos princípios de valorização do Capítulo II das normas (cláusula 4.A.28);
g. Indicar que está disponível, após solicitação, a lista descritiva dos agregados da entidade (cláusula 4.A.11) e das políticas de valorização das carteiras, do cálculo de rendibilidades e da preparação das apresentações, em conformidade com as normas GIPS (cláusula 4.A.12);
h. Informar sobre todos os eventos significativos que possam ajudar um potencial cliente a interpretar os resultados (cláusula 4.A.14);
i. Identificar, para períodos anteriores a 1 de janeiro de 2000, os que não cumprem as normas GIPS (cláusula 4.A.15);
j. Explicitar qualquer alteração na entidade ou nos agregados (cláusulas 4.A.16 a 4.19);
k. Informar, se relevante, sobre o tratamento fiscal de dividendos, de mais-valias de capital (cláusula 4.A.20) e de diferenças cambiais (cláusula 4.A.21);
l. Descrever se a apresentação efetuada de acordo com as normas GIPS entra ou não em conflito com leis ou regulamentos aplicáveis (cláusula 4.A.22);
m. Definir o que se considera como fluxo de caixa significativo para determinado agregado (cláusula 4.A.32).

• **Secção 5. Apresentação e relato dos resultados**
Esta secção engloba oito requisitos obrigatórios e nove recomendações. Após a construção dos agregados, da recompilação dos dados iniciais, do cálculo das rendibilidades e da determinação das informações relevantes necessárias, a entidade deve incorporar essas informações no relato dos resultados obtidos, seguindo as exigências de divulgação constantes nas normas.

A norma admite que nenhum compêndio de requisitos possa abranger todas as situações possíveis ou antecipar desenvolvimentos futuros na estrutura da indústria de gestão de investimentos, tecnologia, produtos e/ou práticas. Sempre que necessário, as entidades gestoras têm a responsabilidade de incluir nas suas apresentações dados não abrangidos pelas normas GIPS.

Não obstante, os seguintes itens devem ser incluídos em cada apresentação de resultados, realizada de acordo com as normas GIPS (cláusula 5.A.1):

a. Pelo menos cinco anos de resultados, ou para o período desde o início de atividade da entidade gestora, ou da data de início do agregado, caso estes sejam inferiores a cinco anos;
b. Rendibilidade do agregado para cada período anual, devendo ser claramente indicados se são brutos ou líquidos de comissões;
c. Para agregados com data de início em 1 de janeiro de 2011 ou posterior, se o período inicial for inferior a um ano, as rendibilidades desde a data inicial até à data final do período anual inicial;
d. Para agregados com data de encerramento em 1 de janeiro de 2011 ou posterior, as rendibilidades do último período anual até à data de encerramento;
e. A rendibilidade total do comparativo (*benchmark*), o qual deve estar em acordo com o mandato, os objetivos ou a estratégia de investimento do agregado, para cada período anual;
f. O número de carteiras do agregado no final de cada período anual. Se o agregado contiver cinco ou menos de cinco carteiras no final do período, esta indicação não se revela necessária;
g. Os ativos totais do agregado no final de cada período anual;
h. A percentagem dos ativos do agregado sobre os ativos totais da entidade, no final de cada período anual;
i. Uma medida de dispersão interna das rendibilidades das carteiras individuais para cada período anual. Se o agregado contiver cinco ou menos carteiras para o ano completo, a medida de dispersão interna não é necessária.

Para períodos que terminem em, ou após, 1 de janeiro de 2011, as entidades são obrigadas a apresentar, no final de cada período anual (cláusula 5.A.2):

a. O desvio padrão anualizado a três anos, usando rendibilidades mensais, entre o agregado e o *benchmark*;
b. Uma medida de risco adicional a três anos para o *benchmark* (se disponível e apropriada) e para o agregado, se a entidade determina que o desvio padrão anualizado a três anos não é relevante ou apropriado. A periocidade de cálculo da medida de risco do agregado e do *benchmark* deve ser idêntica.

As rendibilidades de períodos inferiores a um ano não podem ser anualizadas (cláusula 5.A.5).

Se um agregado incluir carteiras isentas de comissões (cláusula 5.A.6) ou com comissões agrupadas (cláusula 5.A.7), a entidade é obrigada a apresentar, no final de cada período anual, a percentagem que os ativos destas carteiras representam no agregado.

• **Secção 6. Ativos imobiliários**

As cláusulas relativas a ativos imobiliários foram incluídas, pela primeira vez, na edição de 2005 das normas GIPS, tendo entrado em vigor em 1 de janeiro de 2006. Por seu turno, a edição de 2010 das normas GIPS incluiu novas cláusulas aplicáveis aos fundos de ativos imobiliários fechados, donde resulta um total de vinte e seis requisitos obrigatórios e nove recomendações.

Essas cláusulas reportam-se, entre outros, a investimentos em bens imobiliários em regime de propriedade total ou parcial, a fundos imobiliários, a ações não cotadas de empresas gestoras de ativos imobiliários, à aquisição de dívida vinculada a interesses privados em ativos imobiliários e a participações em hipotecas.

Salvo indicação em contrário, aplicam-se aos ativos imobiliários todos os requisitos obrigatórios e as recomendações que constam nas secções 0 a 5 do Capítulo I. Contudo, existem cláusulas não aplicáveis a investimentos em ativos imobiliários que se encontram identificadas e devem ser substituídas pelas disposições desta secção. Desta feita, não são aplicáveis: na Secção 1 (dados iniciais), as cláusulas 1.A.3.a, 1.A.3.b e 1.A.4; na Secção 2 (metodologia de cálculo), as cláusulas 2.A.2.a, 2.A.4, e 2.a.7; na Secção 4 (informação relevante), as cláusulas 4.A.5, 4.A.6.a, 4.A.15, 4.A.26, 4.A.33 e 4.A.34; e, por fim, na Secção 5 (apresentação e relato dos resultados), as cláusulas 5.A.1.i, 5.A.2 e 5.A.3.

De acordo com o disposto na norma, não são considerados como ativos imobiliários os títulos cotados de ativos imobiliários, os títulos hipotecários e os títulos de dívida privada, pelo que a estes apenas se aplica o disposto nas secções anteriores.

Para períodos iniciados em, ou após, 1 de janeiro de 2011, os investimentos imobiliários devem ser valorizados de acordo com a definição de justo valor e com princípios de avaliação constantes no Capítulo II das normas GIPS (cláusula 6.A.1).

Para períodos iniciados em, ou após, 1 de janeiro de 2008, os investimentos em ativos imobiliários devem ser valorizados, pelo menos, uma vez por trimestre (cláusula 6.A.2).

Para períodos iniciados em, ou após, 1 de janeiro de 2010, as entidades são obrigadas a valorizar as suas carteiras no final de cada trimestre ou no último dia útil de cada trimestre (cláusula 6.A.3).

Este tipo de investimentos deve ser avaliado por um avaliador imobiliário certificado, externo e independente (cláusula 6.A.5), pelo menos, uma vez em cada 36 meses, se anteriores a 1 de janeiro de 2012 e, pelo menos, uma vez em cada 12 meses, se posteriores a essa data (cláusula 6.A.4).

As entidades são obrigadas a calcular a rendibilidade das carteiras pelo menos trimestralmente (cláusula 6.A.6), deduzidas dos custos de transação realmente incorridos durante o período (cláusula 6.A.7).

Nas apresentações de acordo com as normas GIPS, as entidades devem indicar (cláusula 6.A.10):

a. A descrição da discricionariedade da entidade;
b. As metodologias internas de valorização utilizadas no período mais recente para valorizar investimentos em ativos imobiliários;
c. Para períodos iniciados em, ou após, 1 de janeiro de 2011, mudanças significativas nas políticas e/ou metodologias de avaliação;
d. Para períodos iniciados em, ou após, 1 de janeiro de 2011, diferenças significativas, acompanhadas da respetiva justificação, entre a valorização externa e a utilizada no relatório de desempenho;
e. A periodicidade das avaliações externas;
f. Quando os componentes da rendibilidade são calculados através de rendibilidades ajustadas por fluxos de caixa ponderados geometricamente.

As entidades devem indicar nas apresentações quais as comissões aplicáveis (cláusula 6.A.12 a 6.A.14).

Conforme referido, existem requisitos que se aplicam apenas aos investimentos em ativos imobiliários, designadamente a obrigação de calcular taxas internas de rendibilidade anualizadas (cláusulas 6.A.17, 6.A.18, 6.A.21, 6.A.23, 6.A.24 e 6.A.26).

Os agregados são obrigatoriamente definidos em função do ano em que foi iniciado o investimento (cláusulas 6.A.19 e 6.A.22), devendo as entidades apontar a data de realização dos agregados extintos (cláusula 6.A.20).

Na data de encerramento de cada período anual, as entidades estão obrigadas a apresentar (cláusula 6.A.25):

a. O capital desembolsado desde o início do agregado;
b. As distribuições realizadas desde o início do agregado;
c. O capital acumulado do agregado;
d. O valor total do agregado desde o início face ao capital desembolsado;
e. As distribuições realizadas desde o início sobre o capital desembolsado;
f. O capital desembolsado desde o início sobre o capital acumulado;
g. O valor residual sobre o capital desembolsado desde o início do agregado.

• Secção 7. Ações não cotadas

As ações não cotadas, ou *private equities* conforme menciona o original inglês da norma, são uma classe de ativos financeiros referentes a empresas não cotadas em bolsa. Os fundos aplicados em *private equities* provêm tanto de investidores individuais como de investidores institucionais, podendo estes ser movidos por objetivos diversos, consoante o tipo de empresa. Assim, as estratégias mais comuns associadas a esta categoria de ativos são as que se enumeram: capital de risco, no caso de empresas emergentes de pequena dimensão (novas tecnologias, por exemplo); capital de crescimento, no caso de empresas já existentes e que se encontrem em fase de expansão; alavancagem, quando se pretende deter uma posição maioritária numa empresa já existente ou que já se encontre numa fase de maturidade; *leasing* e *factoring* de risco.

Assim como as anteriores, também as cláusulas relativas a ações não cotadas foram incluídas, pela primeira vez, na edição de 2005 das normas GIPS e entraram em vigor em 1 de janeiro de 2006. A versão de 2010 das normas GIPS, em vigor desde 1 de janeiro de 2011, apresenta sobre o tema vinte e oito requisitos obrigatórios e sete recomendações.

Aos ativos não cotados aplicam-se todos os requisitos obrigatórios e recomendações que constam nas secções 0 a 5 do Capítulo I, exceto os expressamente referidos nesta secção das normas, designadamente, na Secção 1 (dados iniciais), as cláusulas 1.A.3.a, 1.A.3.b e 1.A.4; na Secção 2 (metodologia de cálculo), as cláusulas 2.A.2, 2.A.4, 2.a.6 e 2.a.7; na Secção 3 (construção de agregados), a cláusula 3.A.10; na Secção 4 (informação relevante), as cláusulas 4.A.5, 4.A.6.a, 4.A.6.b, 4.A.8, 4.A.15, 4.A.26, 4.A.32, 4.A.33 e 4.A.34; na Secção 5 (apresentação e relato dos resultados), as cláusulas 5.A.1.a, 5.A.1.b, 5.A.1.c, 5.A.1.e, 5.A.1.d, 5.A.1.i, 5.A.2 e 5.A.3.

As cláusulas desta secção aplicam-se ao cálculo e à elaboração de relatórios de investimentos em ações não cotadas realizadas por veículos de investimento de duração ou compromisso determinado de ações não cotadas, incluindo os fundos primários, fundos secundários e fundos de fundos.

Para períodos iniciados em, ou após, 1 de janeiro de 2011, os investimentos em ações não cotadas devem ser valorizados de acordo com a definição de justo valor e com os princípios de avaliação constantes no Capítulo II das normas GIPS (cláusula 7.A.1), devendo ser avaliados pelo menos anualmente (cláusula 7.A.2).

As entidades são obrigadas a calcular a taxa interna de rendibilidade (TIR) anualizada desde o inicio do investimento (cláusula 7.A.3), sendo obrigatório, para os períodos findos em, ou após, 1 de janeiro de 2011, o cálculo da TIR através dos fluxos de caixa diários (cláusula 7.A.17). As distribuições em ações devem ser consideradas como fluxos de caixa e devem ser valorizadas no momento da sua distribuição (cláusula 7.A.4).

Por sua vez, os rendimentos obtidos serão calculados após dedução dos custos de transação do período (cláusulas 7.A.5e 7.A.18) e das comissões de gestão (cláusulas 7.A.6, e 7.A.19), incluindo a participação nos lucros (cláusula 7.A.7).

Os agregados deverão ser definidos de forma coerente (cláusula 7.A.8), sendo os fundos de investimento direto (cláusula 7.A.9) e os fundos dos fundos (cláusula 7.A.10) obrigatoriamente incluídos em pelo menos um agregado, definido em função do ano de início do investimento, do mandato, do objetivo ou da estratégia de investimento

De acordo com as normas, as entidades estão obrigadas, nas suas apresentações, ao cumprimento dos seguintes pontos:

a. Indicar o ano de início do agregado (cláusula 7.A.11);
b. Indicar, para os agregados extintos, a data de liquidação (cláusula 7.A.12);
c. Descrever a metodologia de valorização utilizada (cláusula 7.A.13);
d. Relatar mudanças significativas na políticas de valorização e/ou metodologias utilizadas (cláusula 7.A.14);
e. Informar se adere – e, nesse caso, mencionar a quais – a outros princípios de valorização, que utilize para além dos subjacentes às normas GIPS (cláusula 7.A.15);
f. Indicar, caso utilize, a metodologia de cálculo do *benchmark* (cláusula 7.A.16), o seu mandato (cláusula 7.A.25) e a respetiva taxa interna de rendibilidade (cláusula 7.A.24);
g. Apresentar a taxa interna de rendibilidade, desde o início do investimento, líquida de comissões (cláusulas 7.A.21 e 7.A.22).

Na data de encerramento de cada período anual, as entidades estão obrigadas a apresentar (cláusula 7.A.23):

a. O capital desembolsado desde o início do agregado;
b. As distribuições realizadas desde o início do agregado;
c. O capital acumulado do agregado;
d. O valor total do agregado desde o início comparativamente ao capital desembolsado;
e. As distribuições realizadas desde o início sobre o capital desembolsado;
f. O capital desembolsado desde o início sobre o capital acumulado;
g. O valor residual sobre o capital desembolsado desde o início do agregado;
h. Para os períodos que finalizem em, ou após, 1 de janeiro de 2011, as entidades são obrigadas a apresentar, se for o caso:
   i. Para os agregados de fundos primários, a percentagem de ativos do agregado aplicada em investimento direto (cláusula 7.A.26);
   ii. Para os agregados de fundos de fundos, a percentagem de ativos do agregado aplicada em fundos e sociedades de investimento (cláusula 7.A.27).

• **Secção 8. Carteiras com comissão WRAP/Carteiras geridas autonomamente**

As comissões WRAP são um tipo de comissão agrupada, ou seja, uma comissão que agrega várias comissões numa só, aplicável a um produto de investimento específico. Geralmente, inclui os custos de transação, podendo ser do tipo "tudo incluído" ou uma combinação de comissões (comissão de gestão, comissão de custódia, comissão administrativa ou outras comissões). Uma carteira com comissão WRAP é normalmente designada por carteira gerida autonomamente.

As carteiras com comissão WRAP aplicam-se todos os requisitos obrigatórios e as recomendações que constam nas secções 0 a 5 do Capítulo I, exceto as que são expressamente referidas nesta secção das normas, designadamente a cláusula 4.A.15 (informação relevante) e a cláusula 5.A.3 (apresentação e relato dos resultados).

Embora existam diferentes tipos de comissões WRAP, estas cláusulas recaem sobre todas as carteiras geridas autonomamente, onde sejam aplicadas comissões agrupadas e o promotor da comissão seja o intermediário entre a entidade gestora e o destinatário final dos serviços de investimento.

Contudo, não se aplicam a carteiras que, embora com comissão agrupada, não são geridas autonomamente, nem a carteiras modelo proporcionadas por uma entidade a um promotor WRAP se a entidade não tiver responsabilidade de gestão discricionária sobre as carteiras individuais com comissão WRAP.

Os sete requisitos de cumprimento obrigatório que constam na norma são aplicáveis a apresentações de carteiras com comissão WRAP que incluam rendimentos para períodos iniciados em, ou após, 1 de janeiro de 2006.

As entidades são obrigadas a incluir em agregados correspondentes os rendimentos de carteiras com comissão WRAP, de acordo com as políticas de inclusão estabelecidas pela entidade. Uma vez estabelecidas as políticas, estes agregados devem ser empregues nas apresentações de resultados, realizadas de acordo com as normas GIPS, a potenciais clientes que optem por comissão WRAP/gestão autónoma da carteira (cláusula 8.A.1). Note-se, ainda, que as apresentações a potenciais clientes do histórico de desempenho devem ser líquidas de todas a comissões WRAP (cláusula 8.A.6).

Se o agregado integrar períodos anteriores à inclusão de uma carteira real com comissão WRAP, a entidade indicá-lo-á (cláusula 8.A.2), devendo também reconhecer o eventual não cumprimento das normas para períodos anteriores a 1 de janeiro de 2006 (cláusula 8.A.3).

Quando as entidades gestoras apresentarem resultados a potenciais clientes de comissão WRAP, o agregado deve atender ao desempenho de todas as carteiras existentes com comissão WRAP, geridas em conformidade com o mandato, os objetivos ou a estratégia de investimento, independentemente de quem seja o seu promotor (cláusula 8.A.5).

As entidades não podem compor resultados que não cumpram as normas GIPS para períodos que comecem em, ou após, janeiro de 2006 com o histórico de desempenho que cumpra essas normas (cláusula 8.A.7).

5.2. O Capítulo II das normas GIPS

Este Capítulo das normas reporta-se aos princípios de valorização que lhes estão subjacentes. As normas GIPS são baseadas nos princípios éticos de representação fiel e de divulgação completa das informações relevantes. A fim de assegurar que os cálculos da rendibilidade são relevantes, as avaliações das carteiras de investimento devem ter integridade de forma a refletirem o seu verdadeiro valor. Como referido, as normas GIPS estabelecem, desde 1 de janeiro de 2011, a aplicação obrigatória de metodologias que reconheçam o justo valor dos ativos, devendo as entidades indicar todos os pressupostos e requisitos mencionados nesta secção.

Os princípios da avaliação dos padrões GIPS, incluindo a definição de justo valor, foram desenvolvidos tendo em conta o trabalho realizado pelo International Accounting Standards Board (IASB) e pelo Financial Accounting Standards Board (FASB). A adoção do justo valor é um requerimento amplo, que tem implicações em todas as entidades que declarem a adesão às normas GIPS.

Para os investimentos líquidos no mercado de ativos, a mudança do critério do valor de mercado para o justo valor não se traduzirá normalmente em alterações na valorização. As entidades gestoras estão obrigadas, sendo possível, a utilizar as cotações do mercado de ativos na data de valorização, observáveis e não ajustadas para investimentos idênticos.

Os mercados nem sempre são líquidos e os preços dos investimentos nem sempre são objetivos e/ou observáveis. Deste modo, são requeridas considerações adicionais para os investimentos ilíquidos ou de difícil valorização, ou para os investimentos em que não existe valor de mercado observável ou preço de mercado.

As entidades gestoras estão obrigadas a dispor de políticas e de procedimentos de valorização que cubram as situações em que os preços de mercado estão disponíveis para investimentos similares – mas não idênticos – quando os preços e os fatores de valorização são subjetivos e/ou quando os mercados são inativos. Para estes casos, conforme veremos na secção C deste ponto, as normas definem uma hierarquia de avaliação. As entidades estão, assim, obrigadas a indicar se a hierarquia de valorização de um agregado apresenta diferenças consideráveis, quando comparada com a hierarquia de avaliação recomendada na norma. Quando utilizem a opinião de peritos externos para valorizar os seus investimentos, as entidades mantêm a responsabilidade pelo cumprimento das normas GIPS, incluindo os princípios de valorização.

Ao declarar a conformidade com as normas GIPS, as entidades gestoras são obrigadas a cumprir todos os requisitos obrigatórios e devem cumprir as recomendações apresentadas nas secções seguintes.

• **Secção A. Definição de justo valor**
O justo valor é definido como a quantia pela qual um investimento pode ser trocado a preços de mercado entre as partes interessadas, em que cada uma das partes age de forma prudente e conhecedora.

Se possível, a avaliação deve ser determinada com base nas cotações do mercado, observáveis objetivamente e não ajustadas relativas a um investimento idêntico, num mercado ativo na data da mensuração.

Na ausência de preços de mercado objetivos, observáveis e não ajustados de um investimento idêntico num mercado ativo, a avaliação deve representar a melhor estimativa da entidade do valor de mercado e incluir o acréscimo de juros.

• **Secção B. Requisitos de valorização**
As entidades estão obrigadas a cumprir os seguintes requisitos de valorização:

1. Para os exercícios que comecem em, ou após, 1 de janeiro de 2011, as carteiras devem ser valorizadas em conformidade com a definição de justo valor e com os princípios de valorimetria das normas GIPS constantes no Capítulo II (cláusula 1.A.2);
2. As entidades estão obrigadas a utilizar na valorização dos investimentos os valores objetivos de cotação no mercado, observáveis e não ajustados de um investimento idêntico num mercado ativo no momento da medição, se disponíveis;
3. As entidades estão obrigadas a cumprir todas as leis e todos os regulamentos relativos ao cálculo e à apresentação dos resultados da gestão (cláusula 0.A.2). Consequentemente, estão obrigadas a cumprir com as normas e os regulamentos relativos à avaliação de ativos;
4. Se uma apresentação recorre a leis ou a regulamentos que entram em conflito com os requisitos das normas GIPS, as entidades estão obrigadas a indicar esse facto e a explicar de que modo as leis e/ou regulamentos colidem com as normas GIPS (cláusula 4.A.22). Isto inclui qualquer conflito entre leis e/ou regulação e os princípios de valorização subjacentes aos padrões GIPS;
5. As entidades estão obrigadas a documentar, por escrito, as políticas e os procedimentos utilizados para estabelecer e manter a conformidade com as normas GIPS, incluindo a garantia da existência e propriedade dos ativos dos clientes, sendo obrigadas a aplicá-los de modo sistemático (cláusula 0.A.5). Em consequência, as entidades estão obrigadas a documentar as suas políticas de valorimetria, procedimentos, metodologias e a sua hierarquia, incluindo quaisquer alterações, sendo obrigadas a aplicá-los de modo sistemático;

6. As entidades que adotem as normas são obrigadas a indicar que as políticas de valorização das carteiras, os critérios de cálculo da rendibilidade e os de apresentação se encontram disponíveis para eventual divulgação, caso tal venha a ser solicitado (cláusula 4.A.12);
7. Para exercícios iniciados em, ou após, 1 de janeiro de 2011, as entidades são obrigadas a informar relativamente ao uso de dados subjetivos não observáveis para valorizar os investimentos da carteira (como descrito nos Princípios de Valorização GIPS, no Capítulo II), no caso de os investimentos da carteira valorizada com a utilização de dados subjetivos não observáveis serem significativos para o agregado (cláusula 4.A.27);
8. Para exercícios iniciados em, ou após, 1 de janeiro de 2011, as entidades são obrigadas a indicar se a hierarquia de valorização do agregado difere substancialmente da hierarquia de valorização recomendada nos Princípios de Valorização GIPS do Capítulo II (cláusula 4.A.28).

- **Requisitos adicionais para a valorização de ativos imobiliários**
9. Os investimentos em ativos imobiliários deverão dispor de avaliação externa (cláusula 6.A.4);
10. O processo de avaliação externa deverá aderir a práticas de valorização relevantes, estabelecidas por organização competente;
11. A entidade é obrigada a não recorrer a avaliações externas quando a remuneração do avaliador dependa do valor atribuído à valorização do investimento;
12. A avaliação externa deve ser realizada por um avaliador de propriedade imobiliária profissionalmente designado, certificado ou com formação académica específica, devendo ser externo e independente. Nos mercados em que estes profissionais não estejam disponíveis, a entidade deve tomar as necessárias providências para assegurar que apenas foram utilizados os serviços de avaliadores de propriedade ou de avaliadores independentes e adequadamente qualificados (cláusula 6.A.5);
13. As entidades devem indicar as metodologias de valorização internas utilizadas para valorizar os investimentos em ativos imobiliários para o período mais recente (cláusula 6.A.10.b);
14. Para exercícios iniciados em, ou após, 1 de janeiro de 2011, as entidades estão obrigadas a indicar mudanças significativas nas políticas e/ou metodologias de valorização (cláusula 6.A.10.c);
15. Para exercícios iniciados em, ou após, 1 de janeiro de 2011, as entidades estão obrigadas a indicar as diferenças significativas entre a valorização externa e a valorização utilizada no relatório de rendibilidade, assim como a razão para estas divergências (cláusula 6.A.10.d);

16. As entidades são obrigadas a apresentar, no final de cada período anual, a percentagem de ativos de um agregado valorizados através de peritos externos durante esse período (cláusula 6.A.16.b).

• **Requisitos adicionais para a valorização de ativos não cotados**
17. A metodologia de valorização selecionada deve ser a mais apropriada para o tipo específico de investimento, baseando-se na natureza, nos factos e nas circunstâncias do investimento;
18. As entidades estão obrigadas a descrever a metodologia de valorização utilizada para valorizar os investimentos em ações não cotadas, para o último exercício anual concluído (cláusula 7.A.13);
19. Para os períodos findos em, ou após, 1 de janeiro de 2011, as entidades são obrigadas a indicar mudanças significativas nas políticas e/ou metodologias utilizadas na forma de valorização (cláusula 7.A.14);
20. Se a entidade adere a qualquer princípio de valorização da indústria, adicional aos princípios de valorização GIPS, a entidade está obrigada a indicar os princípios que aplicou (cláusula 7.A.15).

• **Secção C. Recomendações para a valorização**
As entidades devem cumprir as seguintes recomendações de valorização:
1. No que se refere às hierarquias de valorização:
As entidades devem incorporar, ao nível do agregado, a seguinte hierarquia de políticas e de procedimentos para determinar o justo valor dos investimentos de uma carteira:
   a. Os investimentos devem ser valorizados com cotações de mercado objetivas, observáveis e não ajustadas de um investimento idêntico num mercado ativo na data da medição, se disponíveis. Se estas não estiverem disponíveis, os investimentos devem valorizar-se considerando:
   b. Cotações objetivas e observáveis para um investimento similar, num mercado ativo da data da medição. Se estas não estiverem disponíveis ou se forem consideradas inadequadas, os investimentos devem valorizar-se considerando:
   c. Cotações em mercados não ativos (mercados onde há poucas transações, onde os preços estão desatualizados ou onde os preços variam consideravelmente com o tempo e/ou entre criadores de mercado) de um investimento idêntico ou similar. Se estas não estiverem disponíveis ou se forem consideradas inadequadas, os investimentos devem valorizar-se com base em:
   d. Dados de mercado, diferentes das cotações de mercado, que sejam observáveis para esse investimento. Se estes não estiverem disponíveis

ou se forem considerados inadequados, os investimentos devem valorizar-se com base em:

e. Dados subjetivos não observáveis quando os mercados não estão ativos na data de mensuração. Os dados não observáveis devem utilizar-se exclusivamente para medir o justo valor, na medida em que os dados observáveis e os preços não estão disponíveis ou são considerados inadequados. Os dados não observáveis refletem as expectativas da própria entidade relativamente aos pressupostos a que os participantes do mercado atenderiam para fixar os preços do investimento e devem ser definidos com base na melhor informação disponível;

2. As entidades devem indicar as mudanças substanciais nas políticas e/ou metodologias de valorização (cláusula 4.B.1);
3. As entidades devem apresentar os principais pressupostos utilizados na valorização dos ativos que constituem a carteira (cláusula 4.B.4);
4. Para períodos anteriores a 1 de janeiro de 2011, os bancos devem informar relativamente ao uso de dados subjetivos não observáveis para valorizar ativos da carteira (tal como detalhado nos Princípios de Valorização GIPS do Capítulo II), no caso de os ativos da carteira, valorizados mediante dados subjetivos não observáveis, serem significativos no agregado (cláusula 4.B.6);
5. As valorizações devem ser obtidas através de um terceiro independente e qualificado para o efeito (cláusula 1.B.2).

• **Recomendações adicionais para a valorização de ativos imobiliários**
6. Embora as normas de avaliação geralmente aceites possam permitir um intervalo de valores estimados, recomenda-se que seja obtido um único valor pelos avaliadores imobiliários ou peritos externos, isto é, tomando apenas um valor para informar sobre a rendibilidade;
7. Recomenda-se que se mude de empresa externa de avaliação a cada três ou cinco anos;
8. As entidades devem explicar e descrever as diferenças expressivas entre a valorização utilizada na apresentação de resultados e a valorização utilizada nos estados financeiros de encerramento de cada período anual (cláusula 6.B.4);
9. Para períodos anteriores a 1 de janeiro de 2011, as entidades devem informar mudanças expressivas nas politicas e/ou metodologias de valorização (cláusula 6.B.5).

• **Recomendações adicionais para a valorização de ativos não cotados**
10. As entidades devem indicar e explicar as diferenças expressivas entre as valorizações usadas nos relatórios de apresentação de resultados e as

valorizações utilizadas nos estados financeiros de encerramento de cada período anual (cláusula 7.B.3).
11. Para períodos anteriores a 1 de janeiro de 2011, as entidades devem reconhecer as mudanças expressivas nas políticas e/ou metodologias de valorização (cláusula 7.B.4).
12. As considerações seguintes devem ser incorporadas no processo de valorização:
    a. A qualidade e fiabilidade dos dados utilizados em cada método;
    b. A comparabilidade dos dados ao nível da empresa ou ao nível de transações relacionadas;
    c. A fase de desenvolvimento da empresa;
    d. Qualquer consideração adicional e particular relativa à empresa.

Por fim, cumpre referir que, para melhor perceção sobre os tópicos desenvolvidos ao longo do presente Capítulo, recomenda-se a leitura integral das Normas GIPS, incluindo os Apêndices, onde se podem encontrar exemplos de apresentações efetuadas de acordo com as normas, de publicidade e de descrição da composição dos agregados.

REFERÊNCIAS:

ACKERT, Lucy, CHURCH, Bryan e ENGLIS, Basil (2002), «The asset allocation decision and investor heterogeneity: a puzzle?», *Journal of Economic Behavior & Organization*, vol. 47, nº 4, pp. 423-433.

ADMATI, Anat Ruth, BHATTACHARYA, Sudipto, PFLEIDERER, Paul e ROSS, Stephen A. (1986), «On Timing and Selectivity», *The Journal of Finance*, vol. 43, nº 3, pp. 715-730.

AKERLOF, George A. e SHILLER, Robert (2009), *Animal Spirits*, Princeton, Princeton University Press.

ALEXANDER, Carol (2008), *Practical Financial Econometrics*, Chichester, Wiley & Sons, Volume II [*Market Risk Analysis*].

ALEXANDRE, Fernando, MARTINS, Ives Gandra, ANDRADE, João Sousa, CASTRO, Paulo Rabello e BAÇÃO, Pedro (2009), *A crise financeira internacional – Estado da Arte*, Coimbra, ed. da Imprensa da Universidade de Coimbra.

ANG, Andrew, CHEN, Joseph e XING, Yuhang (2006), «Downside risk», *Review of Financial Studies*, Vol. 19, nº 4, pp. 1191-1239.

ANG, James S. e CHUA Jess H. (1979), «Composite Measures for the Evaluation of Investment Performance», *Journal of Financial and Quantitative Analysis*, vol. 14, nº 2, pp. 361-384.

AVELÃS NUNES, António José (2009), *Economia II – O Crédito*, Coimbra, Serviços de Ação Social da U.C. – Serviço de Textos.

BACON, Carl R. (2008), *Practical Portfolio Performance: Measurement and Attribution*, Wiley Finance.

BANERJEE, Abhijit V. (1992), «A Simple Model of Herd Behavior», *The Quarterly Journal of Economics*, Vol. 107, nº 3, pp. 797-817.

BANZ, Rolf W. (1981), «The relationship between return and market value of common stocks», *Journal of Financial Economics*, Vol. 9, nº 1, março, pp. 3-18.

BARROS, António, D. C. (2009), *Comportamento dos Fundos de Ações nas Revisões do PSI-20*, dissertação de Mestrado em Finanças, Faculdade de Economia da Universidade do Porto, 110 pp.

BECKER, Connie, FERSON, Wayne, MYERS, David e SCHILL, Michael (1999), «Conditional market timing with benchmark investors», *Journal of Financial Economics*, Vol. 52, pp. 119-148.

BEKKERS Niels, DOESWIJK, Ronald Q. e LAM, Trevin W. (2009), «Strategic Asset

REFERÊNCIAS

Allocation: Determinig the Optimal Portfolio with Ten Asset Classes», *Journal of Wealth Management*, Vol. 12, nº 3, pp. 61-77.

BHANDARI, Laxmi Chand (1988), «Debt/ /Equity Ratio and Expected Common Stock Returns: Empirical Evidence», *The Journal of Finance*, Vol. XLIII, nº 2, junho, pp. 507-528.

BIKHCHANDANI, Sushil e SHARMA, Sunil (2000), «Herd Behavior in Financial Markets – A Review», *IMF Working Paper*, nº WP/00/48, março, Washington, International Monetary Fund, 32 pp.

BLACK, Fisher, JENSEN, Michael C. e SCHOLES, Myron (1972), «The Capital Asset Pricing Model: Some Empirical Tests», *in Studies in the Theory of Capital Markets*, org. por Michael C. Jensen, Nova Iorque, Praeger Publishers, pp. 79-121.

BLUME, Marshall E. (1975), «Betas and their regression tendencies», *The Journal of Finance*, Vol. XXX, nº 3, junho, pp. 785-795.

BODIE, Zvi, KANE, Alex e MARCUS, Alan (2002), *Investments*, Boston, McGraw Hill, 5ª edição.

BOULIER, Jean F. e DUPRÉ, Dénis (2003), *Gestão financeira de fundos de pensão*, São Paulo, Pearson.

BRINSON, Gary P., HOOD, L. Randolph e BEEBOWER, Gilbert L. (1986), «Determinants of Portfolio Performance», *The Financial Analysts Journal*, vol. 42, nº 4, julho/agosto, pp. 39-44, July/August.

CAMPBELL, John Y. e VICEIRA, Luís M. (2002), *Strategic Asset Allocation*, Oxford, Oxford University Press.

CARHART, Mark (1997), «On Persistence in Mutual Fund Performance», *The Journal of Finance*, Vol. LII, nº 1, pp. 57-82.

DANIEL, Kent, GRINBLATT, Mark, TITMAN, Sheridan e WERMERS, Russ (1997), «Measuring Mutual Fund Performance with Characteristic-Based Benchmarks», *The Journal of Finance*, vol. 52, nº 3, pp. 1035-1058.

DE BONDT, Werner e THALER, Richard H. (1989), «A Mean-Reverting Walk Down Wall Street», *Journal of Economic Perspectives*, American Economic Association, Vol. 3, nº 1, pp. 189-202.

DEVENOW, Andrea e WELCH, Ivo (1996), «Rational Herding in Financial Economics», *European Economic Review*, Vol. 40, nº 3-5, abril, pp. 603-615.

DIMSON, Elroy (1979), «Risk management when Shares are subject to Infrequent Trading», *Journal of Financial Economics*, vol. 7, nº 2, pp. 197-226.

DOUGLAS, George W. (1969), «Risk and the Equity Markets: An Empirical Appraisal of Market Efficiency», *Yale Economic Essays*, Vol. 9, primavera, pp. 3-45.

DUARTE JR., António Marcos (1996), «Risco: Definições, Tipos, Medição e Recomendações para seu Gerenciamento», *Resenha BM&F*, Vol. 114, pp. 25-33.

DYBVIG, Philip H. e ROSS, Stephen A. (2002), «Arbitrage», *The New Palgrave – A Dictionary of Economics*, Vol. 1, reimp. com correções, org. por John Eatwell, Murray Milgate e Peter Newman, Basingstoke, Palgrave Publishers, pp. 100 e segs., (1ª ed. 1987).

EDWARDS, Robert D., MAGEE, John e BASSETTI, W. H. C. (2011), *Technical Analysis of Stock Trends*, 9ª edição, American Management Association.

ELTON, Edwin J. e GRUBER, Martin, J. (1995), *Modern Portfolio Theory and Investment Analysis*, 5ª edição, John Wiley & Sons.

ELTON, E.J., GRUBER, M.J., BROWN, S.J., e GOETZMANN, W.N. (2003), *Modern portfolio theory and investment analysis*, John Wiley & Sons.

REFERÊNCIAS

ELTON, Edwin J., GRUBER, Martin J., e PADBERG, Manfred W. (1976), «Simple criteria of optimal portfolio selection», *The Journal of Finance*, vol. 31, pp. 1341--1357.

ESTEVES, João Cantiga (2003), «A avaliação da *performance* nos Fundos de Investimento – a importância da adoção de padrões», *Cadernos do Mercado de Valores Mobiliários*, Nº 17, agosto, pp. 127-138.

FABER, Mebane T. (2007), «A Quantitative Approach to Tactical Asset Allocation», *Journal of Wealth Management*, vol. 9, nº 4, pp. 69-79.

FAERBER, Esmé (2007), *All about stocks*, 3ª edição, McGraw-Hill Professional.

FAMA, Eugene F. (1970), «Efficient Capital Markets – A Review of Theory and Empirical Work», *The Journal of Finance*, Vol. 25 (2), pp. 383-417.

– (1991), «Efficient Capital Markets: II», *The Journal of Finance*, Vol. 46 (5), pp. 1575-1617.

FAMA, Eugene F. e FRENCH, Kenneth R. (1993), «Common Risk Factors in the Returns on Stocks and Bonds», *Journal of Financial Economics*, Vol. 33 (1), pp. 3-56.

– (1996), «Multifactor Explanations of Asset Pricing Anomalies», *The Journal of Finance*, Vol. 51 (1), pp. 55-84.

– (2004), «The Capital Asset Pricing Model: Theory and Evidence», *Journal of Economic Perspetives*, Vol. 18, Number 3, pp. 25-46.

FAMA, Eugene F. e MACBETH, James D. (1973), «Risk, Return, and Equilibrium: Empirical Tests», *Journal of Political Economy*, Vol. 81, nº 3, Maio-Junho, pp. 607--636.

FERNANDES, Carla e MARTINS, António (2003), «A Teoria Financeira Tradicional e a Psicologia dos Investidores: Uma Síntese», *Boletim de Ciências Económicas*, vol. XLVI, pp. 201-292.

GITMAN, Lawrance J. (2004), *Princípios de administração financeira*, 10ª Edição, Pearson Addison Wesley.

GRINBLATT, Mark e TITMAN, Sheridan (1989), «Portfolio Performance Evaluation: Old Issues and New Insights», *Review of Financial Studies*, Vol. 2, nº 3, pp. 393-421.

– (1994), «A study of monthly mutual funds returns and performance evaluation techniques», *Journal of Financial and Quantitative Analysis*, Vol. 29, nº 3, pp. 419-444.

GRINOLD, Richard C. e KAHN, Ronald N. (1999), *Active Portfolio Management – A Quantitative Approach for Producing Superior Returns and Controlling Risk*, Nova Iorque, McGraw-Hill, 2ª edição.

HORTA, Paulo (2000), «Calcule o Risco da sua Carteira utilizando o Value at Risk», *Cadernos do Mercado de Valores Mobiliários*, Nº 8, agosto, 12 pp.

JENSEN, Michael C. (1969), «Risk, the Pricing of Capital Assets, and the Evaluation of Investment Portfolios», *Journal of Business*, Vol. 42, nº 2, abril, pp. 167--247.

KAHNEMAN, Daniel e TVERSKY, Amos (1979), «Prospect Theory: An Analysis of Decision under Risk», *Econometrica*, Vol. 47, Nº 2, pp. 263-292.

LE SOURD, Véronique (2007), *Performance Measurement for Traditional Investment – Literature Survey*, EDHEC Risk and Asset Management Research Centre, *working paper*, 66 pp.

LINTNER, John (1965), «The Valuation of Risk Assets and the Selection of Risky Investments in Stock Portfolios and Capital Budgets», *Review of Economics and Statistics*, 47:1, pp. 13-37.

LO, Andrew W., MAMASKY, Harry e WANG, Jiang (2000), «Foundations of Technical Analysis: Computational Algorithms, Statistical Inference, and Empirical Implementation», *The Journal of Finance*, Vol. 55, nº 4, pp. 1705-1770.

MALKIEL, Burton G. (1995), «Returns from investing in equity mutual funds: 1971-1991», *The Journal of Finance*, Vol. 50, nº 2, junho, pp. 549-572.

MARKOWITZ, Harry (1952), «Portfolio Selection», *The Journal of Finance*, Vol. VII, nº 1, março, pp. 77-91.

MARQUES, Raul e CALHEIROS, José Miguel (2000), «Os fundos de investimento mobiliário como veículo privilegiado de gestão de ativos financeiros», *Cadernos do Mercado de Valores Mobiliários*, nº 8, agosto, 10 pp., versão consultada *on-line* em 20 de julho de 2011.

MARTELLINI, Lionel, PRIAULET, Phillipe e PRIAULET, Stephane (2003), *Fixed-income securities – Valuation, risk management and portfolio strategies*, Chichester, John Wiley & Sons.

MOSSIN, Jan (1966), «Equilibrium in a Capital Asset Market», *Econometrica*, 34, pp. 768-783.

NEVES, Elisabete (2009), *The catering theory of dividends: the moderating role of firm characteristics, corporate governance factors and corporate ownership*, Tese de Doutoramento em Ciências Empresarias, apresentada na Faculdad de Economia y Empresa, da Universidade de Salamanca, 179 pp.

OLIVEIRA, Vítor (2009), *Comparação entre gestão activa e gestão passiva de um portfolio de acções: um estudo empírico com base no PSI 20*, dissertação de Mestrado em Finanças, Universidade Técnica de Lisboa – Instituto Superior de Economia e Gestão, 70 pp.

PINHEIRO, Juliano Luís (2002), *Riesgo de mercado: el modelo de VAR aplicado al análisis de riesgo en Bolsa de Valores*. Zaragoza: Universidade de Zaragoza. Tese de Doutoramento (Facultad de Ciencias Económicas y Empresariales).

QUELHAS, José Manuel G. S. (1996), *Sobre a evolução recente do sistema financeiro – novos «produtos financeiros»*, Separata do Boletim de Ciências Económicas da Faculdade de Direito da Universidade de Coimbra, Coimbra, ed. Livraria Almedina.

– (2012), *Sobre as crises financeiras, o risco sistémico e a incerteza sistemática*, Coimbra, edições Almedina.

ROBERTS, Richard (1999), *Por dentro das finanças internacionais – Guia prático dos mercados e investimentos financeiros*, Rio de Janeiro, Jorge Zahar Editores, trad. portuguesa (1ª edição, 1998).

ROLL, Richard (1977), «A critique of the asset pricing theory's tests. Part I: On past and potential testability of the theory», *Journal of Financial Economics*, Vol. 4, nº 2, pp. 129-176.

– (1992), «Industrial Structure and the Comparative Behavior at International Stock Market Indices», *The Journal of Finance*, Vol. 47, nº 1, pp. 3-41.

ROSS, Stephen A. (1976), «The Arbitrage Theory of Capital Asset Pricing», *Journal of Economic Theory*, Vol. 13 (3), December, pp. 341-360.

SABAL, Jaime (2008), «A Pratical Approach for Quantifying Country Risk», *Revista de Globalización, Competitividad y Gobernabilidad*, Vol. 2, nº 3, pp. 50-63 [acedido on-line em *http://gcg.universia.net*, em 20 de fevereiro de 2012].

SCHARFSTEIN, David S. e STEIN, Jeremy (1990), «Herd Behaviour and Investment», *The American Economic Review*, Vol. 80, nº 3, junho, pp. 465-479.

SEWELL, Martin (2010), *Behavioural Finance, Working Paper*, Universidade de Cambridge, 13 pp.

REFERÊNCIAS

SHARPE, William F., ALEXANDER, Gordon J. e BAILEY, Jeffery V. (1995), *Investments*, 5ª ed., New Jersey, Prentice Hall.

SHARPE, William F. (1963), «A Simplified Model for Portfolio Analysis», *Management Science*, 9 (2), pp. 277-293.

– (1964), «Capital Asset Prices: A Theory of Market Equilibrium Under Conditions of Risk», *The Journal of Finance*, Vol. 19 (3), pp. 425-442.

– (1966), «Mutual Fund Performance», *The Journal of Business*, Vol. 39, nº 1, Parte 2, pp. 119-138.

– (1967), «Portfolio Analysis», *The Journal of Financial and Quantitative Analysis*, Vol. 2, nº 2, pp. 76-84.

SHEFRIN, Hersh e STATMAN, Meir (1995), «Making sense of beta, size, and book-to-market», *The Journal of Portfolio Management*, Vol. 21, nº 2, pp. 26-34.

SHILLER, Robert J. (1993), «Stock Prices and Social Dynamics» (publicação original, 1984), em *Advances in Behavioral Finance*, org. por Richard H. Thaler, Nova Iorque, The Russell Sage Foundation, pp. 167-217.

SHLEIFER, Andrei e SUMMERS, Lawrance H. (1990), «The Noise Trader Approach to Finance», *Journal of Economic Perspectives*, Vol. 4, nº 2, pp. 19-33.

SILVA, Fernando Nunes da (2003), «*Late trading* e *market timing*», *Cadernos do Mercados de Valores Mobiliários*, nº 17, agosto pp. 75-87.

SMITH, Keith V. e TITO, Dennis A. (1969), «Risk-Return Measures of Ex-Post Portfolio Performance», *Journal of Financial and Quantitative Analysis*, 4, pp. 449-471.

SOLNIK, Bruno (1974), «Why not diversify internationally rather than domestically?» *Financial Analysts Journal*, Vol. 30, nº 4, pp. 41-66.

SOLT, Michael E. e STATMAN, Meir (1989), «Good companies, bad stocks», *The Journal of Portfolio Management*, Vol. 15, nº 4, pp. 39-44.

SORTINO, Frank e PRICE, Lee (1994), «Performance measurement in a downside risk framework», *Journal of Investing*, Vol. 3, nº 3, pp. 59-64.

STATMAN, Meir (2001), «How importante is asset allocation?», *Journal of Asset Management*, Vol. 2, nº 2, pp. 128-135.

THALER, Richard (1980), «Toward a Positive Theory of Consumer Choice», *Journal of Economic Behavior & Organization*, Vol. 1, nº 1, pp. 39-60.

TOBIN, James (1958), «Liquidity Preference as a Behavior Toward Risk», *Review of Economic Studies*, 25:2, pp. 65-86.

TREYNOR, Jack L. (1965), «How to Rate Management of Investment Funds», *Harvard Business Review*, 43, pp. 63-75.

TREYNOR, Jack L. e BLACK, Fisher (1973), «How to Use Security Analysis to Improve Portfolio Selection», *Journal of Business*, janeiro, pp. 66-88.

TREYNOR, Jack L. e MAZUY, Kay K. (1966), «Can Mutual Funds Outguess the Market?», *Harvard Business Review*, 44, pp. 131-136.

TVERSKY, Amos e KAHNEMAN, Daniel (1973), «Availability: A Heuristic for Judging Frequency and Probability», *Cognitive Psychology*, Vol. 5, nº 2, pp. 207-232.

– (1974), «Judgment Under Uncertainty: Heuristics and Biases», *Science*, Vol. 185, Nº 4157, pp. 1124-1131.

– (1981), «The Framing of Decisions and the Psychology of Choice», *Science*, Vol. 211, Nº 4481, pp. 453-458.

VIANA, Octávio (2009), *Estudos no Mercado de Capitais*, edição da ATM – Investor and Technical Analysts' Association.

REFERÊNCIAS

www.cmvm.pt/CMVM/Publicacoes/Guia/Pages/indice_guia.aspx (versão do Guia do Investidor, consultada em 4 de junho de 2011).

www.dailyvest.com (página consultada em 27 de fevereiro de 2012).

http://www.euronext.com/fic/000/033/642/336422 (página consultada em 17 de junho de 2011).

http://www.euronext.com/fic/000/058/147/5814676 (página consultada em 17 de junho de 2011).

www.nobelprize.org. (página consultada em 7 de novembro de 2011).

ÍNDICE

INTRODUÇÃO 7

CAPÍTULO 1 – CARTEIRAS, INVESTIMENTO E MERCADO FINANCEIRO 11
1. Instrumentos e ativos financeiros 12
2. Características dos principais ativos financeiros 12
2.1. Instrumentos do mercado monetário 13
2.2. Obrigações 15
2.3. Ações 16
2.4. Instrumentos de investimento coletivo 16
2.5. Seguros 20
2.6. Ativos reais 20
2.7. "Titularização" e produtos estruturados 22
3. O mercado financeiro português 23
3.1. Segmentos de mercado 23
3.2. A Euronext Lisbon 24
3.3. O funcionamento da Euronext Lisbon 26
3.4. Índices de referência 28
4. Risco e prémio de risco 31

CAPÍTULO 2 – TEORIA DAS CARTEIRAS 35
1. Rendibilidade e risco de um título 36
2. Rendibilidade e risco de uma carteira de ativos 38
3. As escolhas do investidor e a aversão ao risco 40
4. Diversificação e tipos de risco 44
4.1. Os efeitos da diversificação 45
4.2. Correlação entre dois ativos 46

4.3. Tipos de risco	53
4.4. Limites à diversificação	57
5. Fronteira eficiente de Markowitz	66
6. Análise das carteiras eficientes à luz do modelo de Tobin	78
6.1. Ativo sem risco	79
6.2. Desenvolvimento do modelo	79
6.3. *Capital Allocation Line*	81
6.4. Fronteira eficiente global e carteira de tangência	82
6.5. Teorema da separação	88
7. Modelo de mercado	89
7.1. Formalização	90
7.2. Pressupostos	91
7.3. Alcance do contributo de Sharpe	91
CAPÍTULO 3 – MODELOS DE EQUILÍBRIO	93
1. *Capital Asset Pricing Model*	93
1.1. Pressupostos do CAPM	94
1.2. Carteira cópia do mercado	95
1.3. *Capital Market Line*	95
1.4. *Security Market Line*	97
1.5. Parâmetro beta	98
1.6. Relevância do parâmetro beta	100
1.7. Determinação do parâmetro beta	111
1.8. Parâmetro alfa	114
1.9. Um aprofundamento: o CAPM e o preço dos ativos	115
1.10. Críticas e testes ao CAPM	117
2. Avaliação por arbitragem – o modelo APT	120
3. Modelos mutifator	123
3.1. O modelo trifatorial	124
3.2. O contributo FFC	125
4. Apreciação crítica aos modelos de equilíbrio	126
4.1. A hipótese dos mercados eficientes	126
4.2. A emergência e o contributo da *behavioural finance*	128
CAPÍTULO 4 – GESTÃO DE CARTEIRAS	133
1. O caso dos fundos de investimento	133
1.1. Características e modo de funcionamento	134
1.2. Vantagens e limitações dos fundos de investimento	136
1.3. Riscos inerentes aos fundos de investimento	138
1.4. Políticas de investimento e perfis de risco	139

2.	Estratégias de gestão de carteiras	140
3.	Gestão ativa *versus* gestão passiva: princípios e adoção	142
4.	Alocação de ativos, seleção de ativos e *market timing*	146
5.	A relevância da alocação de ativos	147
5.1.	Alocação estratégica de ativos	148
5.2.	Alocação tática de ativos	148
6.	A relevância do horizonte temporal de investimento	150
6.1.	Controvérsia em torno do *market timing*	151
6.2.	*Market timing versus late trading*	152
7.	Um complemento: análise técnica *versus* análise fundamental	155
7.1.	A análise técnica	155
7.2.	A análise fundamental	156
8.	Diversidade de estratégias	166

CAPÍTULO 5 – AVALIAÇÃO DO DESEMPENHO   169
1. Avaliação do desempenho: algumas considerações prévias   170
1.1. Critérios a observar pelas medidas de avaliação do desempenho   170
1.2. A interpretação dos indicadores e a necessidade de padronização   171
2. A rendibilidade enquanto medida de avaliação de desempenho   174
2.1. Rendibilidade simples (*simple return*)   174
2.2. Taxas de rendibilidade ponderadas pelos capitais investidos (*money-weighted returns*)   177
    2.2.1. Taxa interna de rendibilidade   177
    2.2.2. Método Dietz simples (*original Dietz method*)   180
    2.2.3. Método ICAA (*ICAA method*)   182
    2.2.4. Método Dietz modificado (*modified Dietz method*)   184
2.3. Taxas de rendibilidade ponderadas pelo tempo (*time-weighted returns*)   186
    2.3.1. Rendibilidade real ou clássica (*true* ou *classical time-weighted return*)   187
    2.3.2. Método do preço unitário (*unit price method*)   189
2.4. Taxas de rendibilidade ponderadas pelos capitais *versus* taxas de rendibilidade ponderadas pelo tempo   190
2.5. A escolha da metodologia de avaliação de desempenho   196
2.6. Rendibilidades anualizadas   198
3. A comparação com um índice de referência: *benchmarking*   199
3.1. Construção de índices de referência   200
3.2. Fundos de índice   201
3.3. Rendibilidade supranormal (*excess return* – ER)   202
4. A rendibilidade ajustada ao risco   208
4.1. Medidas de avaliação de risco   209
    4.1.1. Medidas *ex post* e medidas *ex ante*   210

4.1.2.	Variabilidade (volatilidade)	210
4.1.3.	Desvio absoluto médio (*mean absolute deviation*)	211
4.1.4.	Variância	212
4.1.5.	Desvio padrão	212
4.1.6.	Índice de Sharpe	217
4.1.7.	Índice de Modigliani e Modigliani (M^2)	220
4.1.8.	M^2 *excess return*	221
4.1.9.	Retorno diferencial (*differential return* – DR)	222
4.2. Análise de regressão		223
4.2.1.	Equação de regressão	223
4.2.2.	Alfa de regressão (α_R)	224
4.2.3.	Beta de regressão (β_R)	224
4.2.4.	Épsilon de regressão (ε_R)	225
4.2.5.	*Capital Asset Pricing Model*	225
4.2.6.	Beta	225
4.2.7.	Alfa de Jensen	226
4.2.8.	*Bull beta* (β^+)	228
4.2.9.	*Bear beta* (β^-)	228
4.2.10.	Beta *timing ratio*	229
4.2.11.	Covariância	229
4.2.12.	Correlação (ρ)	230
4.2.13.	Coeficiente de determinação (R^2)	233
4.2.14.	Risco sistemático	234
4.2.15.	Risco específico ou risco residual	235
4.2.16.	Índice de Treynor	237
4.2.17.	Índice de Treynor modificado (*modified Treynor ratio* – MTR)	241
4.2.18.	*Appraisal ratio*	242
4.2.19.	Índice de Jensen modificado (*modified Jensen*)	242
4.2.20.	Decomposição de Fama	243
4.2.21.	Diversificação	244
4.3. Risco relativo		244
4.3.1.	Conceito de *tracking error*	244
4.3.2.	*Ratio* de informação	247
4.4. Distribuições de rendibilidade		250
4.4.1.	Assimetria	250
4.4.2.	Curtose	251
4.4.3.	*d ratio*	251
4.5. Outras medidas de risco		252
4.5.1.	*Downside risk*	253
4.5.2.	Índice de Sortino	254

4.5.3. M^2 para o índice de Sortino	254
4.5.4. *Upside potential ratio* (UPR)	254
4.5.5. VaR (*value at risk*)	257

CAPÍTULO 6 – GLOBAL INVESTMENT PERFORMANCE STANDARDS (GIPS)

	259
1. A necessidade de padrões internacionais	259
2. O desenvolvimento das Global Investment Performance Standards (GIPS)	260
3. Benefícios de adoção	263
4. Características e requisitos das normas GIPS	264
5. As normas GIPS 2010	265
5.1. O capítulo I das normas GIPS	266
5.2. O capítulo II das normas GIPS	277

REFERÊNCIAS	283

4.5.3. M^2 para o índice de Sortino	254
4.5.4. *Upside potential ratio* (UPR)	254
4.5.5. VaR (*value at risk*)	257

CAPÍTULO 6 – GLOBAL INVESTMENT PERFORMANCE STANDARDS (GIPS) 259

1. A necessidade de padrões internacionais	259
2. O desenvolvimento das Global Investment Performance Standards (GIPS)	260
3. Benefícios de adoção	263
4. Características e requisitos das normas GIPS	264
5. As normas GIPS 2010	265
5.1. O capítulo I das normas GIPS	266
5.2. O capítulo II das normas GIPS	277

REFERÊNCIAS 283